Petersburger Träume

SERIE PIPER
Band 1235

Zu diesem Buch

»Eine über den Abgrund geworfenen glänzende Decke« nannte Ossip Mandelstam die Stadt St. Petersburg – eine Stadt, die wie kaum eine andere in den knapp dreihundert Jahren ihres Bestehens die Phantasie der Menschen angeregt und literarische Mythen hervorgebracht hat. Von Puschkin und Gogol bis zu Anna Achmatowa und Jossif Brodsky folgt dieses Lesebuch der reichen Fülle literarischer Spuren: Es zeichnet das Bild einer großen europäischen Stadt, die mit den anderen großen Städten Europas vor allem das eine gemeinsam hat: nicht so zu sein wie die anderen.

Neben den Texten vieler anderer bekannter Autoren sind die Beiträge von Daniil Charms, Alexander Blok, Wassilij Rosanow, Isaak Babel und Marina Zwetajewa hervorzuheben.

Wolfgang Lange, geboren 1955 in Twistringen, ist Dozent an der Universität Bielefeld. Demnächst erscheint »Der kalkulierte Wahnsinn. Innenansichten ästhetischer Moderne«.

Petersburger Träume

Ein literarisches Lesebuch

Herausgegeben
und mit einem Nachwort von
Wolfgang Lange

Piper
München Zürich

ISBN 3-492-11235-8
Originalausgabe
Februar 1992

Umschlag: Federico Luci,
unter Verwendung des Gemäldes »Das Newa Kai«
von Maxim Worobyjow
Gesamtherstellung: Clausen & Bosse, Leck
Printed in Germany

Inhalt

III. Revolution, Terror und Agonie. Petrograd um 1917

IV. Am Ende: Sowjetstadt Leningrad

Der Sterne Einerlei:
ich haß es, lieb es nicht.
Ich grüß dich, Turm-und-Pfeil:
mein Traum, mein alter – dich!

Sei lauter Fäden, Stein,
Stein, sei das Spinnentier:
Geh, grab dich, nadelfein,
ins Leere über mir.

Der Flügelschlag, gewiß –
ich hör, ich fühle ihn.
Doch der Gedanke ist
lebendig, fliegt – wohin?

Die Bahn, die Frist... Ich kehr,
wer weiß, zurück ins Hier.
Die Liebe: dort zu schwer,
und hier: die Angst vor ihr...

Ossip Mandelstam

Marina Zwetajewa / Andrej Belyj

Prolog

Über Petersburg stand Schneesturm. Ja – *stand*: wie ein kreiselnder Kreisel – oder ein sich im Kreis drehendes Kind – oder Feuer. Eine weiße Kraft, die mitriß.

Sie riß Straße und Haus aus dem Gedächtnis und riß – trug – stellte mich, mich abstellend, unvermittelt in einen Saal von Bahnhofs-, Ballhaus-, Museums- oder Traumweite.

So, aus dem Schneesturm in einen Saal, aus der weißen Wüste des Schneesturms – in die gelbe Wüste eines Saals, ohne die Zwischeninstanzen der Eingänge und geleitenden Bedienstetenworte.

Und da, vom Ende des Saals, eines wie durchs umgekehrte Fernglas gesehen weiten – riesige, wie durchs Fernglas gesehene, wie Gläser eines Fernglases starrende – Augen.

Über Petersburg stand Schneesturm, und in diesem Schneesturm – reglos wie zwei Planeten – standen Augen. (...)

(1936)

Exzellenzen! Euer Hochwohlgeboren! Euer Wohlgeboren, Bürger!

Was ist unser Russisches Imperium?

Unser Russisches Imperium ist eine geographische Einheit, was besagt: ein Teil eines wohlbekannten Planeten.

Das Russische Imperium umfaßt: erstens – Großrußland, Kleinrußland, Weißrußland und Rotrußland; zweitens – die Königreiche Georgien, Polen, Kasan und Astrachan; drittens... nun, und so weiter, und so weiter.

Unser Russisches Reich besteht aus einer großen Anzahl von Städten: aus Hauptstädten, Gouvernementsstädten, Kreisstädten, Provinzstädten ohne Gerichtsbezirk und ferner aus einer ehrwürdigen alten Residenz und aus der Mutter aller russischen Städte.

Die ehrwürdige alte Residenz ist Moskau, und die Mutter der russischen Städte ist Kiew.

Petersburg, Sankt Petersburg oder einfach Peter (was das gleiche ist), gehört gleichfalls zum Russischen Imperium. Und die Zarenstadt Konstantinograd, auch die Stadt Konstantins oder Konstantinopel genannt, gehört nach dem Erbfolgerecht zum Russischen Reich. Doch darüber wollen wir uns nicht verbreiten.

Wir wollen uns vielmehr mit Petersburg befassen. Ob Petersburg, Sankt Petersburg oder einfach Peter – es ist ein und dasselbe. Auf Grund dieser Erwägungen ist der Newskij Prospekt ein Petersburger Prospekt.

Der Newskij Prospekt besitzt eine erstaunliche Eigenschaft: er besteht aus einem weiten Raum, der zur Zirkulation des Publikums dient; mit Nummern versehene Häuser begrenzen ihn; die Häuser sind fortlaufend numeriert, so daß man jedes beliebige Gebäude leicht finden kann. Wie jeder Prospekt ist der Newskij ein öffentlicher Prospekt, das heißt, er dient zur Zirkulation des Publikums, nicht etwa der Luft. Die Häuser, die ihn zu beiden Seiten begrenzen, sind... hm... ja: für das Publikum. Abends ist der Newskij Prospekt elektrisch beleuchtet. Am Tag braucht er keine Beleuchtung.

Der Newskij Prospekt ist gradlinig, denn er ist ein europäischer Prospekt; jeder europäische Prospekt ist nicht einfach ein Prospekt, sondern, wie ich bereits erwähnte, ist ein Prospekt europäisch, weil... hm, – ja...

Deshalb ist der Newskij Prospekt ein gradliniger Prospekt.

Der Newskij Prospekt ist ein nicht unwichtiger Prospekt in dieser sehr unrussischen Hauptstadt. Die übrigen russischen Städte sind nichts weiter als ein Haufen Holzhäuser.

Petersburg unterscheidet sich auffallend von ihnen allen. Wenn Sie auf der höchst unsinnigen Legende beharren wollen, Moskau hätte anderthalb Millionen Einwohner, dann müssen Sie zugeben, daß Moskau die Hauptstadt sein sollte, denn nur Hauptstädte haben anderthalb Millionen Einwohner; Gouvernementsstädte jedoch haben nie so viele Einwohner, hatten sie nie und werden sie niemals haben. Nach dieser unsinnigen Legende ist also Petersburg nicht die Hauptstadt.

Wenn aber Petersburg nicht die Hauptstadt ist, dann gibt es gar kein Petersburg, dann existiert es nur dem Anschein nach.

Wie dem auch sei – Petersburg ist keine bloße Einbildung, denn man kann es auf der Landkarte finden – in Form konzentrischer Kreise mit einem schwarzen Punkt in der Mitte. Und dieser mathematische Punkt, der keine Ausdehnung hat, verkündet energisch, daß Petersburg existiert: diesem und keinem anderen Punkt entspringt der reißende Strom von Worten, die dieses Buch bilden, von diesem unsichtbaren Punkt gehen Rundschreiben nach allen Richtungen.

(1913)

I.
Im Schatten ihres Gründers: Sankt Petersburg

Wassilij Surikow: Blick auf das Denkmal Peter I. auf dem Senatsplatz

Alexander Puschkin

Der eherne Reiter

Ein Petersburger Poem

Vorwort

Der Begebenheit, welche in dieser Erzählung beschrieben wird, liegt ein wirkliches Ereignis zugrunde. Die Einzelheiten über die Überschwemmung sind den damaligen Zeitungen entnommen. Neugierige können in den Berichten von W. N. Berg nachschlagen.

In zukunftsträcht'gem Sinnen stand
Zar Peter an dem öden Strand
Und blickte seherisch ins Weite.
Ein armer Fischerkahn entschwand
Gen Westen in des Stromes Breite.
Am sumpfumsäumten Ufer sah
Man Elendshütten hier und da.
Gewalt'ge Waldungen erstreckten
Sich beiderseits den Fluß entlang,
In die kein Strahl der Sonne drang,
Da Nebelschleier sie verdeckten.
»Wir gründen eine Stadt hier«, sann
In sich gekehrt der große Mann,
»Zum Trotz dir, stolzgeblähter Schwede,
Und unserm Reich eröffnen wir
Ein Fenster nach Europa hier.
Dies sei der Platz für unsre Reede.
Wir fassen festen Fuß am Meer;
Noch nie bei uns gesehne Gäste
Auf Schiffen finden zu uns her,
Und wir bewirten sie aufs beste.«

Aus Sumpf und Waldungen ist hier –
Ein Traum in mitternächt'gen Landen –
Nach hundert Jahren Rußlands Zier,

Die stolze Newastadt entstanden.
Wo einst das Stiefkind der Natur,
Der arme Finne, nah der Küste
Sein kümmerliches Segel hißte
Und zu den morschen Netzen fuhr,
Da brüsten sich an den Gestaden
Des Stromes prunkvolle Fassaden
Von Schlössern jetzt in Reih und Glied,
Und seine Ufer säumt Granit.
Die Schiffe aller Länder tragen
In unsern Hafen kostbar Gut;
Gewalt'ge Brückenbogen ragen
Hoch über der bewegten Flut,
Und schattig-grüne Gärten schmücken
Die Inseln beiderseits der Brücken. –
Die Witwe des Monarchen hat
Der jungen Kaiserin zu weichen,
So muß die alte Zarenstadt
Vor Petersburg die Segel streichen.

Ich liebe die vor hundert Jahren
Von Peter angelegte Stadt,
Der Newa kraftvolles Gebaren,
Den Quai, den man errichtet hat,
Die Lage der Befestigungen,
Der Sommernächte Dämmerungen,
Die, wenn die Sonne untergeht,
Bis morgens unverändert bleiben;
Ich kann im Zimmer lesen, schreiben.
Im weißen Licht des Nordens steht
Der Pfeil der Admiralität,
Von einem Häusermeer umgeben.
Beim letzten Abendschein erwacht
Bereits das Morgenrot zum Leben;
Ein halbes Stündchen bleibt der Nacht.
Ich lieb des strengen Frostes Klirren,
Die kalte, regungslose Luft,
Das Schellenläuten an Geschirren,

Der rotbäckigen Mädchen Duft,
Die Ausgelassenheit auf Bällen,
Den Abend unter Junggesellen
Mit lebhaftem Gespräch beim Sekt –
Hier herrscht viel Spaß, hier man sich neckt. –
Ich liebe kriegerisches Spielen
Der Regimenter vor der Stadt,
Kavallerie und Fußsoldat,
Die bunte Uniform der vielen:
In Viererreihn folgt Zug auf Zug
Berittene auf blanken Rossen,
Zerschlissen ist das Fahnentuch,
Ein Teil der Helme ist durchschossen. –
Ich liebe den Geschützsalut
Im Dunkel früher Morgenstunden,
Wenn eine Kaiserin entbunden,
Wenn weithin hallend kund er tut;
Daß Rußland einen Sieg errungen,
Und später bei dem Friedensschluß;
Lieb ihn im Frühjahr, wenn dem Fluß
Sich zu befrein vom Eis gelungen,
Er nun im Sonnenlicht frohlockt,
Da seine Strömung nirgends stockt.

Auch du frohlocke, Petersburg,
Und steh wie Rußland ohne Schwanken;
Du zwingst die Elemente durch
Den Newakai in ihre Schranken.
Vergessen sei der alte Groll
Des Stromes in vergangnen Tagen.
Des Zaren letzte Ruhe soll
Kein Hochwasser zu stören wagen.

Es gab einst eine schlimme Zeit,
Auf die sich viele noch besinnen.
Die traurige Begebenheit
Will ich zu schildern nun beginnen.

Alexander Benois: Vignette zu A. Puschkins ›Eherner Reiter‹

1. Kapitel

Ein herbstlich grauer Himmel ballt
Sich über unsrer Hauptstadt kalt;
Ans Ufer gischten weiß die schnellen,
Wild aufgerührten Newawellen,
So wie ein Kranker unentwegt
In Fieberschauern um sich schlägt.
Es ist schon spät; des Windes Pfeifen
Verliert sich klagend in der Höh,
Und kalte Regenböen streifen
Das Fenster, untermischt mit Schnee.
Der junge Eugen kommt soeben
Nach Hause. Er ist unser Held.
Ich will ihm diesen Namen geben,
Der mir vertraut ist und gefällt.
Wir brauchen hier nicht für den Rahmen
Der Schilderung den Sippennamen,
Obgleich von alters her vielleicht

Er in historischen Berichten,
Wie auch in Karamsins Geschichten,
Sich als beachtenswert gezeigt.
Ich stoße noch auf ihn beim Lesen,
Doch seine Glanzzeit ist gewesen. –
In einem Vorort unsrer Stadt
Tut Eugen Dienst bei der Behörde.
Er flieht, was einen Namen hat;
Die großen Ahnen deckt die Erde.

Zu Hause angekommen, legt
Sich Eugen unverzüglich nieder;
Doch flieht der Schlummer seine Lider,
Weil seine Lage ihn erregt.
Er ist allein und ohne Mittel;
Es gilt, daß er durch eigne Kraft
Sich Unabhängigkeit und Titel
In mühevoller Arbeit schafft.
Gott sollte ihm mehr Geistesgaben
Und Kapital verliehen haben.
Es gibt ja Glückspilze genug,
Die sorglos leben wie die Götter
Und dabei faul sind und nicht klug. –
Auch daran denkt er, daß das Wetter
Noch immer keine Einsicht zeigt,
Vielmehr das Wasser weiter steigt,
Daß man die Newabrücken schließlich
Herausziehn wird und daß er dann
Parascha nicht besuchen kann;
Und dieses wäre sehr verdrießlich.

So liegt er sinnend eine Weile
Und ist betrübt. Er wünscht sich, daß
Der Wind nicht gar so traurig heule
Und daß der Regen an das Glas
Des Fensters nicht so zornig schlage;
Doch müde von dem langen Tage,
Fällt er in Schlaf zu guter Letzt,

Als schon der morgendliche Schimmer
Sich einschleicht in das dunkle Zimmer. –
O Schreckenstag!
Die Newa setzt
All ihre Kraft dem Sturm entgegen,
Der wider sie vom Meere steht,
Doch die Gewalt, mit der er weht,
Ist ihrem Drängen überlegen.
Es sammeln sich bis weit hinaus
Viel Leute, die die Arbeit ließen,
Um dieses Schauspiel zu genießen,
Das Wellenwogen und -gebraus.
Das Wasser, das nicht westwärts rinnt,
Da es die Gegenwinde hemmen,
Staut jäh sich rückwärts und beginnt
Die Inseln schon zu überschwemmen.
Der Sturm wird noch einmal so wild,
Das Wasser kocht, die Newa schwillt
Und überflutet plötzlich schäumend
Die Uferböschung. Menschenleer
Liegt das Gestade ringsumher.
Die Menge flieht; jedoch noch schneller
Ergießt sich Wasser in die Keller.
Es füllt die Leitungen und ruht
Nicht eher aus, als bis drei Viertel
Der Stadt, wie Triton bis zum Gürtel,
Getaucht sind in die trübe Flut.

Belagerung! Es schlägt beim Wenden
Das Bootsheck Fensterscheiben ein.
In jedes Haus am Wege senden
Die Wogen ihren Guß hinein.
Es treiben in den Straßen Nachen,
Herausgerissen aus der Hut
Des Grabes Särge, Siebensachen
Geringer Leute, Kaufmannsgut,
Vom Winde losgerißne Brücken
Und Vorstadtwohnungen in Stücken.

Die Lebensmittel werden rar,
Und wo ein Unterkommen finden?
Gott straft das Volk für seine Sünden...

Es herrschte in dem Schreckensjahr
Noch ruhmreich der verstorbne Zar.
Man sah ihn traurig Ausschau halten
Von dem Balkon, auf dem er stand.
Er sprach zu sich: ›Naturgewalten
Sind mächtiger als meine Hand.
Ein großes Unglück ist geschehen.‹
Die offnen Plätze glichen Seen,
In die das Wasser sich ergoß,
Das trübe durch die Straßen floß.
Gleich einem Fels im Meere ragte
Auf trocknem Grund des Kaisers Schloß.
Der Herrscher sprach ein Wort: Es jagte
Ein Adjutant im nächsten Boot
Hinüber zu den Generälen
Mit Anordnungen und Befehlen
Zur Linderung der ärgsten Not.

Je rechts und links vom Eingang steht
Vor einem Haus am Petersplatze,
Auf einem Postament erhöht,
Ein Löwe mit erhobner Tatze.
Auf dieser Tierfigur verharrt,
Dem Steingebilde gleich erstarrt,
Der bleiche Eugen unbeweglich,
Obwohl das Unwetter dem kläglich
Durchnäßten in das Antlitz schlägt.
Er merkt es nicht, daß Wogenfetzen
Die Sohlen seiner Schuhe netzen,
Der Sturm den Hut vom Kopf ihm fegt.
Des Unglücklichen Blicke hangen
In einem namenlosen Bangen,
Auf nichts sonst achtend, an dem Ort
Am Ufer, wo in einem fort

Aus der bewegten Tiefe Wellen
Gleich Riesen in die Höhe schnellen.
Es treiben Trümmer auf der Flut,
Und an der Bucht – er kennt sie gut –
Der morsche Zaun... die alte Weide...
Das kleine Haus, in dem sie beide,
Die Witwe und sein Augenlicht,
Parascha, dicht am Wasser leben...
Ist es ein Traum? Er faßt es nicht.
Ist unser Fühlen, unser Streben
Ein reines Nichts? Und setzte Gott
Den Menschen in die Welt zum Spott?

Das Wasser braust. Das Wasser siedet.
Der Jüngling sitzt wie angeschmiedet,
Wie ein Behexter, der nicht weicht.
Es scheint, daß er aus freien Stücken
Vom Löwen nie heruntersteigt. –
Zehn Schritte weiter, mit dem Rücken
Zu Eugen, weist mit seiner Hand
Hinaus in Sturm und Wellentoben
Auf seinem Bronzerosse oben
In stolzer Ruhe der Gigant.

2. Kapitel

Nach dem Tumult, den sie entfacht,
Beginnt die Newa rasch zu fallen,
Zufrieden und erschöpft von allen
Verwüstungen, die sie vollbracht.
Die Beute, welche sie gemacht,
Verstreut sie achtlos längs dem Strande.
So brechen Räuber einer Bande
Des Nachts in eine Siedlung ein:
Zerstören, Plündern, Stechen, Schänden,
Gezeter, Heulen, Fluchen, Pein...
Dann ziehn sie ab mit vollen Händen
(Gehetzt, damit nicht Polizei

Sie überwältige), wobei
Von allem, was sie mit sich führen,
Sie vieles unterwegs verlieren.

Das Wasser ist zurückgegangen.
Die Straße und der Bürgersteig
Sind wieder frei. In Angst und Bangen
Läuft Eugen an den Fluß sogleich.
Der Newa dunkle Wogen rollen
Noch immer aufgeregt und grollen.
Sie schäumt, ihr Atem ist beschwert.
So schnauft ein schweißbedecktes Pferd,
Das aus der Schlacht in vollem Laufe
Zurückjagt an die Futterraufe.
Ein Nachen liegt vertäut am Strand,
Jedoch kein Fährmann ist zur Hand,
Und Eugen ruft, bis schließlich jener
Erscheint. Er ist für einen Zehner
Zur Überfahrt sofort bereit.

Er müht sich eine lange Zeit
Mit Strudeln, Flut und Gegenwinden;
Von jeder Woge scheint der Kahn
Auf seiner talstürzenden Bahn
Im Tal für immer zu verschwinden.
Doch schließlich legt er drüben an.

Auf wohlbekannten Wegen hastet
Der unglückliche junge Mann
Zur Stätte, wo er oft gerastet.
Jedoch er kennt sich nicht mehr aus.
In wirrem Durcheinander ragen,
Bald windschief, bald entzweigeschlagen,
Hier eine Hütte, dort ein Haus;
Und jenes rückte eine Welle
Ein Stückchen fort von seiner Stelle.
Es liegen Balken kreuz und quer,
Getier und Leichen ringsumher.

Der Anblick der Zerstörung zügelt
Nicht Eugens Schritt, der angsterstarrt
An jenen Ort eilt, wo besiegelt
Bereits sein Schicksal seiner harrt.
Er kann die Ansiedlung schon sehen...
Die Bucht... das kleine Rasenstück.
Nun kommt die Hütte... er bleibt stehen...
Geht etwas vor... und kehrt zurück...
Blickt um sich... stammelt ein paar Worte.
An dieser Stelle stand das Haus...
Der Weidenbaum... hier war die Pforte...
Verschwunden... spurlos... alles aus!?
Er führt ein Selbstgespräch im Schreiten,
Geht auf und nieder, nach den Seiten,
Verharrt – Entsetzen lähmt sein Hirn –,
Schlägt sich dann plötzlich vor die Stirn
Und lacht und lacht und lacht...
Es senken
Die Schatten der Novembernacht
Sich auf die Stadt. Die Bürger denken
An alles, was der Tag gebracht,
Und sind erfüllt von ihren Sorgen.

Der vorwitzige Morgenstrahl,
Der in die Hauptstadt sich am Morgen
Durch bleiche Wolkenschichten stahl,
Traf aber nur noch stellenweise
Auf Spuren überstandner Not.
Kein Zweifel: alles kam ins Lot.
Das Leben lief im alten Gleise.
Der Kaufmann ging wie jeden Tag
In Ruhe den Geschäften nach
Und nahm sich vor, den Warenschaden,
Den er erlitten, insgesamt
Dem lieben Nächsten aufzuladen.
Beamte eilten in ihr Amt.
Geflissentlich begab die Menge
Sich wieder in des Alltags Enge.

Die Boote wurden fortgeschafft. –
Des Newa-Ufers Heimsuchungen
Hat Graf Chwostow schon meisterhaft
In Versen denkwürdig besungen.

Was machte Eugen in den Tagen?
Es hatte leider sein Verstand
Das Ungeheure nicht ertragen.
Er wanderte umher am Strand,
Blieb stehen, wie um auf das Rauschen
Des Wassers angespannt zu lauschen,
Das noch in seinen Ohren klang.
Er war in einem Traum befangen.
Acht Tage, einen Monat lang
War er nicht in sein Heim gegangen.
Der Hauswirt zögerte, jedoch
Er wußte nichts von Eugens Nöten,
Und er vermietete das Loch
An einen hungernden Poeten,
Als Eugen gar nicht wiederkam
Und auch sein Zeug nicht an sich nahm.
Der Kranke legte sich im Hafen,
Wo er gerade weilte, schlafen.
Die Kleidung faulte und zerriß.
Ein frecher Straßenjunge schmiß
Ob seinem närrischen Gehaben
Nach ihm mit einem Stein. Ihn traf
Ein Peitschenhieb, wenn er am Graben
Sich weiterschleppte wie im Schlaf.
Durch Fenster reichte man ihm Gaben.
Er vegetierte tierisch dumpf,
Kaum noch ein Mensch, für alles stumpf,
Nicht lebend und auch nicht gestorben –
Entwurzelt, ausgelöscht, verdorben.

Der Hafen ist sein Standquartier,
Er schläft jetzt jeden Abend hier.
Das Herbstlaub ist bereits gefallen;

Ein kalter Wind läßt vor dem Pier
Die grauen Wogen schäumend wallen
und an die glatten Stufen prallen.
So schlägt vor eines Richters Tür
Ein Bittender, der abgewiesen,
Mit seiner Stirne auf die Fliesen,
Ein Bittgesuch in seiner Hand. –

Im Schlupfwinkel, den Eugen fand,
Erwacht er bei dem Licht der Sterne.
Der Nord-Nord-Ost hat aufgefrischt,
In dessen Wehen in der Ferne
Der Wächter Stundenruf sich mischt.
Es regnet. Im gestörten Innern
Des Mannes wird es plötzlich hell,
An alles kann er sich erinnern.
Er schaudert und erhebt sich schnell,
Um auf der Straße fortzugehen,
Bleibt dann wie angewurzelt stehen.
Der Ausdruck des Gesichts verrät
Erregung, Schrecken: vor ihm steht
Zu seiten eines Tores, oben,
Den linken Vorderfuß erhoben,
Ein Löwenpaar vor einem Haus.
Und ungefähr zehn Schritte weiter
Streckt auf dem Postament ein Reiter
Gebieterisch die Rechte aus.

Ein Beben schüttelt Eugens Glieder.
Er schaut ein ihm bekanntes Bild,
Erkennt den Platz, die Mauer wieder,
Wo um ihn her die Wellen wild
In einem tollen Auf und Nieder
Sich damals drängten, kennt den Ort,
Das Löwenpaar und jenen dort,
Der auf dem Bronzerosse reitet,
Durch dessen kaiserliches Wort
Die Stadt entstand, die sich nun weitet.

Wie ehern ist des Reiters Stirn,
Wie machtvoll seiner Hand Gebärde,
Was für Gedanken wälzt dies Hirn,
Und welche Kraft steckt in dem Pferde!
Sag, edles Roß, wohin du sprengst,
Wo senkst du deinen Fuß zur Erde?
Hast, Reiter du, wie deinen Hengst
Nicht Rußland von dem Ruhekissen,
Auf dem es träumte, hochgerissen?

Benommen geht der arme Tor
Um den Koloß auf leisen Sohlen
Und schaut mit irrem Blick verstohlen
Zum Herrn der halben Welt empor.
Die Augen sind umflort von Tränen,
Er lehnt ans Gitter seine Stirn
Und knirscht umdüstert mit den Zähnen,
Gedanken zucken durch sein Hirn.
Des Kranken Blut beginnt zu wallen,
Er ballt die Faust, sein Herz schlägt wild;
Er spricht zum stolzen Götzenbild,
Von einer Raserei befallen:
»Du großer Städtebauer, wart,
Dir wird...« und rennt, statt fortzufahren,
Zutiefst erschrocken, plötzlich fort.
Es schien sich das Gesicht des Zaren
Ihm zuzuwenden bei dem Wort
Und ihn durchdringend anzuschauen.
Er stürzt davon, gepackt von Grauen.
Ein Lärm ist um ihn her, als ob
Gewitter aufeinanderprallten,
Des Rosses Hufe ohne Halten
Aufs Pflaster schlügen im Galopp.
Und auf des Hengstes blankem Rücken
Mit der emporgestreckten Hand,
Ihn vorwärts treibend mit den Blicken,
Braust funkensprühend der Gigant.
Der arme Irre hastet weiter;

Wohin auch immer er sich kehrt,
Der eherne, erzürnte Reiter
Folgt überall auf seinem Pferd.

Alexander Benois: Illustration zu A. Puschkins ›Eherner Reiter‹

Wenn immer in den nächsten Tagen
Er an dem Platz vorüberkam,

War Eugen seelisch so zerschlagen,
Daß er den Hut vom Kopfe nahm.

Als litte er geheime Schmerzen,
Hob er die linke Hand zum Herzen
Und wagte im Vorübergehn
Nicht, nach dem Denkmal hinzusehn.

Man sieht vorm Strand ein Eiland liegen.
Ein Fischer fährt im Abendrot
Wohl hin und kocht sein Abendbrot.
So wie auch dorthin zum Vergnügen
An einem Sonntagnachmittag
Ein braver Bürger rudern mag.
Das Inselchen schmückt keine Sage.
Die Woge der Verwüstung trieb
Ein Häuschen hin am Schreckenstage,
Das dort am Ufer hängenblieb.
Nachdem es dort ein Jahr gelegen,
Hat man es wohl des Holzes wegen
Auf einer Barke weggebracht.
Das Haus war leer und eingekracht;
Nur Eugen lag auf seiner Schwelle,
Wohl tot schon seit geraumer Zeit –
Und man begrub an jener Stelle
Die Leiche aus Barmherzigkeit.

(1833)

Daniil Charms

Die Komödie der Stadt Petersburg (Anfang)

ERSTER AKT

TEIL II

PETER

Ja, ich erinnere mich an den Tag. Es rauschte die Neva
ins Meer die leere leichte ungezügelte Neva

da kam und warf mit seinem Blick die Wolke nieder
der große Zar und dachte nach an jenem trüben Mittag
und zärtlich ein Gedanke zog Falten über seine Stirn
hinflatternd über der Neva den Ufern flatternd
flog auf gen Himmel flügelschlagend überm öden Wald
trieb fort ein fernes Segel auf dem wunderbaren Meer.
Die Stadt erbaute ich an Finnlands Küste
ich sprach Hier wird die Hauptstadt sein. Im Nu
im Schlaf gerodet war der dichte Wald bis auf die Wurzeln
und laute Kutschen stießen oft nun an der Hütten Fenster.

NIKOLAUS II.

Du Peter warst der Zar.
O Ruhm vergangner Tage!
Flieg auf als Flamme lodernd in die Höhe. Ich
ich gehe. Gehe fort von hier den grausen Sümpfen,
o Rußland lebe wohl! leb wohl für immer!
Doch nein hier bin ich hier wie der Kanonenofen wie der Teufel
schlag zu! schieß nieder tausend Bajonette stecht!
Gib frei den Weg. Und ich der Erbe Gottes
besteige Hand aufs Herz den Thron
und lange Jahre eines eisernen Monarchen
vergehn unter den Leben von Nomadenstämmen
gesegnet seist du Staat der Russen
ich bin dein Zar dein Gott dein Herrscher.
Ja Peter. Ja, ich lebe. Du bist lachhaft und erbärmlich mir
du seelenloses Denkmal Reiterstandbild Springer
sieh, mir zu Füßen liegen alle Völker. Und die Zarin
gebiert mir einen Sohn wie eine Buche stark.
Nur, ich hab keine Kraft mehr Peter keine Kraft
ob ich den Dom durchschreite den Palast
stets sehe ich den Reiter auf dem wilden Felsen
du Peter fühllos Denkmal – du bist der Zar!!!

KOMSOMOLZE VERTUNOV *zeigt auf Nikolaus II.*

Fesseln, den da.

(1926 ff.)

Boris Pilnjak

Seine Majestät Kneeb Piter Kommandor

Nicht verachten, nicht wie Hunde halten,
Sondern lieben, wie die eignen Kindlein.
(Simeon Polozki)

Rußland, armes Rußland,
Mir sind deine grauen Hütten,
Deine verwehenden Lieder
Wie die ersten Tränen der Liebe.
...
Möge er auch locken und täuschen,
Du gehst nicht unter, nicht verloren.
(Alexander Blok)

Erstes Kapitel

Dieweyl der Staat, so lehren die Franzosen, die Harmonia jeglicher Natur ist – nit allein der Physischen, sondern auch der Geistigen – so mein ich, dass seine Majestät, unser Gossudar Peter Alexejewitsch, dem russländischen Staate nichts als Verarmung beygefüget, denn Herrschaftsgebung oder Politica ist nicht Ausschweifung. Oftmals hab ich in Venedig, in Paris und den flämischen Landen Aufenthalt genommen, doch nie konnt ichs lassen, meines Vaterlandes zu gedenken. Seine Historia ist neblicht, alldieweyl das Knechts- und sonstige gemeine Volk in seinem ursprünglichen Stande belassen ist, wohingegen das Schlachetstwo – die adeligen Herren, so an der Académie-des-Sciences schtudiern, die Reglaments besitzen und zu jeglicher Kunst das Geschicke erhalten – nichts sind als nur Amourenjäger und Galants, Saufbrüder, käufliche Lakaien, Rüpel und Diebsgesindel: Aus der Staatskasse rauben sie das Geld, denn ihr Gewissen haben sie vertrunken und die väterlichen Gebote vergessen. Als unmündiger Knabe vom Mutterbusen gerissen, musst ich in der Fremde die Kunst der Artillerie erlernen; als Jüngling ward ich verführet, unmässig zu saufen, derhalben ich bis zur Mannesreife nichts als Herzeleid, als Gottlosigkeit und Büberei erfahren hab. Unser russländischer Staat darbt in Hunger und Seuchen, in Aufruhr und Wirren.

So schrieb der Gardeoberoffizier Sotow in sein Jurnal, als er in der Admiralitätsfestung, in der Kanzlei des Admiralitäts-Kollegiums dejour leistete. Der steinerne halbdunkle Raum hatte eine gewölbte Decke, der Boden war bespien und verdreckt. Vor den ebenerdigen Fenstern, die schon ganz verstaubt waren, lagen in einem kleinen quadratischen Hof große Haufen von Weiden- und Lindenbast, von Tauen und gespaltenem Holz. Links glühte eine Schmiede. Vom unteren steinernen Bollwerk ging eine Kurtine ab. Auf den noch unfertigen Bastionen patrouillierte die Schildwache. Direkt an der Newa stand das Skelett einer Fregatte auf Dock, es erinnerte stark an das Knochengerüst jenes halbverwesten Mammuts, welches vor kurzem für die Kunstkammer hergeschafft worden war. Bei den Bastionen und um die Fregatte drängelten sich die Menschen, die hier Sklavenarbeit leisten mußten – aus ganz Rußland hatte man sie hergetrieben, die Leute aus Twer, aus Wologda, aus Astrachan, die Kalmücken, die Tataren, die Ukrainer, in ihren zerlumpten Bauernkitteln, ihren Bastschuhen oder auch ohne Schuhe. Der Schnee war bereits zusammengeschmolzen und schmutzig. Der Wind blies vom Meer und brachte Tauwetter, nachts regte sich das Eis auf der Newa, langsam zogen graue Wolken auf – dieser Märztag war wie Oktober. Jenseits des Flusses reckten sich vereinzelte Kiefern wie auf einem Holzschlag, wo noch nicht alles gefällt ist. Auf der Wassili-Chirwisaari-Insel standen hie und da noch ein paar schlanke Tannen und gaben dem grauen Himmel mit ihren Spitzen Konturen. Hoch über den Köpfen, auf der Turmspitze der Admiralität, schlug das Glockenspiel sieben, und gleich darauf rasselten die Ketten des Zugtors. Ein Soldat trat ein und stellte eine trübe Öllampe auf den Tisch. Am Schlag des Glockenspiels, am Quietschen des Tors, am Gang des Soldaten, daran, wie die Standarte aufgezogen war, hatte Gardeoffizier Sotow gelernt, die Stimmung des Gossudar abzulesen, denn er stand im Dienst des Monarchen. Immer, wenn Sotow an Peter dachte, krampfte sich sein Inneres vor Schmerz und Trauer zusammen: er mußte dann an jenen grauen Januartag denken, an dem sein

Papa, Fürst Nikita Sotow, ein vierundachtzigjähriger Greis, auf ausdrücklichen Befehl des Gossudar durch einen neunzigjährigen Popen mit der sechzigjährigen Greisin Paschkowa vermählt worden war. Der auf obersten Befehl sanktionierte Festzug begann beim Winterpalais. Vor den Schlitten »des jungen Paares« hatte man vier Bären gespannt, an den Kutschbock einen Hirsch angebunden. An der Spitze der Prozession ging Romodanowski, der Scharfrichter und »Kesar«, welchselbiger »alle Tage trunken« war. Sämtliche Minister, die Aristokratie, das gesamte diplomatische Corps – alle waren bei dieser verordneten Verhöhnung zugegen. Die Bären brüllten wild, weil sie geschlagen wurden. Der Fürst-Papa war als Priester verkleidet; halbnackt zitterte er vor Frost, zitterte und wand sich, wand sich, um den Gossudar zu belustigen.

In der Kanzlei des Admiralitäts-Kollegiums war Peter am Morgen gewesen, Sotow hatte noch geschlafen, hatte sich auf dem Tisch eingerichtet, geweckt hatte ihn ein Sergeant. Der Gossudar trat ein, er trug einen Dreispitz, aber sonst Zivil: einen grünen Gehrock, der sehr zerknittert war, enge schwarze Hosen, rote Strümpfe, die ihm die Kaiserin Katharina gestrickt hatte, und deutsche gekappte Schuhe; die Taschen seines Gehrocks und seiner Hose waren stark ausgebeult, weil sie vollgestopft waren mit Zirkel, Kompaß, Wasserwaage und anderen Instrumenten, die Peter stets bei sich trug. Er ging wie immer vorgebeugt und rasch, wobei er mit den Armen schlenkerte und die dünnen Beine ungeschickt spreizte, um die holländischen Matrosen nachzuahmen: offenbar war Seine Majestät in guter seelischer Verfassung. Gardeoberoffizier Sotow nahm Haltung an. Der Gossudar gab ihm nach europäischer Manier die Hand. Das Glockenspiel schlug dreiviertel fünf morgens. Durchs Fenster sah ein nebelig trüber Himmel herein. Der Gossudar erlaubte sich einige unanständige Scherze, lachte wie ein Schauspieler laut und auf o wie immer, dann ging er zum Tisch und sah die Akten durch. Danach öffnete er mit seinem Schlüssel den Wandschrank mit den geheimen Staatspapieren, die die Admiralität betrafen, und forderte den Offizier Sotow mit einer Geste auf, ihm in den Wandschrank zu folgen.

Er sagte:

»Da es mir nit möglich ist, itzt bei der Sitzung des Admiralitätscollegii praesent zu sein, bitt ich Euer Liebden secreto daran zu partizipieren, in silence. Den Rapport wollet dem Vorsitzenden der Geheimkanzlei, Graf Pjotr Andrejitsch, erstatten.«

Niemals, nirgends hatte es eine derartige Überwachung gegeben wie zur Regierungszeit Peters in Rußland. Gardeoffizier Sotow betrat den Wandschrank degen- und sporenklirrend; der Gossudar strömte Schweiß- und Wodkageruch aus. Peter schloß dann den Wandschrank ab und rief im Weggehen munter:

»Habe die Ehre, Euer Liebden zur Eröffnung der Navigation zu gratulieren. Und morgigen Tags bitten wir, uns zum Traktament bei Hofe zu beehren!«

Im Schrank war es dunkel und stickig, nur durch eine Ritze fiel etwas graues Licht. Sotow rauchte seine holländische Pfeife, machte es sich auf den Akten bequem, stützte sich auf seinen Degen und schlief ein – er hatte sich angewöhnt, in jeder Lage zu schlafen. Gegen zehn versammelten sich nach und nach die Kollegiumsmitglieder. Apraxin schickte einen Sergeanten nach Wodka. Sotow horchte: Die Kollegiumsmitglieder redeten, worüber ganz Rußland redete, und sie redeten auch genauso, wie ganz Rußland redete – nämlich daß Rußland verwüstet sei, daß die Kalmücken im Transwolgagebiet rebellierten, daß am Don die Kosaken unruhig würden, daß Hunger und Tod in den Dörfern umgehe, daß Narren in Christo durch die Dörfer zögen und dort den Antichrist entdeckt hätten... Der Vorsitzende der Geheimkanzlei, Graf Pjotr Tolstoi, kam um vier Uhr nachmittags ins Kollegium und befreite Sotow aus dem Wandschrank. Und auch Tolstoi, ein Mensch, der in den Verliesen der Admiralität und der Peter-Pauls-Festung Hunderte von Menschen eigenhändig erdrosselt hatte, redete, als er so am Tisch saß und mit seinen starren, nie blinzelnden Augen auf die Newa blickte, wie alle – tückisch und feige:

»Auf der Kaiwusaari-Thomas-Insel ist ein neuer Gerechter aufgegriffen worden. Man hat diesen Narren ins Verlies der Admiralität geschafft.«

Tolstoi schwieg eine Weile.

»Ganz Rußland schwimmt in Tränen. Komm in der Nacht her.«

Sotow fragte:

»Euer Exzellenz, glaubst du den Narren in Christo?«

Tolstoi sah sich mißtrauisch um, warf aus seinen starren Augen einen durchdringenden Blick auf Sotow und sagte leise:

»Ich bin durch und durch von Glauben erfüllt.«

Das Glockenspiel schlug ein Viertel nach sieben. Schmutzig trübte sich die Dämmerung ein. Die Newa schwoll an, vom Meer kam Wind auf: bis zur Morgendämmerung mußte man mit dem Hochwasser rechnen. Sotow ging im Zimmer auf und ab, um seine Beine in den Stiefeln mit ihren bis an die Leisten reichenden Schäften gelenkig zu halten. Bei der Tür blieb er stehen und las eine schon vergilbte und von Fliegen verdreckte Verordnung des Zaren durch:

Der Hohe Gossudar hat hiemit befohlen, kund und zu wissen zu tun, wie auch vormals schon erfolgt: In der Nähe von Schiffen und anderen Wasserfahrzeugen, ebenso von denen Galeeren im Hafen bei Sankt Piterburch, ist keinerlei Feuer zu dulden, ebensowenig Tobak zu rauchen; wer aber dennoch dessen schuldig befunden wird, dem seien Prügel zu verabreichen: Beim ersten Mal ist selbiger mit zehen Stockschlägen am Mast abzustrafen, wer aber ein zwotes Mal überführt wird, derselb soll unter den Kiel des Schiffs getunkt und am Mast mit hundertfünfzig Stockschlägen bestraft, sodann auf ewige Zeiten in die Katorga verbannt werden.

Nachdem er es gelesen hatte, stopfte Gardeoberoffizier Sotow seine Pfeife und rauchte sie an der Öllampe an.

Dann schlief er ein wenig, um zwölf machte er seinen Rundgang bei den Wachposten – die standen 24 Stunden Wache und wagten nicht zu schlafen, denn sonst erhielten sie erbarmungslos Stockschläge. Sotow wechselte die Posten aus und übergab Wache und Dejour, um sich dann auf den Weg nach Hause zu begeben, in die Gardekaserne auf der Moskauer Seite, jenseits des Mja-Flusses. Das Zugtor rasselte, im Kanal brauste das steigende Wasser. Finsternis, Feuchtigkeit und Wind umfingen ihn, und seine Kanonenstiefel blieben im dicken Lehm stecken. Über das leere Gelände zwischen den Gebäuden gaben die Wachstreifen Pfeifsignale weiter, und auf der Kaiwusaari-Thomas-Insel läutete eine Glocke. In der Finsternis stieß Sotow hie und da an aufgestapelte Baumstämme oder an Zäune vor neuen, noch unfertigen Gebäuden. Beim Festungshof rief ihn ein erschrockener Wachposten an. Das italienische Palais war mit gelben Lichtern hell erleuchtet. In der Ausländervorstadt, dort, wo sich Pechvögel jeglicher Art, Räuber und Spitzbuben aus aller Herren Länder um des schnellen Profits willen zusammengefunden hatten, knarrte eine Wassermühle. Der Wind blies unvermindert feucht und kräftig. Sotow fühlte sich nach diesem langen Tag, den er in der feuchten Kanzlei gesessen und in untätiger Langeweile und unbequemem Schlaf verbracht hatte, an allen Gliedern zerschlagen, die Augen waren verquollen und der Mund verklebt. Es fiel Sprühregen. Der Offizierstrakt in der Gardekaserne war noch voller Lärm, Gesang und Geschrei, eine Orgel jaulte: die Offiziere waren soeben von einem Ball zurückgekehrt, wo sie getanzt und sich betrunken hatten. Die Jugend drängelte sich beim Zimmer des Diensthabenden, wohin sie ein leichtes Mädchen verschleppt hatten.

Gardeoberoffizier Sotow sammelte Material, das er in sein Jurnal niederschreiben wollte – Material über die Gründung von Sanktpetersburg, das *Paradies* Peters – diese furchtbare Stadt auf den todbringenden Sümpfen mit ihren todbringenden Nebeln und brandigen Fieberkrankheiten. Peter hatte wegen eines zufällig (wie alles, was er anfing) angezettelten Krieges mit den Schweden, den er zufällig in die Nähe von Nyenschanz getrieben hatte, zufällig in den Sümpfen des Newa-Deltas, auf der Jenisaari-Insel, die Peter-Pauls-Festung gegründet, ohne im geringsten an ein Paradies zu denken. Das war im Jahre Siebzehnhundertunddrei gewesen, und erst nach zehn Jahren hatte er damit begonnen, Sankt-Piter-Burch zu erbauen; aber dann baute er ebenso unbändig, ungestüm und unbarmherzig wie alles, was er machte.

Wichtigste Aufgabe beim Bau des Paradieses war, daß es Moskau in nichts gleichen durfte. Sanktpetersburg sollte aus Stein gebaut sein: Eine Verordnung des Gossudar stellte es überall im Lande unter strengste Strafe, Gebäude aus Stein zu errichten – außer in Sanktpetersburg; dort hingegen mußte ein Haus, wenn es aus Holz gebaut war, mit Brettern verkleidet und so bemalt werden, als wäre es aus Ziegelstein. »Wegen des türkischen Kriegs ist sehr wenig Arbeitleut nach Sankt-Piter-Burch verschickt, derhalben säumet nit, künftigen Sommers und zum Winter die gebotten Zahl zuschicken: aus den 35 Städt, den Siedlungen, den Bezirken, Landsitzen und Erbgütern Leute jeglichen Standes, es seind Pauren oder Taglöhner« – von überallher war befohlen, »von neun Höfen je ein Mann« nach

Sanktpetersburg zu treiben. Man hetzte die Menschen mit Stockhieben, trieb sie in Ketten, sie mußten »Zimmermannswerkzeug und Beile mitbringen, und jeder Aufseher sollte Meiszel, Drillbohr und Schellen haben, Brot und Fourrage sollten die Arbeitleut allda mitbringen, so viel als möglich«. Die Menschen hungerten, verreckten durch Seuchen und starben wie die Fliegen, kaum einer arbeitete länger als ein Jahr, jedes Jahr starben an die hunderttausend – die Stadt füllte sich mit Menschenknochen auf. Fehlte es an Werkzeug, dann trugen sie die Erde im Hemdzipfel; gab es keine Bastschuhe, dann gingen sie barfuß. Sie arbeiteten und standen bis zum Gürtel im Wasser; sie wohnten in modrigen Erdhütten; manche gingen auf die Flucht, in die Wälder, zu den Räubern; andere empörten sich – die hängte man dann zu Dutzenden am Kronwerk der Peter-Pauls-Festung auf, zur Abschreckung. Die Arbeitsleute – so wurde verordnet – waren kahlzuscheren. Die Leute aus der Gegend versuchten zu betrügen, wo sie konnten (gute Betrüger mochte Peter), kauften sich mit Schmiergeld frei und ließen sich schmieren: Bestechung nannte Peter »Hinterlist«. Er schrieb: Vom Gouvernement Kasan sind im vergangenen Jahr die festgesetzten Gelder von über 20 tausend Rubeln hier nicht angekommen, worüber wir uns höchlichst verwundern, dass so etwas bei uns in Vergessenheit geraten kann, und drohte mit der Folter. Sie begruben die Menschen dort, wo sie krepiert waren. Diese halbnackten, hungernden, skorbutkranken Arbeitsleute – sie verloren den Verstand vor Angst und Pein und Verständnislosigkeit. Personen von Stand war es untersagt, ohne Genehmigung aus der Stadt herauszufahren. Eine Verordnung wurde erlassen, daß auf den Dächern aller staatlichen Gebäude »Turmspitzen« zu errichten seien, damit die Menschen ihre Zeit stundenweise erfuhren. Stadtoberhaupt war Fürst Menschikow, der General-Gouverneur von Ingermannland – der liebe-Kinder-Sascha, wie ihn Peter nannte.

Bei Morgengrauen wurde Alarm geschlagen. Auf der Peter-Pauls-Festung und der Admiralitätsfestung schoß man aus den Kanonen. Die Offiziere rannten auf den Platz hinaus, die Soldaten kamen aus den Kasernen gelaufen und befestigten noch im Laufen die Bajonette an ihren Flinten. Das Signalhorn heulte auf. Sie stellten sich in Reih und Glied. Trüb graute der Morgen. Der Wind ging in Sturm über, pfiff durch die drei kahlstämmigen Fichten, die noch nicht geschlagen waren. Man redete von Hochwasser: Auf der Wassili-Chirwisaari-Insel hatte es den ganzen Holzvorrat weggeschwemmt, und im Kanal war Gardeoffizier Derjabin ertrunken. Die Newa war angeschwollen, dunkel verfärbt und sträubte sich mit grünen Schaumkronen. Jemand sagte, daß die Schweden anrückten, dann redete man von Aufständen. Der Regen fiel schräg und kalt. In den Kirchen läuteten die Glocken. Und wieder schossen sie aus den Kanonen. Der diensthabende General gab das Kommando, die Offiziere gaben es an die Kompanien weiter. Sie verließen den Platz und marschierten mit Richtung auf das Italienische Palais. Der Morgen war trüb, kalt, feucht und schmutzig.

Unterwegs begegnete ihnen eine berittene Ordonnanz, er zog den Hut (der Wind riß ihm die Perücke herunter) und schrie:

»Seine Kaiserliche Majestät haben befohlen, zum ersten April des laufenden Jahres und zur Eröffnung der Navigation diese Konfusion zu veranlassen! Zudem hat er befohlen, sich sogleich im Palais zum Traktament einzufinden!«

Das Regiment schrie ein Hoch auf den Kaiser und machte kehrt.

Zweites Kapitel

Von der Meeresseite her, jenseits der Kleinen Newa, aus den Wäldern, fielen häufig Wolfsrudel in Sanktpetersburg ein und rissen Vieh und Menschen. Mit dem Hochwasser verschlug es das Rudel auf die Mistula-Jelagin-Insel. Das wurde dem Gossudar berichtet, und Peter fuhr aus, um »diese Raritäten« für seine Kunstkammer zu fangen, dazu jagte er eine ganze Hundertschaft Leute mit. Der Tag war trüb und feucht.

Auf der Kaiwusaari-Thomas-Insel, hinter dem Kronwerk, bei der Tatarenvorstadt, dort, wo sich auf dem Sand die kläglichen Jurten der Kirgisen und Kalmücken reckten, dieser Wilden, die den Verstand verloren, als man sie aus dem Transwolgagebiet hierher jagte, tauchte eines Tages bei den alten Weiden ein Mensch auf. Barfuß war er, mit unbedecktem Kopf, einem grauen, bis zum Gürtel reichenden Bart und einem hageren, strengen Gesicht, er trug eine schöne Mönchskutte. Der Greis redete über den Gossudar, Zar Peter – das sei der Antichrist, der werde das ganze Volk brandmarken, »und wer kein Malzeichen wird haben, dem wird auch kein Brot gegeben«. Er sagte, die Newa werde rückwärts fließen, und die Abgründe würden sich öffnen und die vom Volk verfluchte Stadt verschlingen. Er zeigte den Kalmücken seine Steuermarke für das Recht, einen Bart zu tragen, auf der das zweiköpfige russische Wappen, eine Nase mit Schnurrbart und Bart und die Aufschrift: »Abgabe bezahlt« eingeprägt waren. – Auf diesen Greis, auf die Menge stürzte sich das Semjonow-Regiment mit Bajonetten, der Greis entschlüpfte hinter die Jurten, sie machten Jagd auf ihn. Peter, der gerade von der Wolfsjagd zurückkehrte, beteiligte sich an der neuen Treibjagd und gab das Kommando. Der alte Mann war bald hinter dem Kronwerkswall aufgespürt, zum Abend hatten sie ihn in die Folterkammer der Admiralitätsfestung geschleppt: im Jahre zwanzig, nachdem im Alexejewski Ravelin der Peter-Pauls-Festung Zarewitsch Alexej erdrosselt worden war, war angeordnet worden – »zur Befragung in allen Angelegenheiten ist in der Admiralitätsfestung eine Kammer einzurichten«. Unter dem Festungswall, in einem unterirdischen Gewölbe in der Gefängniskanzlei nahm Graf Tolstoi den Greis in Empfang. Trüb brannte das Öllämpchen, das mit Hanföl gefüllt war, das Zimmer war niedrig, ohne Fenster, mit einer gewölbten Ziegeldecke. Tolstoi saß breitbeinig am Tisch, auf den er mit seinen dünnen Fingern trommelte, blickte mit seinen starren Augen lange und durchdringend vor sich hin und schwieg. Der Greis stand aufrecht und unbeweglich vor ihm. Der Graf roch nach Wodka, der alte Mann nach Rettich und Zwiebeln.

»Wie heißt du? Woher?« fragte Tolstoi.

»Bin Tichon getauft. Vom Sprengel zum Weißen Quell, aus dem Gebiet von Kolomna.«

»Und bist für das dreifache Halleluja und das Zweifingerkreuz, gibs zu?«

Der Alte blieb eine Weile stumm.

»Ja.«

»Her mit dir, du Hundsfott!«

Der Alte kam an den Tisch, und der Graf versetzte ihm einen Tritt mit seinem Kanonenstiefel von unten in den Leib.

»Halt deine Oratio. Sag, wann du die Sintflut prophezeist! Welche Kraft hast du in der Münze gefunden? Wort und Tat des Gossudar.«

»Wann wird kommen die Sintflut, das weiß allein der Herr Gott Zebaoth. Weissagen kann ichs nit.«

»Halt deine Oratio.«

Sie schwiegen beide lange. Dann erhob der Greis seine Stimme.

»Grachf!... Vernimm: ein jeglich verständigs Ding hat ein Natur, nicht aber die Verarmung. Was ist aus unserm Land worden? – Stöhnen, Weheklag und Zähren überall! Nichts denn Alfanzerei, wohin man siecht. Das Volk aber lebt im Elend – und ihr Gewissen haben sie verkauft und die Wahrheit im Hurnhaus versteckt. Oh Rußland! Ein Possenspiel!... Mein Sohn ist ein alter Mann geworden – aber noch immer herrscht Krieg, und die Teutschen haben uns bezwungen. Unser Zar hält eine Pfeife zwischen den Zähnen wie ein fremdländischer Maat, trägt ein Gewand wie ein Teutscher, sauft wie ein Büttel, schimpfiert und flucht unflätig wie ein Tatar – der Za-ar!... Grachf!... Vernimm, was ich dir sag: unser Zar ist untergeschoben, ist ein Teutscher! Mit seinem Gefolge ist er übers Meer gefahren, im Stockolischen Zartum ist er angelandt, zur Stockoler Zarendirne gezogen; da hat diese Hure Ulrika unsern Gossudar zu sich schlafen gelegt, hat einen Zauber über ihn gesprochen, hat ihn auf ihren Nabel gelegt, der ist wie eine glühende Pfanne; und dann hat diese teutsche Stockoler Hure unseren Peter Alexejewitsch gegen ein Kielkropf vertauscht, auf daß er uns den Bart schert, und uns den Kaftan, die Odnorjadka, das samtene Unterkleid abschneidet... Grachf!... bald werden sie das Brot versiegeln, denn die Siegel haben sie gebracht. Die Zeitenrechnung ist auf den Kopf gestellt. Die Schwärmer, diese Papisten und übeln Lutherer verstellen unseren Glauben... Und die Zarin, die Stockoler Hure Ulrika, als sie Namenstag hatte, da huben ihre Fürsten und Bojaren zu reden an: ›Wir bitten dich, Herrin, um eines solchen Tages willen laß ihn frei, den Gossudar!‹ Und jene Hurendirne sagte: ›Seht, ob er sich noch regt und lebt, so will ich ihn freigeben um euretwillen.‹ Als sie ihn aber gesehen hatten, sagten sie: ›Von Sinnen ist er, Herrin.‹ – ›Wenn er von Sinnen ist, dann werft ihn auf den Schindanger.‹ Und zur selbigen Stund packten ihn Alexaschka Menschikow, dieser Pferdeknecht und Christusverräter, und der Teutsche Lefort, verpichten ihn in ein Pechfaß und rollten es ins Meer. Ein Strelizenhauptmann aber hats gesehen, und darum hat auch ihr neuer Freund, dieser Wüstling und Kielkropf unseres Gossudar, grausame Rache genommen an den Strelizen. Awdotja Fjodorowna hat er ins Kloster gesperrt, hat sich die Monsowa, das liederliche Frauenzimmer, genommen in eitler Verblendung!... Grachf! Zum Spott ist das alles gemacht! Zu Spott und Hohn... Nichts als Alfanzerei, wohin man siecht!... Wende ab dein Angesicht oh Herr!... Grachf!...«

Das Öllämpchen brannte trüb, rußte. Wände und Decke waren feucht, voller Asseln, die Feuchtigkeit drang überall durch. Tolstoi saß unbeweglich da und blickte starr aus seinen trüben schielenden Augen. Der Greis redete, aus Furcht anzuhalten, aus Furcht zu schweigen. Sein Gesicht war bleich; das Öllämpchen knisterte.

»Her mit dir, du Hundsfott. Dein Name? – Genug des Unsinns.«

»Starzew heiß ich. Drei Söhne sind mir im Krieg geblieben, zwei Enkel...«

»Wann prophezeist du die Sintflut?«

»Wann die Sintflut kommen wird, das weiß Gott allein, aber kommen wird sie.«

»Her mit dir, du Hundsfott! Die Wippschaukel kennst du?...«

Die Eisentür öffnete sich, herein kam Gardeoberoffizier Sotow. Schwankend ging er zu einem Schemel, ließ sich drauffallen, legte den Kopf auf den Tisch, rülpste, zog eine Branntweinflasche aus seinen Kanonenstiefeln und lachte laut.

»Was ist los?« fragte Tolstoi.

»Heute im Senat, als sie sich zum Consilium versammelten, gerieten Jaguschinski und Skornjakow in Kollision, dann mischte sich seine Exzellenz Alexaschka Menschikow ein. Jaguschinski zerrte Skornjakow, den Oberprokuror, an den Haaren, während Schafyrow und Golowkin sowie die Exzellenz als Diebsgesindel beschimpft wurden! Tumult. Ein *casus*!... Menschikow lief zur Kaiserin, um sich nach alter Manier zu beklagen. Sie waren alle sehr laut, nach dem Traktament. Außerdem war der Oberfiskal Mjakinin praesent und hinterbrachte es dem Gossudar, der wiederum sagte zu Katharina Alexejewna: ›Menschikow‹, sagte er, ›ist im Stande der Gesetzlosigkeit empfangen, in Sünden hat ihn seine Mutter geboren, als Spitzbube wird er sein Leben enden, und wann er sich nit bessert, dann wird er bald seinen Kopf verlieren.‹ – Die débauche kam vom Traktament. Alexaschka weint jetzt zu Füßen der Zarin, er schnüffelt.«

Und wieder lachte Sotow, dann schlug er in seiner Trunkenheit mit dem Kopf auf den Tisch.

»Dummkopf!« sagte Tolstoi. »Siehst du nicht, dieses Monstrum steht hier unter dem Wort des Gossudar.«

Das trunkene, rote Gesicht Sotows erbleichte augenblicklich, wurde lang, im Nu waren Fröhlichkeit und Rausch verflogen. Sotow stand auf und warf einen Blick auf Tolstoi. Der lächelte feige.

»Alldieweyl, Euer Hoheit...«

»Euer Exzellenz!...« – Die Stimme Sotows zitterte.

Tolstoi ging ängstlich zur Tür, zog die Glockenschnur – im Gewölbe läutete dumpf eine Glocke. Ein Soldat kam hereingelaufen.

»Die Flinte!« schrie Tolstoi und wandte sich zu dem Alten. »Her mit dir, du Hundsfott! Wann...«

Da unterbrach ihn Sotow.

»Geh, wenn man es dir sagt!« schrie er weinerlich, schlug den Greis ins Gesicht, seine rasierten Lippen verzogen sich zu einem Grinsen.

Da lief der Soldat mit der Flinte herein, nahm Haltung an. Plötzlich fiel der Greis auf die Knie, kroch zu Tolstois Füßen, fing an zu winseln wie ein Hund, zu weinen. Das Öllämpchen rauchte trüb und übelriechend.

»Söhnchen, Grachf!... Erbarmen, schießt nicht, schießt nicht, Li-ieber!...«

Tolstoi rückte beiseite, kniff die Augen zusammen und befahl:

»Feuer!«

Der Alte winselte, kroch in die Ecke, die Flinte versagte beim ersten Mal, dann donnerte sie wie eine Kanone, stieß eine Rauchwolke aus, löschte das Öllämpchen, der Alte verstummte. Der Soldat schlug rasch den Feuerstahl an. Genick und Ohr des Alten waren zertrümmert, konvulsivisch zuckten die Beine. Der Graf schlug ängstlich die Augen auf und sagte dann ruhig:

»Diesen Alten auf der Thomas-Insel hinterm Kronwerk bei der Tatarenvorstadt an der Weide, wo er aufgetaucht ist, aufhängen – zur Abschreckung.«

Als Tolstoi und Sotow aus dem Verlies herauskamen und hinter ihnen die Brücke hochging, sagte Tolstoi flüsternd:

»Der Geheimkanzlei ist ein Brief des General-Admirals Apraxin zugeleitet worden, worin jener schreibt: ›Wahr und wahrhaftig, in allen Angelegenheiten irren wir wie Blinde umher und wissen nicht, was wir weiter tun sollen. Überall ist große Zerrüttung eingetreten, und wo wir unsre Zuflucht suchen und was wir weiter tun sollen, wissen wir nicht. Alle Geschäfte geraten ins Stocken.‹ Das ist Aufruhr und Meuterei.«

Über Sanktpetersburg stand Nebel, so dicht wie Gallert. Jenseits des Flusses, vermutlich im Astoria, dröhnte das Orchester. Nach Hause kam Sotow nicht, er verirrte sich, kroch in irgendeine Hütte und übernachtete dort. Er war voller Schwermut und Schmerz.

Am Morgen erhielt Sotow den Befehl, als Kommissar in den Distrikt Kolomna in der Provinz Moskau zu reisen, »um gute *Anschtalt* einzuführen«. Daraufhin soff er drei Tage lang und jagte dann mit Postpferden davon, mit einem Brief des Gossudar: Fragen der »Kommunikation« wurden nicht erwogen, wenn man auf Befehl des Gossudar zu reisen hatte.

Drittes Kapitel

Gleich hinter Sanktpetersburg, als er etwa achtzig Werst weit gefahren war und bei Tosna mit der Fähre über den Fluß gesetzt hatte, fühlte Gardeoberoffizier Sotow, daß er sich nunmehr im wirklich echten, alten Rußland befand, daß gerade die Zeit der Großen Fasten angebrochen war – unser gesegneter, friedlicher russischer Frühling.

Die Landstraße von Sanktpetersburg nach Tosna erinnerte an eine Heerstraße, da lagen Skelette von Menschen und Pferden herum, zerbrochene Fuhrwerke, zersplittertes Holz. Auf der Tosna redeten die Fährleute von Räubern, die in regelrechter Schlachtordnung eingefallen waren, und Sotow konnte nicht herausbekommen, ob da bloß von Räubern die Rede war oder von den Soldaten des Zaren. Hinter Tosna lagen bei einer Schenke auf der Wiese gefesselte Menschen und Fronarbeiter im Schmutz: hier rasierte man sie, damit sie dem Gossudar nicht mit Bart unter die Augen kamen. Der Sonnenuntergang war purpurrot, weich liebkoste der Frühlingswind, und die Erde, die fruchtbare, war üppig aufgequollen. In der Schenke wurden Fastenspeisen gereicht. Auf der anderen Seite des Flusses läutete die Fastenglocke. Draußen, vor dem offenen Fenster, sang jemand schwermütig:

Aber Peter, dieser Schnapphahn,
Den Fürsten nahm er je hundert Rubel,
Den Bojaren je fünfzig,
Den Bauern je fünf.
Und wer kein Geld hat,
Dem nimmt er das Kind.
Und wer kein Kind hat –
Dem nimmt er die Frau!
Und wer keine Frau hat –
Den nimmt er mit Haut und Haaren!...

Ein stiller und klarer Abend brach an. Über dem Fluß flogen Schwalben und badeten in den stillen schönen Abendstrahlen.

Auf der Erde brach der Frühling an, die Großen Fasten – und Sotow fühlte es schmerzlich: während in Sanktpetersburg hinter all dem Lug und Trug, den Ausschweifungen, Diebstählen, Grausamkeiten, hinter Fieber und Nebel immerhin noch eine Idee stand, wenn sie auch dumm war – nämlich, den europäischen Mächten ähnlich zu werden, so gab es außerhalb von Sanktpetersburg, im riesigen Rußland, nichts als Raub und Speichelleckerei, Unordnung und Sinnlosigkeit. Die zweimal veränderte lokale Administration, die Steuern und Seelenabgaben, die Einquartierungen der Truppen in den Dörfern, die Naturalsteuern, die Aushebungen von Soldaten, überhaupt das Militärwesen – das alles verwirrte den gesunden Menschenverstand, brachte ihn durcheinander, vernebelte ihn. Kommissare, zivile wie militärische, Landräte, Landrichter, Kondidatoren, Proviantmeister, Gouverneure, Wojewoden – sie alle jagten in ihren Distrikten und Provinzen herum (wobei sie, ihren Allüren oder ihrem Rang entsprechend, im Dreigespann oder im Sechsspänner fuhren), kassierten, prügelten, hängten – diese »Rasierten«, die noch schamloser waren als die tatarischen Baskaken und in ihrer Trunkenheit mit allen über alles ihre schamlosen Reden führten. Die Bauern fürchteten diese neue rasierte Bürokratie, die immer betrunken war und ein russisch-deutsches Kauderwelsch sprach, wie die Pest. Eine ganze Generation wuchs heran und hatte zu erleben, daß Rußland immer nur Krieg führt – mit den Türken, den Schweden, den Persern, und mit sich selbst – mit dem Don, mit Astrachan, dem Transwolgagebiet. Aushebung folgte auf Aushebung, Steuer auf

Steuer. Sie schleppten die Glocken aus den Kirchen weg, belegten die Ochsenjoche, die Bäder, die Schiffsborde, die Särge, die Seelen mit Steuern. Dann kamen Ernteausfälle, Mangel an Arbeitskräften, Hungersnot, die Soldatenfrauen hurten, die Soldaten flohen und kamen mit Syphilis infiziert zurück, betrunken, eingeschüchtert, erbittert lebten sie als Räuber in den Wäldern. Die weise alte kanonische Rus mit ihrer Lebensform, ihren Heldenepen, ihren Liedern, ihren Klöstern hatte sich – so schien es – verschlossen, versteckt – für zwei Jahrhunderte verborgen.

In einem Dorf, schon hinter der Msta, in Waldai, warf sich ein Weib vor Sotows Wagen, schrie wie wahnsinnig und fing dann zu wehklagen an:

Oweh mir, unerträglich schwer ist mir!
Hätt ich das Bartmesser nur, den scharfen Stahl,
Ich ließ ihn nicht, den üblen Teufelsdreck,
Schand antun meinem lieben Sohn und Schmach!
Jenem Ungetauften schneid ich auf die Brust,
Reiß das Herz ihm aus, die Leber noch dazu,
Zerhack das Herz alsdann in kleine Stücke,
Meng sie unters Futter wohl im Sautrog,
Und die Leber geb ich den Schweinen zum Fraß!

»Was brüllst du da, langhaariges Monstrum!« ließ sich Sotow vernehmen. Das Weib warf sich vor die Räder, winselte:

»Meine Brüste, peitsch sie mir aus, meine Äugelchen, stich sie mir aus, aber meinen lieben Sohn, gib ihn mir zurück!... Auf daß mein Wort höher reicht denn die Berge, schwerer wiegt als das Gold und härter ist als der Stein Alatyr... Der argböse Teufel, der wilde Sausewind, der einäugichte Waldschrat, der frembde Poltergeist, der weise Rabe, die Zauberkrähe, Koschtschej, der Menschenfresser – der grausame Antichrist Pe-e-ter!... Aber kommen wird die Stunde deines To-o-odes!...«

Das Dorf lag am Abhang eines Hügels, dicht wuchs der Ahorn, die Katen duckten sich unter den Strohdächern, mürrisch, blind wärmten sie sich in der Sonne. Mittag war es und frühlingswarm. Die Lerchen trillerten. Es war Frühling, die Saatkrähen kreischten, abends balzten die Auerhähne in den Wäldern, schrien die Eulen, riefen die Uhus, ein frischer Wind wehte, und die Flüsse traten über die Ufer – jetzt holten die Bauern Egge und Pflug hervor, und auf der Böschung sangen die Mädchen.

Noch lange wehklagte das Weib, bis endlich das Dorf verschwunden war und vorn auf dem Berg das weiße fünfkuppelige Kloster auftauchte. Ringsum lagen Wälder, Felder und Trockentäler unter dem weiten Himmel.

Hinter Moskau kam Gardeoberoffizier Sotow in der Passionswoche in den Distrikt Kolomna und fuhr sogleich durch den ganzen Bezirk. Am Gründonnerstag war er abends im Kirchspiel bei den Weißen Steinen in den örtlichen Soldatenquartieren. Allerdings waren die Bauern und die Soldaten schon vorgewarnt, denn die Soldaten, zerlumpt und unrasiert, empfingen ihn mit einem Trommelwirbel und erstatteten Rapport, die ganz verängstigten Bauern hingegen mit Brot und Salz und einer Bittschrift. Der Gardeoffizier stieg beim Polizeihaus ab, »um gute *Anschtalt* einzuführen«, aber da kamen schon der Pope und der Ortsadelige Wiljaschew zu ihm, sie baten ihn, zur Mitternachtsmesse zu kommen und danach zum Popen, um das Abendbrot mit ihm einzunehmen.

Das weiße, aus Kalkstein errichtete Kirchlein stand auf dem Hügel über der Oka, dahinter dehnten sich die Wälder, die Wiesen, die ewige Weite. Die Alabasterfensterchen sahen auf die Erde, von den Wänden herab blickten dunkle, strenge Gesichter. Sotow war schon lange nicht mehr in einer Kirche gewesen – in Sanktpetersburg dienten Gottesdienste der Belustigung –, er war betroffen von der Strenge, der Schlichtheit, der Würde. Unbeweglich stand er mit seiner Kerze da. Die gänzlich verarmten, zerlumpten Bäuerlein beteten inbrünstig, lautlos. Die Kerzen brannten düster unter dem Gewölbe, es war ein langer Gottesdienst. Sie kamen aus der Kirche, als es schon dunkel geworden war, der tiefblaue Atlashimmel hatte sich mit hellen Sternen überzogen. Auf der Wiese beim Fluß zirpte eine Grille, aus der Ferne war das Kollern der Auerhähne zu hören.

In der Hütte des Popen waren die Wände mit Lehm verstrichen, ein Kienspan brannte, der Pope brachte Honig, Schwarzbrot und Quellwasser. Er setzte sich Sotow gegenüber, ordnete seinen Bart – Sotow bemerkte, daß das Gesicht des Popen erschöpft war, in seinen Augen lag Schwermut, Schmerz – und Glaube, er war hochgewachsen, schon nicht mehr jung, hielt sich gerade, ruhig. Wiljaschew, in der langen Odnorjadka, mit Bart, stand am Ofen, im Schatten.

»Was ihr Reichtum ist...«, sagte der Pope, »in der Stadt Sanktpetersburg gibt es wohl viel Neuheiten...«

Sotow stellte seinen Degen in die Ecke ab, verneigte sich, setzte sich und fing an zu sprechen.

Ihre Unterhaltung währte nicht lange.

»Aus dem Paradiese abgereist, war ich höchlichst verwundert über die Erbärmlichkeit des Volks, denn überall herrscht Stöhnen und Wehklagen, Ausschweifung und Bestechlichkeit.«

»So-o«, sagten der Pope und Wiljaschew gleichzeitig.

»Seine Majestät, unser Gossudar, sind zum Imperator ernannt worden. In Sanktpetersburg finden festliche Triumphi statt. Der Adelsstand ist jetzt ohne jeden pouvoir, und in den Consilii gibt es nichts denn Spektakul. Seine Majestät regieret ohne raison, nach seinem bizarren *humeur*...«

»So-o... Unklar redest du, Herr... Soso...« Der Pope schwieg eine Weile, ordnete sein dunkles Gewand und das Kreuz auf der Brust. »Koste vom Honig... Und stimmt es, wie sie sagen, daß unser Gossudar Possen treibt, wie ein Narr in Christo – daß er auf der allernärrischsten, allerbesoffensten Synode zu Pfeifenrohren betet, wie Fischangeln so groß und zum Nikonskreuz zusammengelegt?... Stimmt es, daß der Gossudar mit der Buhlerin Menschikows verheurat ist und darzu noch einen Harem hat, nach türkischem Brauch?... Und weißtu, daß die dasigen Soldaten, das ganze einquartierte Volk, unsere Bauren – alle mit der Zuchtrute gezüchtiget haben, wegen dieses liederlichen Weibsbilds... Dann wisse es!! Warte. Du weißt, daß es im Lied heißt: ›Da sind nicht zwei Tiere aufeinandergetroffen‹, das Volk singt: ›da ist die Wahrheit und der Trug in Streit geraten, gegeneinander haben sie gekämpft, haben sich geschlagen... Der Trug hat die Wahrheit bezwungen. Die Wahrheit ist in den Himmel gegangen, und... und der Trug treibt sich als teutsche Fratze herum...‹ Wisse das!! Wisse, daß das nicht unser Zar ist, sondern der Antichrist, mit dem Kopf zuckt er, der Fallsüchtige... Und die Badstuben, die Häuser, die Särge, die Kummets belegt er – mit Abgaben?!«

»Solche Schimpfierung meines Gossudar anzuhören bin ich incapabel«, sagte Sotow unentschlossen.

Der Pope unterbrach ihn – er stand auf, ergriff mit der Linken das Kreuz und erhob die Rechte.

»Warte. Mein Vater ist in jene sumpfichte Stadt gangen, wollt die Wahrheit suchen – hastu nicht von Tichon Starzew gehört? Das ist mein Vater...«

»Die Schimpfierung meines Gossudar anzuhören bin ich incapabel«, sagte Sotow drohend und – wurde rot, sträubte sich wie roter Kattun, und sein fleischiges Gesicht, die rasierten Lippen überzogen sich mit Schweiß. Er stand auf, preßte die Fäuste zusammen. »Die Schimpfierung meines Gossudar...«

»Tichon Starzew... Starzew – du kennst ihn nicht?... Oder: Wer mit den Wölfen lebt – muß mit den Wölfen heulen?...«

»Mit den Wölfen heulen?« kam das Echo von Wiljaschew.

Gardeoffizier Sotow wich zur Tür zurück, wobei er seine gewaltigen Fäuste hinter dem Rücken verbarg, ergriff seinen Degen und ging eilig hinaus und stieß dabei mit der Stirn gegen den Querbalken. Sie riefen ihm hinterher:

»Mit den Wölfen, ja?!«

Über dem Horizont verblaßte der letzte, rote, traurige Monddiskus vor Ostern, es war still und finster. Am Hügel bei der Oka zirpte eine Grille. Die in die Erde gewachsene Kirche streckte ihr Kreuz in den Himmel. Sotow schlug sich Feuer für seine Pfeife. In all seiner Verwirrung, seiner Erinnerung an seinen Vater (die allernärrischste, allerbesoffenste Synode...), an Tichon Starzew, der auch ein Vater gewesen war, an Peter, an Rußland, von dem er bereits für immer losgerissen war und das er liebte, wie seine Mutter, die er in der Kindheit verloren hatte, begriff er doch – was immer er auch in sein Jurnal schreiben würde, er war verdammt, mit den Wölfen zu heulen, zu winseln wie die Wölfe, die Peter auf der Mistula-Jelagin-Insel gehetzt hatte.

So kam die Passionsnacht.

Viertes Kapitel

Ein Mensch, der all seine Herzensfreude aus seinem Tatendrang bezog. Ein Mensch mit genialen Fähigkeiten. Ein unnormaler Mensch, immer betrunken, ein Syphilitiker und Neurastheniker, an psychosthenischen Anfällen von Melancholie und Ungestüm leidend – der seinen Sohn eigenhändig erwürgt hatte. Ein Monarch, der sich niemals, in nichts, zügeln konnte – ein Despot, der nicht begreifen konnte, daß man sich beherrschen muß. Ein Mensch, der absolut kein Verantwortungsgefühl besaß, der alle verachtete und bis an sein Lebensende weder die Logik der Geschichte noch die Physiologie des Lebens eines Volkes verstanden hatte. Ein Größenwahnsinniger. Ein Feigling. Durch die Kindheit verstört, haßte er das Alte, übernahm blind das Neue, lebte mit den Ausländern, die für leichten Profit von überall hergezogen waren, erhielt eine Kasernenerziehung, hielt die Gewohnheiten eines holländischen Matrosen für das Ideal. Ein Mensch, der bis ans Ende seiner Tage ein Kind geblieben war, der das Spiel über alles liebte – und auch sein ganzes Leben spielte: er spielte Krieg, er spielte Schiffsbau, er spielte Paraden, er spielte Versammlungen, er spielte Illuminationen – und er spielte Europa. Ein Zyniker, der den Menschen in sich und im anderen verachtete. Ein Schauspieler, ein genialer Schauspieler. Ein Kaiser, der nichts so liebte wie die Ausschweifung, der eine Prostituierte heiratete (die Beischläferin Menschikows), ein Mensch mit den Idealen der Kaserne. Sein Körper war gewaltig, unrein, stark schwitzend, ungefüg, plump, dünnbeinig, von Alkohol, Tabak und Syphilis zerfressen. Mit den Jahren waren die Backen in seinem roten, runden Weibergesicht schlaff geworden, die roten Lippen welk, hingen die roten syphilitischen Augenlider herunter und schlossen nicht mehr dicht; unter ihnen blickten wahnsinnige, trunkene, wilde Kinderaugen hervor, Augen, wie sie ein Kind macht, wenn es die Katze mit der Nadel sticht oder das glühende Eisen an den Rüssel des schlafenden Schweins hält: es kann nicht anders sein – Peter begriff es nicht, als er seinen Sohn erwürgte. Dreißig Jahre lang führte er Krieg – spielte einen wahnsinnigen Krieg – nur weil seine Spielregimenter herangewachsen waren und es der Flotte im Moskwa-Fluß und auf dem Preobraschenski-Teich zu eng geworden war. Nie ging er – immer lief er armeschwenkend, mit den dünnen Beinen ungeschickt ausgreifend, mit seinem Gang die holländischen Matrosen nachahmend. Er kleidete sich schmutzig, geschmacklos, wechselte nur ungern die Wäsche. Er aß gern viel und aß mit den Händen – seine riesigen Hände waren fettig und voller Schwielen.

In Sanktpetersburg, in der Osternacht, zu Beginn der vierten

Stunde nach Mitternacht, wurde beim Winterpalais eine Rakete abgeschossen, und auf dieses Signal hin feuerten sie in der Peter-Pauls-Festung und der Admiralitäts-Festung die Kanonen ab. Auf der Kaiwusaari-Thomas-Insel, in der Dreifaltigkeitskirche, läutete es zum Frühgottesdienst, spielte die Orgel. Der Gossudar, die Gossudarynja-Kaiserin, die Minister und die Würdenträger feierten die Osternacht nach dem Reglement in der Dreifaltigkeitskirche. Peter trug einen schwarzen Gehrock mit Hornknöpfen, Kanonenstiefel, er sang mit seinem dünnen Bariton auf dem Chor: der Frühgottesdienst war aufgeschoben worden, denn der Gossudar hatte seit dem Abend geschlummert. Während der dreimaligen Umgehung der Kirche mit den Kreuzen und Kirchenfahnen entfernte sich Peter, um den Feuerwerkern seine Anordnungen zu geben: der Ober-Feuerwerksmeister Demidow entzündete die Zündschnüre auf dem gewaltigen zweiköpfigen Adler, und aus dem Adler flog eine Rakete, schlug auf den Löwen auf, entzündete ihn, der Löwe brüllte dumpf und zersprang in Stücke: das bedeutete, daß der Adler – das russische Reich – den Löwen besiegt hatte – den schwedischen König, den Erzfeind, dessen Löwenpläne vernichtet waren. Dann wurden die Kanonen abgefeuert. Die Nacht war dunkel, windstill, es nieselte. Hinter dem Kronwerksplatz, hinter dem Gostiny Dwor, in der Tatarenvorstadt, lagen die Kirgisen und Kalmücken in Todesangst auf der Erde bei ihren Jurten, bei der Weide mit dem Gehängten, erschreckt durch den Adler und den Löwen. Die Kanonen donnerten während der ganzen Nacht. Seit Mitternacht war auch die Standarte aufgezogen. Die Männer küßten einander beim Ostergruß, den Damen jedoch, wie befohlen, nur die Hand. Gleich nach der Liturgie stellten sich vor der Kirche Paukenschläger, Trompeter, Oboisten und Trommler auf, grüßten den Gossudar und gingen an der Spitze der Prozession zur Newa, um auf Galeeren zum Sommergarten auf die Perusina-Insel überzusetzen, wo Lustbarkeiten vorgesehen waren. Die Newa schwoll weiter an, sträubte sich mit weißen Schaumkronen, eine Wüstenei, auf den Schiffen brannten trübe Lampen, die Vorposten gaben sich Pfeifsignale.

Den Abend vor dem Osterfrühgottesdienst hatte der Gossudar im Italienischen Palais, in seinem Arbeitskabinett verbracht. In diesem Zimmer war beinahe auf gleicher Höhe mit dem Kopf ein Segeltuch gespannt: der Gossudar hegte krankhafte Abneigung gegen hohe Räume. Auf dem Tisch vor Peter brannten Kerzen, es war halbdunkel, roch nach Schweiß, Wodka und Feuchtigkeit. In den Ecken, auf den Tischen, auf den Fensterbänken fuhr alles mögliche Gerümpel staubbedeckt herum, ein Globus, ein Astrolabium, Flinten, ein Schiffsmodell, Kanonenstiefel, dazu stand eine Werkbank mit Hobelspänen da und ein unbequemes Feldbett. Auf einem Bord waren in Reihen von Gläsern allerlei Monstrositäten und Raritäten aufgestellt, in Spiritus eingelegte menschliche und tierische Mißgeburten, die von Peter sorgfältig für seine Kunstkammer gesammelt wurden, mit der Anweisung: »Über das Abliefern von jeglicher Mißgeburt, sowie von allen Merkwürdigkeiten, die sich lassen finden, dieweyl bekannt ist, daß gleich wie bei der Menschen Art, so auch bei den Tieren und Vögeln geschieht, daß Monster geboren werden«. Peter saß am Tisch und schrieb, mit dem Ellenbogen das Papier beiseite schiebend, aus den »Exempeln, wie Komplimente zu schreiben sind« einen Glückwunsch nach Moskau, an Romodanowski ab; er saß vorgebeugt, die Schlafmütze auf dem Kopf und nur im Unterhemd, das unter den Achseln durchgeschwitzt und geflickt war. Bei der Tür standen die Flügeladjutanten stramm und blickten zur Seite, wie Beispannpferde.

Der Gossudar schrieb:

HOCHZUVEREHRENDER HERR.

IN ERFÜLLUNG MEINER KINDESPFLICHTEN KANN ICH NICHT ZURÜCKSTEHEN ANLÄSSLICH DES DURCH GOTTES BARMHERZIGKEIT BEGINNENDEN HEILIGEN OSTERFESTES EUCH JEGLICHEN SEGEN ZU WÜNSCHEN. GEBE DIE GNADE DES ALLMÄCHTIGEN, DASS IHR, HERR, NICHT NUR DIESES, SONDERN AUCH VIELE KÜNFTIGE JAHRE NOCH...

Er schrieb nicht zu Ende, vermutlich aus der Erwägung heraus, daß es den Briefsteller ja auch in Moskau gab. Er unterschrieb:

ICH ERSTERBE ALS EURO MAJESTÄT UNTERTÄNIGSTER KNECHT.
KNEEB PITER KOMMANDOR.

Im Zimmer rasselte der Kuckuck. Peter wandte sich vom Tisch weg, sagte:

»Hörst du?«

Polubojarinow machte linksum kehrt und ging aus dem Zimmer, er kam mit einem Glas Wodka, Gurken und Sauerkohl auf einem Tablett zurück. Orlow stellte ein Schachspiel auf und tat einen Zug mit einem Königsbauern – derselbe Orlow, um dessentwillen die Geliebte Peters, Maria Hamilton, umgekommen war. Peter war nicht eifersüchtig, er teilte seine Geliebten gern mit seinen Freunden. Die Hofdame Maria vergnügte sich mit dem Adjutanten des Gossudar, mit Orlow, aber sie – liebte Peter, und der Gossudar ließ sie hinrichten. Er war bei der Hinrichtung zugegen, er verabschiedete sich noch beim Schafott von Maria und umarmte sie. Sie trug ein weißes Kleid mit schwarzen Bändern. Und als ihr der Scharfrichter den Kopf abgeschlagen hatte, hob Peter ihn hoch und erklärte den Anwesenden anschaulich den anatomischen Bau der Kehle, dann führte er den Kopf zu seinen Lippen, berührte die toten Lippen mit seinen Lippen, mit denen er früher – das Mädchen – anders geküßt hatte, bekreuzigte sich und ging fort – lief zur Werft, ungelenk, armeschwenkend, und ohne Hut wie immer bei warmem Wetter.

Der Gossudar trank Wodka, verspeiste eine Gurke, rückte ebenfalls einen Königsbauern vor, dann einen schwarzen Springer. Dem Springer gelang es, einen Turm und die Königin in die Zange zu nehmen – Peter fing laut zu lachen an. Aber sie konnten die Partie nicht zu Ende spielen, denn es kam der Gewinneintreiber und Projekteur, der zarische Schreiber Mitjukow. Er blieb bei der niedrigen Tür stehen, der Scheinheilige, verbeugte sich salbungsvoll in seinem Leihanzug und der Perücke, unter der die eigenen rötlichen Haare vorstanden.

Peter sagte:

»Guten Abend.«

Mitjukow scharwenzelte herum wie eine Wetterfahne.

»Nimm *la place*«, sagte Peter, »nimm Platz.«

Mitjukow setzte sich auf die Stuhlkante und legte die Hände auf die Knie. Aus den fremden Kanonenstiefeln, die ihm zu groß waren, guckte ein schmutziger Fußlappen hervor.

»Sag, was du ersonnen hast.«

»Ihro Zarische Majestät! Ewig wollt ich dir dienen...«

»Nit mir, sondern dem Staat, dieweyl ich selber diene, angefangen vom ersten Asowschen Feldzug als Bombardier. Red *sens*.«

Das Männchen seufzte tief auf.

»So wie man das Volk mit maßvollen Steuern belegt hat – mit Kummetsteuern, Mützensteuern, Bienensteuern, sowie Badstubensteuern, Bartschersteuern – hab ich ersonnen, das ganze Volk mit einer Rauchersteuer zu belegen, auf daß alle Tobak sollen rauchen, wers aber nit will, der soll eine Abgabe zahlen, je nach Ehr und Rang.«

Peter beugte sich zu Mitjukow, sah ihm mit seinen wilden Augen durchdringend in die flackrigen Augen, fing zu lachen an und schrie: »Orlow!«

Orlow wuchs neben dem Tisch auf, die Hände an der Hosennaht.

»Jener Mensch ist in die Kammer zu sperren und ihm ein Aufseher zu bestellen; sodann ist ihm eine Pfeife zu geben, damit er die ganze Nacht hindurch ohn Unterlaß Frauenmünze rauchet. Ihn nicht aus den Augen lassen. Wann ihm schlecht wird – in den Hals stoßen und zwanzig Stockschläge, wann es ihn überkommt; ihm am Morgen Papier geben, damit er sein Projekt für mich zur abendlichen Approbation schreibt.«

Mitjukow fiel in sich zusammen, wurde aschfahl, ging in die Knie. Orlow ergriff ihn bei der Schulter und schleifte ihn nach hinten ins Zimmer zur Geheimtür. Peter lachte vergnügt und begleitete ihn zur Tür, die Hände auf den Rücken gelegt.

Polubojarinow brachte wieder Wodka, der Gossudar kippte ein Gläschen. Er setzte sich an den Tisch, las. Die Kerzen brannten trübe, rußten. Mitten auf dem verschmutzten Tisch, wo Korken, Karten, Dokumente, Asche und halbgegessene Gurken herumlagen, neben dem inkrustierten Schachbrett, ruhte die gewaltige, schwielige Hand Peters mit den klauenartigen Fingernägeln. Peter saß im Schatten. Bald kam Orlow und meldete:

»Selbiger Mitjukow kotzt, Euer Majestät.«

Peter gab keine Antwort. Orlow sah genauer hin. Der Gossudar hatte seinen haarigen weibisch-roten Kopf fest gegen die Stuhllehne zurückgelehnt, die halboffenen Augen blickten gläsern – der Gossudar schlief. Er schnarchte mit einem weibischen dünnen Pfeifen. Orlow stand stramm und schlief im Stehen ein. Es wurde still, es schnarchte der Gossudar. Unmittelbar unter dem Kabinett des Gossudar im Keller erbrach sich Mitjukow unter Krämpfen.

Der Morgen kam bleich, kraftlos, leer – genauso leer wie im Herbst. Im Sommergarten auf der Perusina-Admiralitäts-Insel fanden Lustbarkeiten statt. Der Gossudar war seit dem Morgen betrunken. Er hatte angeordnet, am Eingangstor eine Wache aufzustellen und vor Mitternacht niemanden aus dem Garten herauszulassen. Der Garten, nach ausländischer Manier angelegt, mit schwindsüchtigen Bäumchen, Pavillons zur Newa hin, Springbrunnen, Jagdhäuschen mit spitzen, ziegelgedeckten Dächern wie die holländischen Katen. Der Tag kam grau, kalt, leer. Das Traktament sollte unter freiem Himmel stattfinden. Marschall war der Gossudar. Durch die Alleen gingen Gardisten mit Kübeln voller Fusel und mit bemalten Eiern, dem Geschenk des Zaren, und gratulierten mit einer Kelle voll Wodka. Die Männer nahmen an langen schmalen Tischen im Hauptpavillon Platz, die Damen für sich beim Springbrunnen hinter der Statuen-Allee. Der Gossudar aß und trank im Stehen, kraft seines Marschallamtes kippte er die Reste von den Tellern der Närrin, Fürstin Golizyn, über den Kopf. Die Gäste waren rasch betrunken. Auf seiten der Damen stand man im Trinken nicht zurück, schon bald ertönte Gekreisch von dort: da hatte die Kaiserin in einem Anfall von Zärtlichkeit (Zärtlichkeit? oder vielleicht Haß?) die neue Auserwählte des Gossudar, die Hofdame Rumjanzewa, gekitzelt – und die zappelte, kreischte, während die anderen lachten. Die Frauen trugen unförmige, teure, selbstgenähte Kleider, die weder russischer noch ausländischer Kleidung glichen, höchstens der Kleidung von reichgewordenen holländischen Kleinbürgerinnen, Matrosenfrauen, die sich ohne ihre Männer verlustieren. Die Frisuren der Frauen waren zersaust, die fetten Gesichter verschwitzt, und auf den satten, fetten Leibern verrutschten die Kleider. Kreischend sangen sie ein reichlich ausgelassenes Tischlied, wie man es beim Kohlschneiden singt. Der Gossudar berauschte sich, benebelte sich allmählich, bemerkte, wie Fürst Trubezkoi, ein Greis, der an den alten Sitten hing, sich heimlich eine zweite Portion Süßspeise nahm, schrie, rief die Gardisten herbei, öffnete dem alten Mann gewaltsam den Mund und stopfte ihn in einem Anfall voll mit Gelee, bis dem die Augen vorquollen. Die Musik spielte zum Tanz auf, die Offiziere stürzten in vollem Galopp zur Damenseite, die Frauen kreischten, drängten sich zusammen, die Männer schäkerten herum, stießen sich an, grapschten im Rausch nach den Busen und stampften sogleich betrunken ein Menuett. Jaguschinski, ein französischer Galan, geriet mit seiner neuen Frau in Streit. Manch einer der Älteren war unter den Tisch gefallen und schlief bereits. Die Popen tranken friedlich die Reste aus, sie rochen nach Sauerkohl. Der neue Fürst-Papa Buturlin erteilte im kleinen Pavillon mit dem Adlerhumpen und seinem angel-ähnlichen Kreuz den Segen. Der Gossudar kommandierte seine Lakaien, er bereitete ein Buffet mit Erfrischungen vor und Kübel mit Wasser, um sie über die leblos Herumliegenden zu schütten; sein neuer Gehrock mit den Hornknöpfen war längst voller Flecken und mit Sand verschmiert. Peter ging zum Fürst-Papa hinüber, trank den großen Adlerhumpen aus, ging weiter auf den Tanzplatz, blickte trübe herum, runzelte die Stirn, da fiel ihm die Rumjanzewa in die Augen, über seine schlaffen Lippen lief ein Lächeln, die Augen mit den herunterhängenden Augenlidern wurden feurig, er lief zur Rumjanzewa hin, packte sie, hob sie auf die Arme und eilte, im Laufen ihre Röcke hochschlagend und ihr die Wäsche an den Beinen zerreißend, zum Jagdhäuschen auf dem Boot, fuhr los und schrie der Kaiserin zu:

»Katka! Dumme Gans! Ein Exempel! Wir befehlen, in *silence* zu verharren.«

Die Rumjanzewa kam nach einigen Minuten wieder heraus, rot und zerzaust, sie strich ihr Kleid glatt und erinnerte an ein getretenes Huhn. Die Kaiserin ging zu ihr, sie flüsterten miteinander.

Der Gossudar rief Tolstoi zu sich auf den See. Er saß am Tisch und hatte seine dünnen Beine in den Strümpfen auf den Diwan gestellt, war ohne Gehrock, lächelte trüb. Tolstoi stand bei der Tür und sah sich vorsichtig mit seinen schielenden, starren Augen um.

»Petka. Euer Exzellenz... eine Rarität!... Allen ist bekannt, daß Iwaschka Mussin Puschkin meines Väterchens, des Gossudar Sohn ist. Wer mein Vater ist, kann ich nicht sagen, sie sagen, Tichon Streschnjew oder der Doktor. Dieweyl du, Euer Exzellenz, Vorsitzender der Geheimkanzlei bist, hast du dies unverzüglich zu ermitteln, in beider Richtung, ohne jede Warnung.«

»Zu Diensten, Väterchen.«

»Hornochs! Nicht Väterchen, sondern – Imperator... Verstanden? Dieweyl ihr kein anderes Geschäft habt, als nur zu verwalten, welches, wenn ihrs nit umsichtig macht, so werdet ihr vor Gott... und dann auch dem hiesigen Gericht nit entgehen... Item: Auf der Thomas-Insel ward ein Raskolnik gefangen, welchselbiger die Sintflut geweissagt, und daß ich ein Kielkropf sei. Wo ist er?«

»Hingerichtet, Euer Majestät.«

»Auf wessen Geheiß? Was waren die circumstancen? Wann hat er die Sintflut geweissaget?!!«

»Er hats nit gesagt, Euer Majestät. Gardeoffizier Sotow war praesent, war empört über die Blague. Mit der Flinte...« – die starren Augen Tolstois blinzelten hastig.

Peter stand auf, sein krampfhaft angezogenes rechtes Bein schlug zurück, das Gesicht verzerrte sich in Krämpfen, verdrehte das Kinn zur Schulter, die Augen blickten wild, hilflos und schmerzerfüllt.

»Auf wessen Geheiß? Nach welchen Regeln? Eine Insurrektion? – Tolstoi ist zu vierteilen. Sotow auf die Folter!...«

Tolstoi zwängte sich aus der Tür, sah das Schiff nicht, stürzte sich ins Wasser und rief die Kaiserin: »Mütterchen – er ist von Sinnen!...«

Katharina fuhr zu Peter. Peter stand da, fuchtelte mit den Armen, sein Kinn war krampfhaft nach links verzogen, hing auf die Schulter, die Augen waren wild und hilflos wie bei einem Kind. Nur Katharina vermochte ihn in solchen Augenblicken zu beruhigen. Mit beiden Händen ergriff sie den Kopf Peters, drückte ihn an ihre Brust und streichelte ihn sacht hinter den Ohren. Sie setzte sich, setzte ihn neben sich, lehnte seinen Kopf an ihre üppigen Knie, streichelte ihn. Der Gossudar schlief ein, hilflos wie ein Kind.

Auf der leeren Newa, die die Ufer weit überschwemmt hatte und kalt war, fuhren Matrosen in Jollen spazieren. Von den wenigen Glockentürmen erklang dünnes Geläut. Auf der Wassili-Chirwisaari-Insel, direkt bei der Strelka, wo die wenigen Kiefern aufragten, tanzten die Arbeitsleute, die Burschen und die Mädchen, Reigen.

Dann fing es an zu regnen. Die Würdenträger retteten sich in die Pavillons und Lauben, denn am Tor stand die Wache, die die Anweisung hatte, bis Mitternacht niemanden vom Traktament sich entfernen zu lassen.

Die Newa schäumte, es ging ein kalter, feuchter Wind. So verstrich der graue, feuchte, sumpfige Sanktpetersburger Ostertag.

Bei St. Nikolaus bei den Weißen Steinen kam an diesem Tag ein mächtiger warmer Wind auf. Über der Erde, über den Feldern, den Wäldern, den Trockentälern, den Höhen, den Flüssen – über unserer russischen Erde – wurde es Frühling, die große Freude auf Erden. Die segensreiche Sonne ging rot und freudig auf. Am hellichten Tage sangen die Mädchen ihre Frühlingslieder. Bei St. Nikolaus sangen sie, im Sonnenschein und nachts bis zur neuen Sonne. In rote Sarafane kleideten sich die Morgenröten, als Sumpfrosen vergingen die Abendröten. Und die Mädchen sangen:

Ich hülle mich in Wolkenberge,
Ich gürte mich mit der Morgenröte,
Ich ziehe einen Hof wie der lichte Mond,
Ich besticke mich mit zahllosen Sternen,
Ich leuchte wie die liebe Sonne!...

– – –

Schlag ein, rollender Donner, mit deiner Feuerlohe!
Wärm unser Mütterchen, du Blitzesstrahl,
Unser Mütterchen, Mutter-feuchte-Erde!...

Das sangen die Mädchen damals, um es zwei Jahrhunderte lang zu singen.

Kolomna, Nikola-na-Possadjach,
Potschinki pod Bogorodskom,
Mai 1919

Alexander Blok

Rache (O Stadt)

O Stadt, verhext und unerschlossen,
warum bist Du emporgesprossen
aus wüstem Sumpf und öden Nichts?
Der Engel trägt das Kreuz vergebens
vom First der Festung himmelan.
Flieh, Seele, dieser Plätze Bann
und diesen Ort verwunschnen Lebens,
der fahl erstrahlt in blassem Rot!
Hier starren unbekannte Mauern,
ruchloser Traum macht dich erschauern,

Valentin Serow: Peter I.

Vernunft verdämmert in den Tod.
In dumpfen Jahren, die verbleichen,
hast Du, halb zweifelnd, noch geglaubt,
hier rag des Reiches stolzes Haupt –
doch gab der Himmel Dir ein Zeichen.
Entsinn Dich! Eine weiße Nacht
wie heute hattest Du am Meere,
dort, wo die Sphinx träumt in die Leere,
auf dem granitnen Damm durchwacht.
Da hörtest Du von fern ein Grollen:
ein fürchterlicher greller Ton
rief schrill der Veste Gottes Hohn,
wie er auf Erden nie erschollen.
Durchsichtig ward Dir Raum und Zeit
wie jenem Engel auf den Zinnen:
Du sahst im Ineinanderrinnen

von Schlaf und wachem Traume weit
den Strom versperrt von einer Flotte:
der Gründer selbst, der grosse Zar,
bot jäh sich Deinem Blicke dar:
er stand, gleich einem Schlachtengotte,
auf seiner Flaggfregatte Brücke;
die Augen quollen, als verrücke
ihn Wahn, aus stierem Angesicht,
und Blutdunst schien ihn zu umgleissen
im Spiegelglanz der roten Luft.
Entstiegst Du, Herrscher, Deiner Gruft,
ein neues Tor uns aufzureissen?
In jener weissen Nacht verschwammen
in Eins der Tote und die Stadt –
welch neues Traumbild, Rußland, hat
verurteilt Dich zu Blut und Flammen?

(1910/21)

Ossip Mandelstam

Petersburger Strophen

Für Nikolaj Gumiljow

Über dem Gelb der staatlichen Gebäude
Ein dunkler Schneesturm, kreisend, voller Wut;
Ein Advokat, in seinen Schlitten steigend,
Schlägt kräftig seinen Mantel zu.

Die Dampfer überwintern. Kleine Feuer
Wirft nun die Sonne ins Kajütenglas.
Ein Panzerschiff im Dock – gleich ungeheuer
Schläft Rußland seinen schweren Schlaf.

Der Fluß – darauf die Häuser der Gesandten,
Die Admiralität, die Stille: brennt!

Der ganze Staat, sein steifer Purpurmantel
Ein armes härenes Büßerhemd.

Auf unsern Snobs lastet ein schweres Erbe
Onegins Schwermut, überkommen, alt;
Auf dem Senatsplatz – Schnee, schon ganze Berge,
Ein Rauch, ein Bajonett da: kalt…

Die Jollen schöpfen Wasser, Meeresmöwen
Besuchen fröhlich einen Stapel Hanf,
Wo einzig Opernbauern gehn und hökern
Mit Semmeln oder Honigtee, der dampft.

Motorenschlangen fliegen in den Nebel;
Ein Fußgänger, empfindlich, heimgesucht:
Der Sonderling Jewjenij – mausarm und verlegen,
Schimpft auf sein Los, atmet Benzingeruch!

(1913)

Wassilij Trediakowskij

Ein Lob auf Ingermanland und die Residenz Sankt Petersburg

Gestade voller Anmut! Liebreizende Stätte!
Wo die Newa ihren Strom dem Meere schenkt,
Da wars einst Ödnis, seht jetzt der Häuser Kette!
In dir, o Stadt, der Thron, der unser Schicksal lenkt.

Viel Schönes seh ich, blick ich ringsumher:
Die Wasser deines Flusses fliessen rein und klar;
Eiskalt die Luft, giftig doch schon lang nicht mehr:
Befestigt sind die Sümpfe, trocken sind sie beinah.

Wo du, auf daß er niederwerfe seine Feinde,
Den Ort ihm gabst, dem seelgen Newskij, unsrem Alexander,

Dort blüht ein Kloster jetzt als Lorbeer der Gemeinde;
Und in den Schatten stellt dein Strom den purpurnen Skamander.

Den Weg zu den Poltawafeldern eröffnete der Sieg,
O Ruhm, o Schönheit! Mächtger Triumphesbogen!
Den Nachbarn, ihm ebenbürtig, schlug Peter hier im Krieg,
Den Schweden, bis daß er sich erschöpft zurückgezogen.

Vortreffliche Stadt, begründet von Peter unsrem Zaren,
Erbaut zum Nutzen aller und zu Rußlands Zierde,
Gleich groß bereits den Städten, die da waren,
Es ist in dir zu wohnen eines jeden Manns Begierde.

Nicht einmal fünfzig Jahre sind vergangen,
Schon zollen alle dir, die Seele voll Bewunderung,
Applaus, Lob, preisen dich, ja verlangen
Ruhm und Ehre dir, von aller Welt Vergötterung.

Was wird erst sein in mehr als hundert Jahren?
O Söhne, die ihr nach uns kommt,
Ihr werdet es noch hören, werdet es erfahren,
Welch Hymnen man entzückt ihr frommt.

Venedig, Italiens Perle, und dann Rom,
Der Bataver Amsterdam, das ferne,
Britanniens London am Themse Strom,
Und Paris, die Königin, schönste aller Städte Sterne –

Sie alle sind und waren unsrer Reisen Ziel,
Gebilde unsres Sehnens, Stätten unsrer Wanderung,
Ein Grund der Trennung, Fremde und Exil:
Es treibt der Ruhm, die Lust, Prunk und Erheiterung.

Es liebt der eine diese Stadt, der andere jene:
Den einen erfreut dies, den andern das Gebaren,
Und viele Stunden sitzen wir und schmieden Pläne,
Sinnen, was uns Teures einst dort widerfahren.

Ihr aber, Söhne, ihr werdet sie schauen,
Die Ankömmlinge von jenseits der Meere,
Wie sie alles bestaunen, sich wundern und raunen:
»Ein Paradies hier, wo doch Ödnis und Leere!«

In allem, was Peter so unvergleichlich schuf,
Wird sich ihnen tiefe Weisheit offenbaren.
»O prächtges Petersburg!« so erschallt ihr Ruf,
Und jammern wird man, trauern um den Tod des Zaren.

O Gott, Dein Reich ist schon errichtet,
Zum Wohlgefallen Dir vom Reussen Zar.
Nie kanns geschehn, daß eine Stadt gesichtet
Gleich der von Peter in der Länder Schar.

(1752)

Sergej Stratanowskij

Ein soziologisches Traktat in Versen über das Phänomen des Alkoholismus

Auf wundersame Weise verstehn wir es
Uns vor der Leere des Seins zu bergen.
Ein Mensch aber, seine Trostlosigkeit
Wie eine alte Semmel im Säufermaul mampfend,
Schau, wie er sich durch die Gassen schleppt,
Von allen als Schwein beschimpft, als Sau.

Dabei, einst schmückten seine Porträts
Die Wände der Fabrik ganz in der Näh'.
Sein Leben? nun, wie's sich gehörte, er rühmte
Die Erfolge des lieben Kollektivs, da's blühte.

Und ein Zuhause war da auch, Heim und Herd
und alles, was dazu gehört, Söhne, die studierten Dialektik.
In der Hektik aber ging ihm der Sinn des Seins flöten.
Und im Alkohol fand er Vergessen, sich und was vonnöten.

Ach du Phänomen der Entfremdung,
Sisyphosleben, nutzloses Tun,
Häuser leben, Überschwemmungen gleich
Fließen trüb die Kanäle.

O Leningrad – du kahler,
Dem Volk verhaßter Ort,
Das Wasser der Kanäle, trüb fließt es,
Ist der Dämonen aus China Hort.

Hier gibt's Lenkraft: Lenlicht, Lengas, Lenhirn,
Wie hungrige Vampire saugen sie uns aus.
Und du, du krümmst dich unter ihnen,
Unnütze Brücke von Mensch,
Von Geburt bis zum Grab eine Brücke,
Über Kanäle und Häuser
Durch eine absurde, abscheuliche Welt,
Jahre hinweg, ein elendes Leben.
Und über der Bucht schwebt
Wie ein Gefängnis eine Möwe.
Freiheit braucht sie keine,
Denn essen wird sie China,
Für ihr Unglück, ihr Leiden
Ward ihr kein Himmel versprochen.

Und über die Brücke mit schwerem Kopf,
Schleppt sich, kotzend, verzweifelt, ein Mensch,
Ein von allen als Schwein, Geschwür am Volkeskörper,
Als Abfall des Seins beschimpfter Mensch.

(1971)

Innokentij Annenski

Petersburg

Gelber Winterdampf über der Stadt,
gelber Schneebrei auf Quaderplatten...
Wo seid *ihr*? Wo sind *wir*? Oder hat
Uns verschmolzen das Treiben der Schatten?

Rief ein Zarenerlaß uns ins Sein?
Hat uns Schweden versäumt zu ersäufen?
Aus dem feuchten granitnen Gestein
hören grausige Sage wir träufen.

Nur mit Steinen belieh uns der Bann,
der den gelbgrauen Newastrom zwängte
und sich prunkende Plätze gewann,
wo man Menschen im Frührotlicht henkte.

Der, was unser war, opfernd verbrannt,
unsres Doppelaars Ruhmgier zu laben,
auf dem Fels der gekränzte Gigant,
ist schon morgen ein Popanz der Knaben.

Wie verwegen und hart er auch war –
das sich bäumende Schlachtenroß scheute;
nicht zerstampfte die Schlange der Zar:
und so ward sie zum Abgott der Leute.

Keine Wunder, kein blühender Flor,
kein Gelächter, kein Heil, keine Tränen,
nur Gestein aus erfrorenem Moor
und das Wissen um fruchtloses Sehnen.

Selbst im Mai, wenn in lichtweißer Nacht
über Wellen die Schatten sich jagen,
hat kein Frühling uns trunken gemacht,
und uns hetzt nur unsinniges Wagen.

(1909)

Marina Zwetajewa

An Peter

Dein ganzes Leben – ein einziger Schrei:
– *Nieder* die Alten – *Für* die Jungen!
Nein, Gossudar Allgewaltiger,
Arrangeur von Träumen,

Nicht für die Jungen hast du geschuftet, –
Dämonen sind's, die durch dich triumphieren! –
Zar-Zimmermann, wozu anders diente der Schweiß
Dir auf der Stirn als Ihre Majestät zu zieren.

Hättest du dich – in Schneewehen verfangen,
Ein Muschnik zöge den Schlitten heraus.
Doch hat man nicht auf dem Statiönchen
Deinem letzten Enkel gemacht den Garaus?

Du sähest kaum, die Stirn gesenkt,
Deine Schiffchen in Reih und Glied –
Deine ganze heilige Rus' säh man,
Wie ohne Grabstein sie von der Erde flieht.

Unter diesen siedenden Kessel, Geck –
Hast du Kohlen gelegt zuvor!
Stammvater – *Du* – des Sowjet,
Seiner Gremien beflissenester Agitator!

Stammvater – *Du* – der Ruinen,
Durch dich – brennende Hütten!
Leibhaftig sieht man dich doch
Gegen die eigene Märchenstadt wüten…

Das Salz ausgelaugt, die Seife verbraucht –
Du, Gossudar-Handwerker-Betörer!
Eines großen Namen Träger
Blut komme über dich, Empörer!

Doch nein! Schluß mit der fixen Idee!
Hat nicht der Bruder noch – eine Schwester...
– *Nieder* die Internationale – *Für* Bojarennester!
Für Sophia – *daß* Peter *vergeh*!

(1920)

Nikolaj Gumiljow

Der verirrte Trambahnwagen

In fremde Straßenfluchten verschlagen,
Vernahm ich auf einmal ein Rabengekrächz.
Es klingelt schrill. Und ein Trambahnwagen
Flog rasch vor mir her mit Gekreisch und Geächz.

Wie jählings auf seine Plattform mich zu schwingen
Gelungen mir war – ich weiß es nicht.
Ich sah seine Feuerspur spiegelnd sich schlingen
Am Himmel im hellen Tageslicht.

Er saust, von geflügeltem Sturme getragen,
Im Abgrund der Zeiten verirrt zu vergehn.
Halt inne, rasender Führer, im Jagen,
Und bringe den Wagen im Laufe zum Stehn.

Zu spät. Schon bogen wir um die Mauer.
Wir gleiten durch Palmenalleen wie im Spiel
Und donnern auf Brücken mit rasselndem Schauer
Hin über die Newa, die Seine, den Nil.

Wo bin ich? Mein Herz pocht die Antwort beklommen.
Ein ferner Bahnhof funkelt und gleißt.
Vielleicht kann den Fahrschein ich dort noch bekommen
Zur Reise nach Indien im Heiligen Geist.

Vorbei. Plakate. Mit blutigen Zeichen
Verkünden dem Volke sie neues Heil:
Statt Kohlköpfen bietet man Köpfe von Leichen
Auf offenem Markte zum Kaufe feil.

Auch mir schlug schon lange mit gierigem Hasten
Der rote Henker vom Rumpfe das Haupt;
Nun ruht es in einem klebrigen Kasten
Mit allen andern, verschmiert und bestaubt.

Doch dort, hinterm Zaun an der Straßenecke,
Ist ein Haus mit verhangnen drei Fenstern zu sehn,
Halt inne auf deiner verhexten Strecke,
Bring, rasender Führer, den Wagen zum Stehn.

Mascha! Hier hast du gelebt und gesungen
Und hast mir den Hochzeitsteppich gewebt.
Wohin hat dein Leib sich emporgeschwungen?
Wohin ist im Tod deine Stimme entschwebt?

Jäh weiß ich es jetzt: nur aus himmlischer Ferne
Bricht schimmernd der Glanz unsrer Freiheit hervor.
Und stumm vor dem Tierpark der Wandelsterne
Stehn Menschen und Schatten am Eingangstor.

Ein süßer Windhauch umspielt meine Glieder,
Die Brücke erdröhnt vor dem alten Schloß,
Der Reiter sprengt erzen behandschuht mir wieder
Entgegen auf feurig sich bäumendem Roß.

Der Isaaksdom ragt in den Himmel geschnitten,
Die Veste des Glaubens, von Strahlen umflammt:
Dort will für die Seele von Mascha ich bitten,
Dort halt' ich mir selber mein Totenamt.

Für immer ist Freude dem Herzen entschwunden,
Das Atmen ist schwer und qualvoll das Sein:
O Mascha – so tief hab' noch nie ich empfunden
Des Liebens und Leidens unendliche Pein.

(1921)

Anna Ostroumowa-Lebedewa: Petrograd. Bau der Palastbrücke und Rauchschwaden der Wyborger Seite

Daniil Charms

Die Komödie der Stadt Petersburg (Ende)

Marija kommt hereingeflogen.
MARIJA
O Gott, wo bin ich hingeraten?
ŠČEPKIN
Du lieber Gott.

Famusov

Hm.

Marija

Ich fuhr spazieren auf dem Meer
und plötzlich war das Ruder fort
Da blähten sanft sich meine Segel
vom Wind getrieben fuhr mein Boot
Jetzt kommt mir aber die Idee:
sagt mir, wo bin ich hier Monsieur?

Ščepkin

Sie sind in der Stadt Leteburg.

Marija

Wo?

Famusov

In Leningrad.

Marija

Das heißt in unsrer Hauptstadt bin ich
Ach ist das schön! Ach ist das gut
Hier wohnt ein guter Freund von mir
Dreistockhochnov er ist bei der Bank
Oberbuchführer.
Er heißt Kirill Davydyč Dreistockhochnov
und trägt ein Körbchen auf der Schulter.

Famusov

Dreistockhochnov ist das nicht Ihr Onkel?

Marija

Nein. Er ist mein Bräutigam und Freund.

Ščepkin

Merkwürdig er erinnert mich an jemand.
Vor meinen Augen dreht es sich
und dreht sich.

Famusov

Gar sicher ist er der Nabel der Welt?

Der Mensch der aussieht wie eine Wurst

Ein Naturgewächs?

Das Tier

Klänkliche Kulakenbande.

Marija
Nein, er ist einfach ein Mensch.
Ščepkin
Und trotzdem dreht er sich ins Ohr
ins Auge dreht sich der Verdammte
wühlt die Erinnrung auf
und liegt mir auf der Zunge
heißt er nicht Dreistockhochnov
Kirill Davydyč oder so
er dreht und dreht sich
Wirbel Schneegestöber
Nikolaus II. *kommt herein*
Ha! die ganze ehrenwerte Gesellschaft beisammen!
Ščepkin
Wünsche Gesundheit Euer Majestät.
Nikolaus II.
Verehrung – aber wer ist das?
Marija
Ich heiße Marija
ich wohnte in Großmutters Kammer
ich ging im Park fuhr manchmal nach Kazan
dann sprang ich in das Boot und rudernd
jagt ich dem Kuß des Messers zu
ich kam zu euch im Luftballon geflogen
das Seil in der durchfrornen Hand
da sah ich plötzlich goldene Türme
Schornsteine fauchten und Raketen zischten
ich dachte: ja das ist die Stadt. Das Meer schwimmt fort.
Der Tag bricht an. Der Himmel blaut
in diesem Graublau wogt die Braut
der Hauptstadt, die Neva.
Peter
Die Stadt erbaute ich an Finnlands Küste
ich sprach Hier wird die Hauptstadt sein. Im Nu
im Schlaf gerodet war der dichte Wald bis auf die Wurzeln
und laute Kutschen stießen oft nun an der Hütten Fenster.
Nikolaus II.
Du Peter warst der Zar

ich drücke wie ein Mädchen mich
entlang am Ufer der Neva. O breiig träger Fluß!
die Jahre gehn, die Wochen ziehn vorüber
du Schöne aber schwimmst nicht fort ins Meer.
Der Ansturm des Varägers der schrille Schrei des Deutschen
Mongoleningrimm fliegt über die Berge des Ural
dich Schöne selbst der Donner nicht erschüttert
die Stadt an deinen Ufern wird nicht fallen.
Drum: lebe wohl, leb wohl du meine Freundin
unrühmlich ruhmlos geh ich von den Sümpfen fort.
Rußland leb wohl. Langsam erlischt das Leben... –
Und du Marija, was sagst du dazu?
MARIJA
Hier lebt mein Bräutigam. Kirill Davydyč
ist angestellt bei einer Bank. Ich liebe ihn.
Er heißt glaub ich Dreistockhochnov
er trägt ein Körbchen auf der Schulter.
NIKOLAUS II.
Ach ja ich weiß ich kenne ihn
das ist ein Ding! Man rufe uns Kirill Davydyč!
Wir hatten sogar Streit, und Ščepkin kanns bezeugen...
Oh, meine Verehrung.
KOMSOMOLZE VERTUNOV
Tag Zar.
Meine Frau – darf ich vorstellen
sie heißt Katjuša.
NIKOLAUS II.
Sehr erfreut.
KOMSOMOLZE VERTUNOV
Und das ist Pavel Afanasjevič Famusov.
KATJUŠA
Wir kennen uns doch längst!
KOMSOMOLZE VERTUNOV
Und das ist Vanja Ščepkin.
ŠČEPKIN
Ihr Diener.
KOMSOMOLZE VERTUNOV
Und wer ist das?

Nikolaus II.
Marija Pavlovna
ist hergekommen in die Hauptstadt, zu ihrem Bräutigam
Komsomolze Vertunov
In was für eine Hauptstadt?
Nikolaus II.
In die Stadt Petersburg.
Ščepkin
Leningrad Euer Majestät.
Komsomolze Vertunov
Was denn für ein Petersburg?!
Nikolaus II.
In – die – Stadt – Pe - ters - burg.
(1926 ff.)

Anna Achmatowa

Klagegesang

Das Leningrader Pech,
Hände wischen es nicht weg,
Meine Tränen spülen es nicht fort,
Nirgends findet's seinen letzten Ort.
Ich weich ihm aus, umgeh'
Das Leningrader Weh.
Nicht mit einem Blick oder einem Wink,
Nicht mit einem Wort oder einem Verweis, –
Wohl aber mit einer tiefen Verbeugung sei's,
Daß in grüner Felder Zauberkreis
Ich für es bete.
(1944)

Alexej Remisow

Affen

Man hatte uns von allen Enden der Welt, aus Australien, Afrika und Südamerika, zusammengetrieben, und ich, der Anführer der Schimpansen, mit dem aus Eiderdaunen gewebten Gürtel um die Lenden, raufte mir die Haare und zerbrach mir den Kopf, wie ich mich von den Ketten, mit denen man uns an Armen und Beinen gefesselt hatte, befreien und in meine Heimat durchbrennen könnte; aber es war schon zu spät. Man trieb uns über die neugepflügten Äcker auf das Marsfeld, und nachdem wir wie Soldaten Aufstellung genommen hatten, begannen Herolde in goldstrotzenden Uniformen mit Straußenfedern an den Hüten, längs der Reihen hin- und herreitend, das Urteil zu verlesen.

Man beschuldigte uns Affen der maßlosen Unzucht, Bosheit, Faulheit, Trunksucht und eines unausrottbaren Hanges zum Diebstahl; unter Anerkennung unserer ungewöhnlichen angeborenen Anlagen zur Entwicklung und Vervollkommnung verhängte man über uns die Anwendung der Geheimmittel des Bologneser Universitätsprofessors Ritters Altenaar, des Nachkommen der Wikinger von Grönland, Island und des Nördlichen Eismeeres.

Von blinder Mutterliebe und Empörung erfüllt, folgte ich der Exekution, die nach all diesen närrischen Zeremonien begann: die gottlosen Menschen durchbohrten uns zum Scherz mit Schusterahlen und bearbeiteten uns nachher mit Eisenhämmern. Sie beschmierten einzelne von uns mit heißem flüssigem Teer, befestigten das eine Ende eines in die Teermasse eingekneteten Strickes an die Körper der Unglücklichen und das andere an das Kummet eines freien und kräftigen Pferdes und ließen sie dann unter Schreien und Johlen der Menge so lange über die Erde schleifen, bis die Opfer verendeten. Andern wiederum steckten sie die Lippen sorgfältig mit Messingnadeln zusammen. Und noch viele andere Scherze wurden an uns zwecks Bändigung verübt.

Als aber das Marsfeld vom Heulen und Winseln gesättigt, als die Erde vom vergossenen Affenblut aufgequollen war und das getaufte und ungetaufte russische Volk sich krank gelacht hatte, kam auf ehernem Rosse ein Reiter in Rüstung aus grünem Erz dahergesprengt. Ein Lasso schwirrte durch die Luft und legte sich mir um den Hals, und ich fiel in die Knie. Ich, Anführer der Schimpansen Australiens, Afrikas und Südamerikas, blickte angesichts des unnötigen und ungebetenen Todes den schrecklichen und stolzen Reiter mit frechen Augen an und schleuderte gegen ihn und den mir verhaßten Tod ein dreifaches Kikeriki.

(1907)

II.
Petropolis diaphan.
Prospekt einer Kapitale

Theodore Aleksyur: Blick auf Admiralität und Isaaks-Kathedrale in St. Petersburg, im Vordergrund Generalstabsgebäude und Winterpalais

Konstantin Slutschewski

Was, Steine leben nicht?

Was, Steine leben nicht? Das ist nicht möglich! Sieh,
Wie sie sich alle rötlich färben in der Früh,
Wie sie die milde Wärme wahren in der Nacht,
Die ihnen vorher lang die Sonne zugedacht!
Und welches Dröhnen jeder Pflasterstein entläßt!
Wo immer sie gebraucht, die Steine stehen fest:
Der Fluß wird zwischen seinen Ufern wohl geführt,
Der Tote, den sie decken, hat sich nie gerührt,
Und des geschickten Künstlers Hand ganz glattpoliert
Uns unterm schönen Glanz Visagen hinterläßt
Von irgendwelchen Menschen, häßlich wie die Pest!

(1883)

Iwan Turgenjew

Visionen (Achtung)

»A-a-a-achtung!« schlug an mein Ohr ein gedehnter Ruf. »A-a-a-achtung!« erwiderte in der Ferne, wie in Verzweiflung, ein anderer. »A-a-a-achtung!« erstarb ein dritter, irgendwo, am Ende der Welt. Ich schüttelte mich. Eine hohe vergoldete Spitze fiel mir in die Augen: ich erkannte die Festung Petropawlowsk.

Bleiche, nordische Nacht! Aber ist es denn wirklich Nacht? Ist es nicht vielmehr ein matter, siecher Tag? Ich habe niemals die Petersburger Nächte geliebt; diesmal aber bekam ich sogar Furcht: Ellis' Gesichtszüge verschwanden gänzlich, lösten sich auf wie Morgennebel an der Julisonne, und ich sah deutlich meinen Körper, wie er mit seinem vollen Gewicht einsam in gleicher Höhe mit der Alexandersäule in der Luft schwebte. Das ist also Petersburg! Ja, das ist es, wahrhaftig. Diese öden, breiten, grauen Gassen; diese weiß- und gelblich-grauen, graublauen, mit Kalk beworfenen und vom Kalk entblößten Häuser mit ihren zurücktretenden Fenstern, grellen

Aushängeschildern, mit Wetterdächern aus Eisenblech über den Eingangstüren und erbärmlichen Gemüsebuden; diese Giebel, Aufschriften, Wächterhäuschen, Futterkästen; die goldene Kuppel der Isaakskathedrale; die überflüssige, bunte Börse; die Granitwälle der Festung und das aufgebrochene Holzpflaster; diese Boote mit Heu und Brennholz; dieser Geruch nach Staub, Kohlköpfen, Bast und Stall, diese versteinerten Hausknechte in Schafspelzen vor den Haustoren, diese vom tiefen Schlaf niedergedrückten Mietkutscher auf ihren durchgesessenen Droschken, jawohl, das ist sie, unsere nordische Palmyra. Alles rundherum ist genau zu erkennen; alles ist hell, schauerlich deutlich und klar, und alles ist in traurigen Schlaf versunken, auf sonderbare Weise auf- und aneinandergehäuft und sticht grell in der dämmerigen, durchsichtigen Luft ab. Die Abendröte – eine schwindsüchtige Röte – ist noch nicht verschwunden und wird auch nicht vor dem Morgen vom weißen, sternlosen Himmel verschwinden; hingestreckt in Streifen liegt sie auf der spiegelhellen Oberfläche der Newa, die sich kaum bewegt und fast ohne Geräusch ihr kaltes blaues Wasser fortschnellt.

»Fliegen wir fort«, bat flehend Ellis.

Und ohne meine Antwort abzuwarten, trug sie mich über die Newa, den Schloßplatz, zur Litejnaja. Unten ließen sich Schritte und Stimmen hören: die Gasse herauf kam eine kleine Schar junger Leute mit hageren Gesichtern und unterhielt sich vom Tanzboden. »Secondeleutnant Stolpakow, Nummer sieben!« rief plötzlich schlaftrunken ein Soldat, der bei einer kleinen Pyramide verrosteter Kanonenkugeln Wache stand, und etwas weiter an dem offenen Fenster eines Hauses erblickte ich ein Fräulein in zerknittertem, ärmellosem Seidenkleid, mit einem Perlennetz auf dem Haar und einer Papierzigarre im Mund. Sie war ganz ins Lesen eines Buches vertieft: es war das Erzeugnis eines unserer neuesten Juvenale.

»Laß uns fortfliegen!« sagte ich zu Ellis.

Einen Augenblick später – und schon zogen unter uns die kümmerlichen, winzigen Fichtenwäldchen und Moossümpfe, die Petersburg umgeben, vorüber. Wir hielten unsern Flug gerade nach Süden. Himmel und Erde, alles nahm allmählich eine immer dunklere Färbung an. Die sieche Nacht, der sieche Tag, die sieche Stadt – alles ließen wir hinter uns. (...)

(1863)

Afanassij Fet

Petersburger Nächte – Eine Antwort an Turgenjew

Poet! Du fragst, warum wir beide immer noch
Trotz allem unsere Heimat lieben?
Weshalb wohl droht, wenn wir von ihr getrennt,
Das Herz uns bis zum letzten Tropfen auszubluten
Vor Sehnsucht nach ihrer Schönheit ohne End?

Was macht es schon, daß unser Frühling kurz und spät kommt, –
Allein wenn er einmal kommt:
Sind dann nicht blauer noch und noch verträumter
Die Augen, göttlich gar in weisser Nächte Dauer,
Grüner noch, schier ungeheuer des Frühjahrs süße
Schauer...

Erst gestern ging ich längst der Newa nachts spazieren
Und seh sie noch die purpurgoldnen Wolken:
Unmöglich war es, klar zu scheiden, war jener helle Schein
Vielleicht noch Dämmerung, Abend und ein letztes Winken –
Oder doch bereits das Morgengrauen, der Sonne frühes
Blinken?

Als sei am lichten Tag sie plötzlich eingeschlummert,
So ruhte sie, die Residenz des Nordens,
Im Zauber ihres Schlafes noch unwandelbar und stolz.
Und über ihr, von Geist erfüllt, spazierte bleich die Nacht,
Einer Hellseherin gleich hielt sie der Kapitale Wacht.

Ich glaubt es kaum, doch Blicke ließen mich erkennen,
Als gleißten sie entlang am reinen Blau,
Der Schiffe Eigner dort an jener fernen Reede, –
Bewegungslos und glatt das Wasser, als wärs ein Wiedersehn,
Sah ich im Newaspiegel Myriaden bunter Fahnen wehn.

Dumpf hämmerte es – in der Brust regte sich Schmerz,
Da im Flug des Gedankens ich dich traf, Freund:

Glaub es mir, kaum je vermöchte der Süden, lüstern,
In seinen glühendsten Umarmungen uns, wie diese Nächte,
Gänzlich unverhüllt, ein süßres Glück zu flüstern!

(1856)

Alexander Puschkin

Stadt des Prunkes, Stadt der Nöte

Stadt des Prunkes, Stadt der Nöte,
Zucht und knechtisches Gemüt,
Trüb verblaßte Abendröte,
Langweil, Kälte und Granit. –
Doch beneid ich dich ein bißchen,
Weil bisweilen sich ergeht
Hier ein allerliebstes Füßchen
Und ein blondes Löckchen weht.

(1828)

Luigi Premazzi: Newskij Prospekt in der Nähe des Gostinij Dwor

Nikolai Gogol

Der Newski Prospekt

Es gibt nichts Schöneres als den Newski Prospekt, jedenfalls nicht in Petersburg; für Petersburg ist er alles. Womit kann diese Straße, die Zierde unserer Hauptstadt, aber auch nicht glänzen! Ich bin sicher, keiner ihrer blassen, mit Amt und Rang bekleideten Bewohner würde den Newski Prospekt für alle Güter der Welt hergeben. Aber nicht nur, wer fünfundzwanzig Lenze zählt, einen schmucken Schnurrbart und einen bewundernswert geschnittenen Gehrock trägt, ist vom Newski Prospekt entzückt, sondern auch der, an dessen Kinn weißes Haar sprießt und dessen Kopf glatt wie eine silberne Schale ist. Und erst die Damen! Oh, für die Damen ist der Newski Prospekt noch anziehender. Doch für wen wäre er es nicht? Kaum hat man ihn betreten, verspürt man nur noch den Geruch von Feiertag und Lustbarkeit. Selbst wer etwas Wichtiges, Unaufschiebbares zu erledigen hat, vergißt bestimmt alles Geschäftliche, sobald er ihn erreicht. Es ist der einzige Ort, an dem sich die Menschen zeigen, ohne es zu müssen, an den sie nicht die Notwendigkeit oder das merkantile Interesse treibt, von dem ganz Petersburg erfaßt ist. Ein Mensch, den man auf dem Newski trifft, scheint in geringerem Maße Egoist zu sein, als er es in der Morskaja, in der Gorochowaja, Litejnaja, Mestschanskaja oder einer anderen Straße ist, wo den Fußgängern ebenso wie denen, die im geschlossenen Wagen oder in einer Droschke vorüberjagen, die Habsucht, die Geldgier und der Erwerbszwang ins Gesicht geschrieben stehen. Der Newski Prospekt ist der Treffpunkt von ganz Petersburg. Der Bewohner der Petersburger oder der Wyborger Seite kann davon überzeugt sein, hier den seit Jahren nicht mehr besuchten Freund von den Peski oder von der Moskowskaja Sastawa zu treffen. Kein Adreßbuch und kein Auskunftsbüro vermitteln eine so zuverlässige Kunde wie der Newski Prospekt. Der Newski Prospekt vermag alles! Er ist die einzige Zerstreuung in dem an Lustbarkeit armen Petersburg! Wie sauber seine Bürgersteige gekehrt sind, und, mein Gott, wie viele Füße ihre Spuren auf ihm hinterlassen haben! Sowohl der plumpe schmutzige Stiefel des abgedankten Soldaten, unter dessen Gewicht selbst der Granit zu bersten scheint, als auch der federleichte winzige Schuh der jungen Dame, deren Köpfchen sich den blitzenden Schaufensterscheiben zuwendet wie die Sonnenblume dem Licht, als auch der klirrende Säbel des von Hoffnungen geschwellten Fähnrichs, der einen scharfen Kratzer in ihn einritzt – alles läßt die Macht der Stärke oder die Macht der Schwäche an ihm aus. Welch rasche Phantasmagorie vollzieht sich auf ihm während eines einzigen Tages! Wie viele Wandlungen läßt er während eines Tages über sich ergehen! Fangen wir mit dem frühen Morgen an, da ganz Petersburg nach heißen, eben erst ausgebackenen Broten duftet und von alten Frauen in abgerissenen Kleidern und Mantillen bevölkert ist, die Kirchen und mitleidige Passanten überfallen. Um diese Zeit ist der Newski Prospekt fast menschenleer: Die wohlgenährten Ladenbesitzer und deren Kommis schlafen noch in ihren Hemden aus holländischem Leinen, seifen sich die vornehmen Wangen ein oder trinken Kaffee; die Bettler versammeln sich vor den Türen der Konditoreien, aus denen ein verschlafener Ganymed tritt, der gestern mit seiner Schokolade wie eine Fliege umherschwirrte – er hat einen Besen in der Hand, trägt keine Krawatte und wirft ihnen trockenen Kuchen und Speisereste zu. Auf der Straße kommt allerlei unentbehrliches Volk daher: Gelegentlich überqueren sie russische Bauern, die zu ihrer Arbeit eilen, und zwar in Stiefeln, die so mit Kalk beschmutzt sind, daß selbst das sprichwörtlich reine Wasser des Jekaterininski-Kanals ihn nicht abwaschen könnte. Für Damen ist es zu dieser Stunde im allgemeinen nicht angebracht, sich zu zeigen, weil sich das einfache russische Volk in so kraftvollen Ausdrücken zu ergehen pflegt, wie sie die Damen vermutlich nicht einmal in den Theatern zu hören bekommen. Manchmal trottet ein unausgeschlafener Beamter, dessen Weg zur Dienststelle über den Newski Prospekt führt, mit einer Aktentasche unter dem Arm vorbei. Man kann mit aller Bestimmtheit sagen, daß der Newski Prospekt zu dieser Stunde, das heißt bis zwölf Uhr mittags, für niemanden ein Ziel darstellt, vielmehr nur ein Mittel ist: Er wird allmählich von Menschen überflutet, die ihre Arbeit, ihre Sorgen, ihren Ärger haben, sich aber nicht im geringsten darum kümmern. Der russische Bauer spricht von einem Zehnkopekenstück in Silber oder von vierzehn Kopeken in Kupfer, die alten Männer und alten Frauen fuchteln mit den Armen oder führen Selbstgespräche, manchmal mit recht ausdrucksvollen Gebärden, aber niemand hört ihnen zu oder lacht über sie, ausgenommen allenfalls die Laufburschen in ihren gestreiften Hanfkitteln, die mit leeren Branntweinflaschen oder einem Paar fertiger Stiefel in der Hand wie der Blitz den Newski Prospekt entlangeilen. Einerlei, was Sie sich auch anziehen – zu dieser Stunde wird es niemand beachten, selbst wenn Sie sich statt des Huts eine Mütze aufstülpen oder der Hemdkragen sich zu weit unter Ihrer Krawatte hervorwagt.

Um zwölf Uhr wird der Newski Prospekt von Hofmeistern aller Nationen mitsamt ihren Zöglingen in Batistkragen überschwemmt. Der englische John und der französische Jean schlendern Arm in Arm mit ihren Erziehungsbefohlenen dahin und erläutern ihnen mit angemessenem Ernst, daß die Schilder über den Läden angebracht sind, damit man aus ihnen ersehe, was in den Läden zu haben ist. Die Gouvernanten – ob blasse Miß oder rosige Slawin – wandeln würdevoll hinter den zappeligen, leichtfüßigen Mädchen einher und halten sie dazu an, ein wenig mehr die Schulter zu heben und sich gerader zu halten – kurz gesagt – der Newski Prospekt gehört zu dieser Stunde der Pädagogik. Je mehr man sich jedoch zwei Uhr nachmittags nähert, desto rascher nimmt die Zahl der Hofmeister, Pädagogen und Kinder ab: Sie werden schließlich von ihren zärtlichen Erzeugern verdrängt, die Arm in Arm mit ihren bunten, in allen Farben schillernden, zartbesaiteten Ehegefährtinnen einherstolzieren. Nach und nach gesellt sich ihnen alles zu, was seine immerhin nicht unwichtigen häuslichen Angelegenheiten erledigt hat, zum Beispiel wer sich mit seinem Hausarzt über das Wetter und einen kleinen Pickel auf der Nase unterhalten, sich nach dem Wohlbefinden der Pferde und seiner – übrigens äußerst begabten – Kinder erkundigt, den Theaterzettel und einen wichtigen Zeitungsartikel über die angekommenen und abgereisten Fremden gelesen und schließlich eine Tasse Kaffee oder Tee getrunken hat; ihnen gesellen sich auch diejenigen zu, die ein beneidenswertes Schicksal mit dem Rang eines »Beamten für besondere Aufträge« segnete, zu ihnen gesellen sich ferner auch die, die ein Amt im Kollegium für auswärtige Angelegenheiten bekleiden und sich durch die Vornehmheit ihrer Tätigkeit und ihrer Gewohnheiten auszeichnen. Mein Gott, was es doch alles für wunderbare Ämter und Tätigkeiten gibt! Wie sie das Herz erheben und höher schlagen lassen! Aber, o weh!, ich habe kein Amt und bin des Vergnügens beraubt, mich der feinfühligen Behandlung durch meine Vorgesetzten zu erfreuen. Alles, was Sie auf dem Newski Prospekt treffen, zeichnet sich durch Schicklichkeit aus: Die Männer tragen lange Gehröcke und verbergen die Hände in den Rocktaschen, die Damen präsentieren sich in rosa, weißen oder mattblauen Atlasüberwürfen und Hütchen. Sie werden hier einzigartigen, mit ungewöhnlicher, ja erstaunlicher Kunst unter das Halstuch gesteckten Backenbärten begegnen, Backenbärten, die samtig oder glänzend wie Atlas oder Zobel und schwarz wie Kohle sind, aber leider immer nur dem Kollegium für auswärtige Angelegenheiten zugehören. Den Beamten der anderen Departements hat die Vorsehung schwarze Backenbärte versagt, sie müssen sich zu ihrem größten Leidwesen mit roten begnügen. Auch wunderbaren Schnurrbärten werden sie begegnen, Schnurrbärten, die keine Feder, kein Pinsel zu beschreiben vermag, Schnurrbärten, denen der bessere Teil des Lebens gewidmet ist, die – bei Tage wie bei Nacht – den Gegenstand ständiger Wachsamkeit bilden, Schnurrbärten, auf die sich die hinreißendsten Parfüms und Wohlgerüche ergossen haben und die mit den kostbarsten, seltensten Pomaden eingefettet sind, Schnurrbärten, die man nachts mit Hilfe von feinem Velinpapier wickelt, Schnurrbärten, die die rührendste Sorgfalt ihrer Besitzer atmen und um die die Besitzer von den Vorübergehenden beneidet werden. Die tausenderlei buntfarbigen, leichten Hütchen, Kleider und Schals, denen die Trägerinnen manchmal volle zwei Tage ihre Zuneigung schenken, werden jedermann auf dem Newski Prospekt blenden. Es ist, als flattere unvermittelt ein ganzes Meer von Schmetterlingen von einer Wiese auf und woge wie eine glänzende Wolke über den schwarzen Käfern des Männervolks dahin. Sie werden hier Taillen begegnen, von denen Ihnen nicht einmal geträumt hat – schmalen, dünnen Taillen, nicht dicker als ein Flaschenhals, Taillen, vor denen Sie, wenn Sie sie treffen, respektvoll zurückweichen werden, um sie nicht unvorsichtigerweise mit Ihrem unhöflichen Ellenbogen anzustoßen; Ihr Herz wird Scheu, wird die Furcht befallen, allein schon Ihr unvorsichtiger Atem könne das wunderbare Erzeugnis von Kunst und Natur zerbrechen lassen. Und was für Damenärmel Sie auf dem Newski zu sehen bekommen! Ach, welcher Liebreiz! Die Ärmel erinnern etwa an zwei Luftballons, und wenn nicht ein Mann die Dame stützte, würde sie sich vermutlich plötzlich in die Luft erheben, denn eine Dame in die Luft zu heben, ist ebenso leicht und angenehm, wie ein Glas Sekt an die Lippen zu führen. Nirgends verbeugt man sich, wenn man einander trifft, so vornehm und ungezwungen wie auf dem Newski. Sie werden hier einem unvergleichlichen Lächeln begegnen, einem Lächeln von höchster Kunst – manchmal einem, bei dem Sie vor Wonne dahinschmelzen, dann wieder einem, bei dem Sie ganz klein und unansehnlich werden und den Kopf senken, oder auch einem, bei dem Sie sich größer wähnen als der spitze Turm der Admiralität und den Kopf wieder erheben. Sie werden hier Menschen treffen, die sich mit ungewöhnlicher Würde und ungewöhnlichem Selbstbewußtsein über ein Konzert oder das Wetter unterhalten. Sie werden auf Tausende von unbegreiflichen Charakteren und Erscheinungen stoßen. Herrgott, welch seltsame Charaktere einem doch auf dem Newski Prospekt in die Arme laufen! Da gibt es viele Leute, die Ihnen im Vorübergehen unbedingt auf die Schuhe schauen und sich, wenn Sie an ihnen vorüber sind, nach Ihrem Rockschoß umdrehen. Ich bin mir bis auf den heutigen Tag nicht recht darüber im klaren, was der Grund dafür ist. Zunächst glaubte ich, es seien lauter Schuhmacher, dann stellte sich jedoch heraus, daß dies keineswegs der Fall war: Sie dienten größtenteils in allerlei Departements, und viele von ihnen konnten einen vorzüglichen Bericht der einen Dienststelle an eine andere abfassen – oder es waren Menschen, die sich mit Spazierengehen oder Zeitungslesen in den Konditoreien die Zeit vertrieben – kurz gesagt, es waren im großen und ganzen lauter anständige Leute. In dieser gesegneten Stunde – von zwei bis drei Uhr nachmittags –, die man den Höhepunkt des hauptstädtischen Lebens auf dem Newski nennen kann, stellt man die schönsten menschlichen Errungenschaften zur Schau. Der eine führt seinen eleganten Überrock mit allerbestem Biber vor, der zweite seine wunderschöne altgriechische Nase, der dritte zeigt einen unvergleichlichen Backenbart, der vierte, eine Dame, zwei hübsche Augen und ein bewundernswertes Hütchen, der fünfte einen Ring mit einem Talisman am zierlichen kleinen Finger, der sechste, wiederum eine Dame, ein Füßchen in einem bezaubernden Schuh, der siebente eine Krawatte, die Bewunderung hervorruft, der achte einen Schnurrbart, über den man staunt. Aber dann schlägt es drei, die Schaustellung geht zu Ende, die Menge lichtet sich... Um drei Uhr verwandelt sich der Newski von neuem. Auf ihm hält plötzlich der Frühling Einzug:

Der Newski wird von lauter Beamten in grünen Uniformen überschwemmt. Die hungrigen Titular-, Hof- und sonstigen Räte bemühen sich, ihre Schritte nach Kräften zu beschleunigen. Die jungen Kollegienregistratoren, Gouvernements- und Kollegiensekretäre beeilen sich, die noch verbleibende Zeit zu nützen und voller Würde über den Newski Prospekt zu schlendern – sie tun, als hätten sie keineswegs sechs Stunden in ihrer Dienststelle gesessen. Die älteren Kollegiensekretäre, Titular- und Hofräte jedoch gehen rasch und mit gesenktem Kopf dahin: Sie haben anderes im Sinn, als sich die Leute auf dem Newski anzusehen; sie haben sich noch nicht ganz von ihren Sorgen losgerissen – ein Wust, ein ganzes Archiv von angefangenen, aber nicht abgeschlossenen Akten füllt ihre Köpfe an; sie sehen statt der Firmenschilder noch lange einen Pappdeckel mit Papieren oder das rundliche Gesicht ihres Kanzleivorstehers vor sich.

Um vier Uhr leert sich der Newski Prospekt, und Sie werden kaum noch einem Beamten auf ihm begegnen. Aus einem Laden kommt eine Näherin geeilt und überquert den Newski, einen Karton in der Hand, oder Sie treffen das bedauernswerte Opfer eines menschenfreundlichen Kanzleivorstehers, das nun in seinem Friesmantel betteln geht, einen zugereisten Kauz, für den alle Stunden gleich sind, eine lange, hochgewachsene Engländerin mit einem Ridikül und einem Buch, einen Artelarbeiter, einen einfachen Handwerker oder einen russischen Biedermann in einem hinten auf Taille geschnittenen Baumwollrock. Dieser trägt einen dürftigen Bart, läßt sich sein Leben lang treiben und schlenkert, wenn er bescheiden auf dem Bürgersteig daherkommt, mit allem, was er hat – sowohl mit dem Rücken als auch den Armen, den Beinen und dem Kopf. Andere Leute werden Sie um diese Zeit auf dem Newski Prospekt nicht zu sehen bekommen.

Sobald jedoch die Dämmerung auf die Häuser und Straßen niedersinkt, der Stadtwächter, eine Bastplane um die Schultern, die Leiter emporklimmt, um die Laterne anzuzünden, und in gewissen niedrigen Fensterauslagen jene Stiche auftauchen, die sich am Tage nicht sehen lassen dürfen, lebt der Newski Prospekt wieder auf und gerät in Bewegung. Es bricht die geheimnisvolle Stunde an, da die Laternen alles ringsum in einem verlockenden und wunderschönen Licht erscheinen lassen. Sie werden vielen jungen Männern, meist ledigen, in warmen Röcken und Mänteln begegnen. Zu dieser Stunde glaubt man eine gewisse Zielstrebigkeit zu spüren, oder, genauer gesagt, etwas, das nur an sie erinnert, aber höchst unbewußt ist; die Schritte der Fußgänger werden rascher und wirken überhaupt sehr ungleichmäßig. Die langen Schatten der Passanten huschen über die Häuserwände und über den Bürgersteig und erreichen mit den Köpfen fast die Polizejski-Brücke. Die jungen Kollegienregistratoren, Gouvernements- und Kollegiensekretäre promenieren sehr lange; die älteren Kollegienregistratoren, die Titular- und Hofräte dagegen sitzen größtenteils zu Hause, entweder, weil sie verheiratet sind, oder, weil die bei ihnen lebende deutsche Köchin vorzüglich für sie kocht. Sie werden aber auch jene ehrenwerten alten Herren antreffen, die schon um zwei Uhr nachmittags auf dem Newski spazierengingen – so gesetzt und voller bewundernswerter Würde. Jetzt werden Sie sie ebenso eilig wie die jungen Kollegienregistratoren dahinstreben sehen, um einer von ferne gesichteten Dame unter den Hut zu schauen, deren aufgeworfene Lippen und dick mit Rouge bemalte Wangen vielen Flaneuren so gut gefallen, besonders den Handlungsgehilfen, Artelarbeitern und Kaufleuten, die, stets in deutschen Überröcken und scharenweise, dazu meist Arm in Arm, umherwandeln.

[...]

Oh, schenken Sie diesem Newski Prospekt keinen Glauben! Ich hülle mich, wenn ich auf ihm entlanggehe, immer recht fest in meinen Mantel und bemühe mich, alles, was mir auf meinem Wege begegnet, einfach nicht anzusehen. Alles ist Lug und Trug, ist Täuschung und Traum, ist nicht das, was es scheint. Sie meinen, dieser Herr, der in dem vorzüglich geschnittenen Gehrock spazierengeht, sei sehr reich? Nichts dergleichen – er besteht aus weiter nichts als diesem Gehrock. Sie bilden sich vielleicht ein, jene beiden Dickwänste, die drüben vor der im Bau befindlichen Kirche stehen, versuchten, sich eine Meinung von ihrer Architektur zu bilden? Keineswegs – sie staunen nur über die beiden Krähen, die sich auf ihrem Dach so sonderbar gegenübersitzen. Sie glauben vielleicht, jener so aufgeregt mit den Armen fuchtelnde Mann erzähle gerade davon, wie seine Frau mit einem Kügelchen nach einem ihm völlig unbekannten Offizier geworfen hat? Weit gefehlt – er spricht über La Fayette. Sie glauben vielleicht, diese Damen... Doch den Damen dürfen Sie am allerwenigsten trauen. Und blicken Sie nicht soviel in die Schaufenster – der Tand, der in ihnen ausliegt, ist zwar sehr hübsch, riecht aber nach einem Haufen Geld. Vor allem bewahre Sie Gott davor, den Damen unter den Hut zu schauen! So verlockend auch in der Ferne der Mantel einer Schönen vor mir einherweht, ich gebe auf keinen Fall meiner Neugierde nach und folge ihr nicht. Und möglichst weit weg, um Gottes willen möglichst weit weg von den Laternen! Gehen Sie rasch, so rasch Sie können, an ihnen vorüber. Sie haben noch Glück, wenn Ihnen nicht mehr passiert, als daß eine solche Laterne Ihren todschicken Rock mit stinkendem Öl bespritzt. Doch nicht nur die Laternen, auch alles andere atmet Lug und Trug. Er lügt, er trügt zu jeder Stunde, dieser Newski Prospekt, am ärgsten aber dann, wenn sich die Nacht gleich einer undurchdringlichen Wolke auf ihn niedersenkt und die ockergelben und weißen Fronten der Häuser herausschält, wenn die ganze Stadt zu lärmen und zu glänzen beginnt, Myriaden von Wagen über die Brücken rollen, die Vorreiter auf ihren Pferden hochschnellen und gellende Rufe ausstoßen und Satan in eigener Person die Lampen anzündet, um alles in einem falschen Lichte zu zeigen.

(1834)

Fjodor Tjutschew

An der Newa

Wieder taucht ein Stern verschwiegen
in das Spiel der Wellenbahn,
wieder will sich Liebe wiegen
in geheimnisdunklem Kahn.

Zwischen Wellen und dem Sterne
trägt er schwebend wie im Traum
zwei Gespenster in die Ferne
durch den ungeheuren Raum.

Haben Müßige zu matten
Tändeleien sich gesellt?
Oder sind es sel'ge Schatten
auf der Flucht aus dieser Welt?

Jewgenij Lanceray: Kolonnade der Muttergottes-von-Kasan-Kathedrale

Wieg dich, Welle, im Vergleiten
auf dem ew'gen Meer des Wahns –
birg es stumm in deinen Weiten,
das Geheimnis dieses Kahns.

(1850)

Apollon Grigorjew

Die Stadt

Ja, ich liebe sie, die riesige, die stolze Metropole,
Doch nicht, was andere an ihr lieben, nein;
Nicht die Bauten, nicht der Paläste reiche Aureole,
Nicht den Granit lieb ich, den harten Stein.
O nein! Schmerz heißt die Liebe meiner Seele,
Trauer ist's, die liebt anderes an ihr, –
Ihr Leiden spüre ich, umarme es wie eine Stele,
Unter des Eises Krustes schreit es nach mir.

Mag sie die wankende Erde auch in Granit gefesselt haben,
Uns zu schützen und sich vor dem stürmischen Meer,
Mag sie den Aufruhr, das Toben verborgen halten,
Der Freuden und Leiden ew'ge Wiederkehr,
Mag ihr Fluß auch reiche Gaben, Waren aus aller Welt,
Ihr zu Füßen legen, uns zu verführen, –
Sie führen doch das Signum Übel, wenn auch verstellt,
Sind hier Blut, Schweiß und Tränen zu spüren.

Mögen die Lampen der Paläste auch gleißend leuchten,
Auch wenn Geläut von Fröhlichkeit erklingt, –
Betrug bleibt es doch, Betrug! Dahinter ein Keuchen,
Gequältes Ächzen, Leiden, gänzlich ungeschminkt!
Nichts als Leiden ist's, was ich vernehme,
Ob hinter schwerem Stoff vor edlem Glas
Oder im düstersten Winkel – hier wie dort Extreme!
Das Leiden ist's – das Leiden ist der Dinge Maß!

Selbst noch in jenen Stunden, da die Nacht ganz sacht
Auf meine ach so stolze Stadt herniedersinkt,
Wenn alles ganz licht, da flackert auf mir ein Gesicht,
Ich seh abscheulichste Gespenster, ein Schwarm, er winkt…
Selbst wenn die Nacht klar ist wie der Tag, von Lärm keine Spur,
Selbst wenn alles ruhig ist, durchscheinend über Gebühr, –
Ist doch in dieser Stille, auf einen Augenblick nur,
Das Übel stumm geworden – diaphan – ein eiterndes Geschwür.

(1845)

Nikolai Gogol

Petersburger Skizzen aus dem Jahr 1836

I

Seltsam – wohin nur die Residenz Rußlands verschlagen ward –: Bis ans Ende der Welt. Ein merkwürdiges Volk, diese Russen. Einst besaßen sie in Kiew eine Hauptstadt, da war es zu heiß, da war es nicht kalt genug; und so siedelte denn die russische Residenz nach Moskau über – doch nein, auch hier war's noch nicht kalt genug. Herrgott! Also her mit Petersburg! Aber wie wildfremd sind sich dafür auch Mutter und Sohn! Was für eine Landschaft! Was für eine Natur! Die Luft ist mit Nebel erfüllt, die blasse, graugrüne Erde ist mit verkohlten Baumstümpfen, Tannen, Kiefern und kleinen Erdhügeln bedeckt… Noch gut, daß einen die blitzschnell vorüberfliegenden, schnurgeraden Chausseen und die russische Troika mit Sang und Klang wie im Sturmwind an ihnen vorbeitragen. Und welch ein Unterschied – welch ein Unterschied zwischen den beiden. Moskau ist noch bis heute ein langbärtiger russischer Bauer – Petersburg dagegen ist schon ein gewandter Europäer. Wie sich das alte Moskau weit ausgedehnt, wie es in die Breite gewachsen ist! Und wie hat sich dagegen das stutzerhafte Petersburg zusammengezogen und in die Länge gestreckt! Von allen Seiten ist es von Spiegeln umstellt, hier die Newa, dort der Finnische Meerbusen! Wahrhaftig, es fehlt ihm nicht an Gelegenheit, sich selbst anzuschauen, sich zu bespiegeln! Bemerkt es nur das kleinste Stäubchen oder Flöckchen auf seinem Kleide, so wird's sofort entfernt. Moskau ist ein altes Hausmütterchen, es bäckt seine Pfannkuchen, sitzt daheim, sieht sich die Dinge von ferne an und läßt sich, ohne sich vom Sessel zu erheben, erzählen, wie es in der Welt hergeht. Petersburg dagegen ist ein flotter Bursche, der nie zu Hause sitzt, der immter gut angezogen ist, sich für Europa schön macht und den Ausländern zunickt. In Petersburg ist alles in steter Bewegung, vom Keller bis hinauf zur Dachkammer; um Mitternacht fängt man an, französische Brötchen zu backen, die am nächsten Morgen allesamt von der aus den verschiedensten Volksstämmen zusammengesetzten Bevölkerung verzehrt werden; während der Nacht leuchtet bald eins seiner Augen, bald das andre. Während der Nacht liegt ganz Moskau in tiefem Schlaf, am Morgen aber schlägt es ein Kreuz, verneigt sich nach allen vier Himmelsrichtungen und fährt dann mit seinen Kalatschi*) auf den Markt. Moskau ist weiblichen**), Petersburg männlichen Geschlechts. In Moskau gibt es lauter Bräute, in Petersburg lauter Freier. Petersburg gibt mehr acht auf seine Kleidung, hat die grellen Farben nicht gern, ebensowenig wie alle kühnen Abweichungen von der Mode, Moskau dagegen verlangt, daß, wenn's schon eine Mode geben soll, diese auch nach allen Regeln durchgeführt werde; trägt man lange Taillen – dann müssen sie noch viel länger werden; werden große Frackaufschläge getragen, dann sind sie hier so groß wie das Tor einer Scheune. Petersburg – ist ein Mensch von peinlicher Akkuratesse – ein echter Deutscher, es erwägt alles und rechnet alles nach, und ehe es eine Abendgesellschaft gibt, tut es einen Blick in die Tasche; Moskau – ist ein russischer Edelmann, wenn er sich einmal amüsiert, dann amüsiert er sich so, daß er hinfällt und kümmert sich nicht darum, ob er mehr ausgibt, als er in der Tasche hat. Moskau liebt die goldene Mittelstraße nicht. Alle Moskauer Zeitschriften bringen am Schluß jeder Nummer, sie mögen einen noch so gelehrten Inhalt haben, immer ein Modebild;

*) Eine Art Semmel.

**) Moskau = russisch Moskwa ist weiblichen, Petersburg spr. Pitirburg – männlichen Geschlechts.

die Petersburger Zeitschriften bringen nur selten Illustrationen als Beilage, aber wenn sie einmal eine beifügen, dann kriegt ein Leser, der das nicht gewöhnt ist, einen Schreck. Die Moskauer Zeitschriften reden von Kant, Schelling usw. usf., in den Petersburger Journalen wird nur vom Publikum und über die gute Gesinnung geschrieben... In Moskau halten die Zeitschriften Schritt mit dem Jahrhundert, verspäten sich aber bei Zustellung ihrer Nummern; in Petersburg halten die Journale nicht Schritt mit dem Jahrhundert, dafür erscheinen sie mit großer Pünktlichkeit zur festgesetzten Zeit. In Moskau bringen die Literaten ihr Geld durch, in Petersburg verdienen sie welches. In Moskau fährt alle Welt in dichte Bärenpelze eingehüllt – und meist zu einem Diner; in Petersburg läuft alles in Friesröcken herum, die Hände tief in die Taschen vergraben, und fliegt in höchster Eile zur Börse oder ins Bureau. Moskau amüsiert sich bis 4 Uhr morgens und verläßt am nächsten Tage das Bett nicht vor 2 Uhr. Petersburg amüsiert sich auch bis 4 Uhr morgens, und doch eilt es am andern Tage, als ob nichts passiert wäre, schon um 9 Uhr in seinem Friesrock in die Kanzlei. Nach Moskau kommt Rußland mit vollen Taschen und kehrt erleichtert wieder zurück. Nach Petersburg kommen die Leute mit leerem Beutel und fahren mit einem hübschen Kapital nach allen Himmelsgegenden auseinander. Nach Moskau kommt Rußland in Winterschlitten auf holperigen Winterwegen gefahren, um zu kaufen und zu verkaufen; in Petersburg läuft das russische Volk im Sommer zu Fuß, um bei einem Bau Beschäftigung zu finden und um zu arbeiten. Moskau – ist die große Vorratskammer, hier türmt sich Ballen über Ballen, und den kleinen Händler beachtet es kaum. Petersburg ist ganz in kleine Stücke zersplittert, hat sich in lauter Läden und Kaufhäuser aufgelöst und macht Jagd auf die ärmeren Käufer. Moskau sagt: »Wenn der Käufer mich braucht – wird er mich schon finden!« Petersburg fährt Ihnen mit seinen Aushängeschildern direkt unter die Nase, verkriecht sich mit seinem »Weinausschank« bis unter den Fußboden Ihrer Wohnung und bringt seine Droschkenhaltestellen geradewegs in Ihrem Haustor unter. Moskau sieht über seine eigenen Einwohner hinweg und sendet seine Waren nach ganz Rußland; Petersburg verkauft seine Krawatten und seine Handschuhe an seine eigenen Beamten. Moskau ist eine große Markthalle; Petersburg – ein heller Kaufladen. Moskau ist für Rußland eine Notwendigkeit.

Rußland ist eine Notwendigkeit für Petersburg. In Moskau begegnet man nur selten einem Frack mit Uniformknöpfen, in Petersburg hat jeder Frack solche Knöpfe. Petersburg macht sich gern über die Unbeholfenheit und Geschmacklosigkeit Moskaus lustig. Moskau spottet über Petersburg, weil hier nicht gut russisch gesprochen wird. In Petersburg spazieren um 2 Uhr auf dem Newsky-Prospekt Leute, von denen man meinen könnte, sie seien aus den Modebeilagen der Journale, die in den Schaufenstern ausliegen, entsprungen; sogar ganz alte Damen haben hier so dünne Taillen, daß man lachen muß; in Moskau trifft man stets inmitten der Masse modern gekleideter Spaziergänger eine alte Frau mit einem Kopftuch, die keine Spur von Taille hat. Ich könnte noch mancherlei sagen, allein es ist –

»Ein Abstand von ganz ungeheurer Größe!...«

II

Es ist schwer, die allgemeine Physiognomie von Petersburg zu schildern. Es hat etwas, das an eine amerikanische Kolonie in Europa erinnert: ebensowenig ursprüngliche Nationalität und ebensoviel fremdländische Mischlinge, die sich noch nicht zu einer festen Masse zusammengefügt haben. Soviel verschiedene Nationen sich hier zusammen finden, ebensoviel Gesellschaftsschichten gibt es hier. Diese Kreise sind streng voneinander geschieden: Aristokraten, Beamte im Dienste, Handwerker, Engländer, Deutsche, Kaufleute – sie alle bilden Kreise, die sich nur ganz selten miteinander vereinigen, gewöhnlich aber für sich leben und sich unterhalten, ohne daß einer von dem andern etwas weiß.

Jeder von diesen Kreisen besteht, wenn man genauer zusieht, wieder aus einer Menge kleiner Kreise, die gleichfalls nicht miteinander zusammenhängen. Nehmen wir z. B. die Beamten. Die jungen Gehilfen der Tischvorsteher bilden ihren eigenen Kreis, und nie wird der Abteilungschef zu ihnen herabsteigen. In Gegenwart eines Kanzleibeamten hebt wiederum der Tischvorsteher seinen Kopf um ein paar Zoll höher. Die deutschen Handwerker und die deutschen Beamten bilden auch ihren besonderen Kreis. Die Lehrer bilden einen Kreis, die Schauspieler einen, ja sogar die Literaten, die noch immer recht zweideutige und zweifelhafte Persönlichkeiten darstellen, stehen abseits für sich da. Mit einem Wort, es ist fast so, wie wenn eine riesengroße Postkutsche bei einem Gasthause vorgefahren wäre, in der alle Gäste während der Fahrt in ihre Mäntel gehüllt dagesessen hätten, und nur darum zusammen in den allgemeinen Saal träten, weil eben kein anderer Raum vorhanden ist. Der Versuch, öffentliche Vereine zu gründen, hat bis jetzt keinen Erfolg gehabt. Der Petersburger besucht auch den Klub nur, um dort Mittag zu essen, und nicht, um seine Zeit dort zu verbringen. Daß Petersburg noch nicht zu einem Gasthaus geworden ist, das liegt allein an einer inneren Naturanlage des Russen, der, trotzdem er sich beständig an den Fremden abschleift, sich immer noch eine gewisse Originalität bewahrt hat. Um von jedem dieser einzelnen Kreise erzählen zu können, um ihr Leben, das in Genüssen und Vergnügen, Hoffnungen und Schmerzen dahinfließt, zu studieren, müßte man zu den Leuten gehören, die gar nicht schreiben, weil diese Leute – dies ist der Lohn für ihre Tätigkeit – absolut keine Zeit haben. Also lassen wir die Bälle und Soireen beiseite. Ich will mich den Vergnügungen zuwenden, die eine längere Erinnerung an sich zurücklassen und die von allen Gesellschaftsklassen mitgemacht werden. Die Theater und Konzerte – das sind die Punkte, wo alle Klassen der Petersburger Gesellschaft zusammenstoßen, wo sie genug Muße haben, sich aneinander sattzusehen. Das Ballett und die Oper – sind der König und die Königin der Petersburger Theater. Sie waren noch prächtiger, rauschender, hinreißender als in den früheren Jahren, und die entzückten Zuschauer hatten völlig vergessen, daß es auch noch eine gewaltige Tragödie gibt, die den gleichgestimmten Herzen der stumm lauschenden Menge unwillkürlich die erhabensten Gefühle einhaucht, daß es eine Komödie gibt, die das getreue Abbild der sich vor uns hin und her bewegenden Gesellschaft ist: eine tief durchdachte Komödie, die durch die Tiefe ihrer Ironie uns zum Lachen reizt; nicht zu jenem Lachen, das durch einen oberflächlichen Eindruck, durch einen flüchtigen Witz oder durch einen Kalauer hervorgerufen wird, auch nicht zu jenem Lachen, das die rohe Menge in unserer Gesellschaft bewegt, die nach Verrenkungen und fratzenhaften Verzerrungen der Natur verlangt, sondern zu jenem elektrisierenden, belebenden Lachen, das, durch den blendenden Gedankenblitz erschüttert, unwillkürlich, frei, ungewollt, unmittelbar aus der Seele hervorströmt, das aus dem ruhigen Genuß geboren wird und nur durch einen hohen Verstand hervorgerufen werden kann.

Die Zuschauer hatten recht, wenn sie von dem Ballett und der Oper entzückt waren... Auf der dramatischen Bühne gab es Melodramen und Possen und zugereiste Gäste, die sich auf der französischen Bühne zu Hause fühlten, aber auf der russischen eine recht merkwürdige Rolle spielten. Es ist ja eine längst anerkannte Tatsache, daß die russischen Schauspieler sich recht seltsam ausnehmen, wenn sie Marquis, Vicomtes und Barone spielen, ebenso wie die französischen Schauspieler wahrscheinlich recht komisch wären, wenn sie versuchen wollten, russische Bauern darzustellen. Und wie machen sich Bälle, Abendgesellschaften und moderne Routs, die in den russischen Stücken vorkommen, auf der Bühne? Und die Possen? Die Posse hat sich schon längst die russische Bühne erobert und bildet die Unterhaltung der Mittelklassen, denn diese Leute wollen eben lachen. Wer hätte gedacht, daß wir nicht nur Übersetzungen, sondern auch Originalpossen auf der russischen Bühne zu sehen bekommen würden? Eine russische Posse! Es ist wirklich sehr merkwürdig, und zwar deshalb, weil dieses leichte, farblose Spiel nur bei den Franzosen entstehen konnte, bei einer Nation, deren Charakter keine tiefen, unwandelbaren Züge besitzt; aber wenn man den immer noch etwas schwerfälligen und rauhen russischen Charakter zwingt, sich als »petit maître« zu bewegen, dann kommt es mir immer so vor, wie wenn einer von unseren wohlbeleibten, pfiffigen und langbärtigen Kaufleuten, der bis dahin nichts anderes als schwere Stulpenstiefel getragen hat, statt dieser den einen Fuß mit einem schmalen Schuh und Strümpfen à jour bekleiden wollte, während der andere noch im Stiefel steckt, und dann in diesem Aufzuge im ersten Paar der Française erscheinen wollte.

Es sind schon fünf Jahre, seit sich das Melodrama und die Posse alle Theater der Welt erobert haben. Welch eine Nachäfferei! Sogar die Deutschen.... wer hätte das gedacht, daß selbst die Deutschen, dieses gediegene, zu tiefen, ästhetischen Genüssen geneigte Volk, daß die Deutschen jetzt Possen schreiben und spielen und geschwollene, kalte Melodramen zusammenkleistern und für die Bühne bearbeiten. Ja, wenn dieses Miasma noch auf den Wink eines mächtigen Genies hergetragen worden wäre! Als alle Welt der Leier Byrons nachahmte, war dies keineswegs lächerlich; im Gegenteil, in diesem Streben lag etwas Tröstliches. Aber daß Dumas, Dulange und andere – universale Gesetzgeber werden konnten!... Ich möchte schwören, das XIX. Jahrhundert wird sich dieser fünf Jahre schämen! O Molière! großer Molière! du, der du deine Charaktere so großzügig ausstattetest, mit einer solchen Vollkommenheit entwickeltest, der du ihre Schatten so eingehend studiert hast, und du strenger, umsichtiger Lessing, und du edel glühender Schiller, der du die Menschenwürde in so poetisch verklärtem Lichte dargestellt hast! schaut hin, was jetzt nach euch auf eurer Bühne geschieht, seht, was für ein seltsames Ungeheuer sich unter dem Namen des Melodramas unter uns eingeschlichen hat! Wo ist denn unser Leben? wo bleiben wir mit all unseren heutigen Leidenschaften und Seltsamkeiten? Wenn wir doch nur einen schwachen Widerschein davon in unseren Melodramen erblicken könnten! Aber unser Melodrama lügt in der schamlosesten Weise....

Welch unbegreifliche Erscheinung: nur das große, tiefe, ungewöhnliche Talent bemerkt und entdeckt das, was uns alltäglich umgibt, was unzertrennlich mit uns verwachsen ist, das Gewöhnliche; das dagegen, was nur selten geschieht, was eine Ausnahme bildet, was uns durch seine Häßlichkeit, durch seine Unförmlichkeit inmitten der Ordnung in Erstaunen setzt, ist gerade das, wonach die Mittelmäßigkeit mit beiden Händen greift. Und so fließt das Leben eines großen Talents wie ein großer breiter Strom in voller Regelmäßigkeit, rein wie ein Spiegel, dahin und reflektiert mit derselben Klarheit die dunklen und die hellen Wolken: bei der Mittelmäßigkeit dagegen fließt es hin wie eine trübe und schmutzige Welle und spiegelt weder die Helligkeit noch die Finsternis.

Das Seltsame ist der Gegenstand des heutigen Dramas geworden. Es kommt vor allem darauf an, eine Begebenheit darzustellen, die unbedingt neu, unbedingt merkwürdig, noch nie dagewesen und ganz unerhört sein muß: ein Mord, eine Feuersbrunst, die allerwildesten Leidenschaften, an die man in der modernen Gesellschaft gar nicht einmal denkt! Wie wenn die Söhne des glühenden Afrika europäische Fräcke angezogen hätten; Henker und Gift – nichts als Effekt, dieser ewige unvermeidliche Effekt, und doch weckt keine Gestalt unsere Teilnahme. Noch nie hat ein Zuschauer das Theater gerührt und tränenden Auges verlassen, im Gegenteil, er setzt sich eilig und in einer seltsamen Erregung in den Wagen, und es dauert lange, bis er seine Gedanken sammeln und sich klar über sie werden kann. Solch ein Schauspiel bietet man unserer verfeinerten, gebildeten Gesellschaft! Unwillkürlich steigen die blutigen Wettkämpfe, zu denen ganz Rom während der Epoche höchster Macht und stumpfer Übersättigung zusammenströmte, vor einem auf. Aber, Gott sei Dank, wir sind noch keine Römer und stehen nicht vor dem Untergang unseres Daseins, sondern im Morgenrot des Lebens! Wenn man alle Melodramen, die in unserer Zeit gegeben worden sind, zusammennimmt, so könnte man glauben, in ein Museum geraten zu sein, in dem absichtlich alle Mißgeburten und Auswüchse der Natur vereinigt sind, oder besser gesagt – man glaubt einen Kalender vor sich zu haben, in dem mit kalendermäßiger Kaltblütigkeit alle merkwürdigen Ereignisse eingetragen sind, und wo unter jedem Datum zu lesen steht: heute geschah an dem und dem Orte folgender Spitzbubenstreich; heute wurde der Räuber und Brandstifter Soundso geköpft; dann und dann hat der Handwerker X. seine Frau umgebracht.... und dergleichen mehr. Ich kann mir das Staunen eines unserer Nachkommen vorstellen, der das Leben unserer Gesellschaft aus unseren Melodramen studieren wollte.

Da ist es denn nicht zu verwundern, daß das Ballett und die Oper noch eine erfreuliche Erscheinung sind und einem eine gewisse Erholung bieten: hier findet man doch noch einen ruhigen Genuß. Die Oper wird bei uns mit einem gierigen Enthusiasmus aufgenommen. Bis heute noch ist die Begeisterung nicht vorüber, mit der sich ganz Petersburg auf die lebendige, feurige Musik der »Fenella« und die wilde, von höllischen Genüssen erfüllte Musik »Robert des Teufels« stürzte. – »Semiramis«, die noch vor fünf Jahren vom Publikum sehr kühl aufgenommen wurde, versetzt heute, wo die Musik Rossinis fast einen Anachronismus bildet, dasselbe Publikum in Verzükkung. Über den Enthusiasmus, den die Oper »Das Leben für den Zaren« hervorgerufen hat, will ich gar nicht erst reden: er ist begreiflich und ganz Rußland bekannt. Über diese Oper müßte man entweder sehr viel oder gar nichts sagen.

Ich rede jedoch nicht gern über die Musik oder über den Gesang. Mir scheint, alle musikalischen Traktate und Rezensionen müssen die Musiker von Fach langweilen; in der Musik ist das allermeiste unaussprechlich und beruht auf einer unbewußten Wirkung. Die Leidenschaften der Musiker – sind keine irdischen Leidenschaften; die Musik ist nur hin und wieder der Ausdruck unserer Leidenschaften oder besser gesagt: sie ahmt ihre Stimme nach, um auf sie gestützt, sich wie ein perlender, singender Springquell gänzlich anderer Leidenschaften in eine andere Sphäre emporzuschwingen. Ich will nur noch bemerken, daß sich die Melomanie immer mehr verbreitet. Leute, denen man gar keine musikalische Denkart zutrauen würde, sitzen beständig in dem »Leben für den Zaren«, im »Robert«, in der »Norma«, in »Fenella« und in »Semiramis«. Beinahe zweimal in jeder Woche wird eine Oper aufgeführt; jede von ihnen erlebt unzählige Aufführungen, und trotzdem ist es häufig schwer, ein Billett zu bekommen. Ist das nicht eine Folge unserer slawischen zum Gesang neigenden Natur? Und ist es nicht eine Rückkehr zu unserer alten Zeit, nach einer Reise durch das fremde Land der europäischen Kultur, wo alles um uns herum eine fremde Sprache sprach und wo sich lauter fremde Menschen um uns drängten – eine Rückfahrt in einem russischen Dreigespann mit seinen klingenden Glokken – ist es nicht so, als erhöben wir uns von unserem Sitz, und als riefen wir, unsere Mützen schwenkend, aus: »In der Fremde ist es schön – aber zu Hause ist's doch noch besser.«

Was für eine herrliche Oper könnte man nach unseren nationalen Motiven komponieren! Zeigt mir ein Volk, das mehr Lieder hätte! Unsere Ukraine hallt wider von Liedern. Auf der Wolga, von ihrer Quelle bis zum Meere, ertönen – die ganze Reihe der dahintreibenden Barken entlang – die Lieder der Schiffsknechte. Unter Gesang werden in ganz Rußland aus Balken von Fichtenholz die Hütten gezimmert. Mit Gesang fliegen die Ziegel von Hand zu Hand und wachsen Städte wie Pilze empor. Alte Frauen singen, wenn der kleine Russe in Windeln gewickelt wird, wenn er sich verheiratet und wenn er begraben wird. Alles, was reist, Adlige und Bürgerliche, fliegen beim Gesang des Kutschers dahin. Am Schwarzen Meer singt der bartlose braune Kosak mit dem pechschwarzen Schnurrbart, während er seine Flinte ladet, ein altes Lied; und dort am anderen Ende Rußlands erlegt der russische Händler rittlings auf einer Eisscholle sitzend, den Walfisch mit seiner Harpune und singt ein Lied dazu. Und da sollte es uns an Stoff zu einer nationalen Oper fehlen! Die Oper Glinkas ist nur ein schöner Anfang. Er hat es mit viel Glück verstanden, in seinem Werk zwei slawische Tonsprachen zu vereinigen; man hört es deutlich, wo der Russe und wo der Pole spricht; aus dem Gesang des einen hört man die freie, weite Melodie des russischen Liedes heraus, aus den des anderen den kecken, schnellen Rhythmus der polnischen Mazurka.

Das Petersburger Ballett ist hervorragend. Bei dieser Gelgenheit muß ich ein paar Worte über das Ballett überhaupt sagen. Die Ballettaufführungen in Paris, Petersburg und Berlin haben eine hohe Vollendung erreicht; aber man muß gestehen, daß der Fortschritt nur in der wachsenden Pracht der Kostüme und der Dekorationen besteht, das eigentliche Wesen des Balletts, jedoch, die Erfindung hält nicht Schritt mit der Ausstattung, die Ballettschreiber bringen nur wenig Neues in den Tänzen. Bisher fehlt es noch an dem eigentlich Charakteristischen. Sehen wir einmal zu: an allen Enden der Welt gibt es überall Nationaltänze; der Spanier tanzt ganz anders als der Schweizer, der Schotte wiederum anders als der Deutsche (bei Teniers), der Russe anders als der Franzose und der Asiate. Selbst in den verschiedenen Provinzen desselben Staates wechseln die Tänze. Der Russe des Nordens tanzt nicht so wie der Kleinrusse, wie der Südslawe, der Pole oder Finne; der Tanz des einen ist ausdrucksvoll, der des andern gefühllos, der eine ist wild und rasend, der andere ruhig, der eine gewaltsam und schwerfällig, der andere leicht und ätherisch. Woher stammt diese Mannigfaltigkeit der Tänze? Sie stammt aus dem Charakter der Völker, aus ihrer Lebensweise und der Art ihrer Beschäftigung. Ein Volk, das ein stolzes, kriegerisches Leben führt, bringt diesen Stolz auch in seinem Tanz zum Ausdruck; bei einem sorglosen, freien Volk spiegelt sich auch in den Tänzen eine grenzenlose Freiheit und eine poetische Selbstvergessenheit; ein Volk, das in einem heißen Klima lebt, läßt auch in seinen Nationaltänzen Glut, Leidenschaft und Eifersucht spüren. Der Schöpfer eines Balletts kann zur Charakterisierung seiner tanzenden Helden, wenn er sich nur von einem feinen Geschmack leiten läßt, aus diesem reichen Stoffe wählen, soviel er will. Es versteht sich von selbst, daß er, wenn er erst einmal den Grundcharakter erfaßt hat, ihn noch weiter entwickeln und sich weit über sein Original emporschwingen kann, so wie ein musikalisches Genie aus einem einfachen Liede, das es auf der Straße hört, ein ganzes Gedicht macht. Wenigstens wird der Tanz erst dann einen tieferen Sinn erhalten, und so kann diese leichte, luftige und feurige Sprache, die bis jetzt immer noch etwas beengt und beschränkt erscheint, sich zu höherer Form und Plastik entwickeln.

Die Petersburger sind große Freunde des Theaters. Wenn Sie einmal an einem frischen, kalten Morgen, während der rosig goldene Himmel von durchsichtigen Rauchwolken, die aus den Schornsteinen aufsteigen, durchzogen wird, auf dem Newsky-Prospekt spazieren sollten, dann treten Sie um diese Zeit ins Foyer des Alexandra-Theaters: Sie werden erstaunt sein über die hartnäckige Geduld, mit der die hier versammelte Volksmenge in dichten Haufen den Billettverkäufer belagert, der seine Hand aus dem Kassenfenster herausstreckt. Wieviel Lakaien aller Art drängen sich hier, der eine im grauen Mantel mit einer bunten seidenen Krawatte, aber ohne Mütze, und ein anderer, bei dem der dreistöckige Kragen der Livree einem bunten Tintenwisch aus Tuch in Gestalt eines Schmetterlings gleicht. Hier drängen sich auch jene Beamten, die sich die Stiefel von ihren Köchinnen putzen lassen, und die niemand haben, den sie nach einem Theaterbillett schicken können. Hier können Sie auch sehen, wie ein echtrussischer Held plötzlich die Geduld verliert, auf den Schultern der ganzen Menge bis zur Kasse vordringt und sein Billett empfängt. Dann erst wird Ihnen klar werden, wie sich bei uns die Liebe zum Theater bemerkbar macht. Und was wird auf unseren Bühnen gegeben? – Melodramen und Vaudevilles!... Ich hasse diese Melodramen und Vaudevilles.

Die Lage der russischen Schauspieler ist sehr traurig. Vor ihnen zittert und brodelt ein aufnahmefähiges Publikum, und sie müssen Leute darstellen, die sie noch nie gesehen haben. Was sollen sie mit diesen seltsamen Helden anfangen, die weder Franzosen noch Deutsche sind, sondern halbverrückte Leute, die weder eine bestimmte Leidenschaft noch eine charakteristische Physiognomie haben? Wie soll man da zeigen, was man kann, wie sollen sich unter solchen Verhältnissen Talente entwickeln. Gebt uns um Gottes willen wahrhaft russische Charaktere, gebt uns uns selber, unsere Gauner und unsere Querköpfe! herauf mit ihnen auf die Bühne und gebt sie dem Gelächter aller preis! Das Lachen – ist etwas wahrhaft Großes, es raubt uns weder das Leben, noch unser Eigentum, und doch steht der Schuldige da wie ein Hase, dem man die Beine zusammengebunden hat. Wir haben uns so sehr an die farblosen französischen Stücke gewöhnt, daß wir uns beinahe fürchten, unsere eigenen zu sehen. Wenn man uns einen lebendigen Charakter vorführt, so glauben wir gleich, das sei eine persönliche Anspielung, weil die dargestellte Person weder einem *Paysan*, einem Theater-Tyrannen, einem Reimschmied, einem Richter oder dergleichen verbrauchten Typen gleicht, die von zahnlosen Autoren förmlich in ihre Stücke geschleppt werden, so wie man etwa einen jener unvermeidlichen Figuranten auf die Bühne schleppt, die vor dem Publikum mit dem gleichen stereotypen Lächeln ihre im Laufe von vierzig Jahren bis zur Virtuosität einstudierten »Pas« herunterholzen. Wenn man z. B. sagt, daß es in einer Stadt einen nicht ganz nüchternen Hofrat gibt, so fühlen sich gleich alle Hofräte beleidigt, und manch ein anderer »Rat« sagt wohl gar: »Wie ist das nur möglich, ich habe einen Verwandten, der ist Hofrat: ein vortrefflicher Mensch! wie kann man denn sagen, daß es einen betrunkenen Hofrat gibt!« Als ob ein einziger einen ganzen Stand um seine Ehre bringen könnte! Und solch eine Empfindlichkeit ist bei uns tatsächlich in allen Gesellschaftsklassen verbreitet. Braucht es etwa noch der Beispiele? Man denke nur an den »Revisor«.

Es ist wirklich peinlich. Es wäre doch wirklich höchste Zeit, einzusehen, daß nur eine getreue Darstellung von Charakteren – nicht in ihren längst bekannten immer aufs neue wiederholten allgemeinen Zügen – sondern in einer Form von wahrhaft nationalem Gepräge, die uns durch ihre Lebendigkeit überrascht, so daß wir ausrufen: »Ja aber, mir scheint, das ist doch ein Bekannter von mir!« – daß nur solch eine Darstellung einen wesentlichen Nutzen bringt. Wir haben aus dem Theater ein Spielzeug in der Art jener Rasselchen gemacht, womit man Kinder herbeilockt, wir haben vergessen, daß das Theater ein Katheder ist, von dem aus man einer ganzen großen Menge eine lebendige Lehre vorträgt, auf ein Beispiel hinweist, wo uns beim festlichen Lichterglanz, beim Lärm der Musik, unter einstimmigem Gelächter, ein weitbekanntes, verstecktes Laster gezeigt wird, und wo, begleitet von der geheimen Stimme der allgemeinen Teilnahme, ein allbekanntes, sich ängstlich verbergendes, edles Gefühl ans Licht gezogen wird.

Aber genug vom Theater. Ich habe zuviel davon geredet. Der Winterkarneval schließt mit einer lauten und lärmenden Woche ab; dann fliegt die eine Hälfte der Petersburger auf Schaukeln durch die Luft oder saust wie der Wirbelwind die Rodelbahn hinunter, während sich die andere Hälfte in eine lange Kette von Wagen verwandelt, die sich kaum vorwärtsbewegt, immer wieder aufgehalten von dem für Ordnung sorgenden Gendarmen; da gibt's den ganzen Tag über und am Abend alle möglichen Vorstellungen, und der ganze Admiralitätsplatz ist mit Nußschalen bedeckt...

Still und finster ist die Zeit der großen Fasten. Es ist einem, als vernehme man eine Stimme, die einem zuruft: »Halt ein, Christenmensch: sieh zu, wie du lebst.« Die Straßen sind leer. Man sieht keine Wagen. Ein sinnender Zug liegt auf den Gesichtern der Vorübergehenden. Ich liebe dich, du Zeit der Nachdenklichkeit und des Gebets! Freier und mit mehr Überlegung werden meine Gedanken dahinfließen, und diese ganze seichte, eitle Gesellschaft wird sicherlich müde und verschlafen daliegen und vergessen, zu mir zu kommen und mich mit ihrem trivialen Gerede über Whist, Literatur, Auszeichnungen und Theater zu plagen.

Die Fastenzeit in Petersburg ist das Fest der Musik. Um diese Zeit kommen hier Musiker aus allen Teilen Europas zusammen. Das Monstre-Konzert zum Besten der Invaliden hat immer etwas Gewaltiges; vierhundert Musiker! das macht einen mächtigen Eindruck! Wenn der harmonische Zusammenklang von vierhundert Tönen unter dem dröhnenden Gewölbe emporhallt, dann muß, wie mir scheint, auch die Seele jedes Zuhörers, und wäre sie noch so armselig, von einer ganz ungewöhnlichen Erschütterung durchzittert werden.

Während der Fastenzeit fällt dann und wann ein Sonnenstrahl in die Petersburger Atmosphäre. Der westliche Teil, der dem Meere zugewandt ist, wird heller. Der Norden blickt von der Wiborger Seite weniger finster herüber. Immer häufiger halten die Wagen auf der Straße, und die Insassen steigen aus, um auf dem Trottoir spazierenzugehen. Seit dem Jahre 1836 ist der Newsky-Prospekt, dieser laute, ewig bewegte, emsige, vorwärtsdrängende Newsky-Prospekt ganz heruntergekommen: der Treffpunkt der vornehmen Welt ist an den Englischen Kai verlegt worden. Der verstorbene Kaiser liebte den Englischen Kai. Er ist auch wirklich wundervoll. Aber jetzt, wo der Korso dahin verlegt worden ist, habe ich erst bemerkt, daß der Kai etwas zu kurz ist. Die Spaziergänger sind trotzdem noch im Vorteil, denn die Hälfte des Newsky-Prospekts war immer von Handwerkern und Beamten besetzt, und man hatte hier die Aussicht, dreimal soviel Püffe zu bekommen, wie an irgendeinem anderen Ort.

Warum eilt nur unsere Zeit, die durch nichts zu ersetzen ist, so schnell dahin? Wer ruft sie zu sich? Was bilden doch die großen Fasten für einen ruhigen, stillen Zeitabschnitt! Was kann man in diesen sieben Wochen nicht alles vollbringen? Jetzt will ich mich endlich ernstlich an meine Arbeit machen. Jetzt werde ich endlich vollenden, was mich der Lärm und die allgemeine Unruhe nicht vollenden ließen. Aber ach, die erste Woche geht schon zu Ende! Ich habe noch nicht angefangen und schon kommt die zweite hinter ihr hergejagt, schon ist die erste Hälfte der dritten vorüber, schon kommt die vierte heran, schon beginnt der große Jahrmarkt im Gostinij Dwor*), und eine ganze Galerie von jungen Weidenruten mit wächsernen Früchten und Blumen blüht unter den dunklen Hallen auf. Als ich an dieser bunten Allee, in deren Dunkel eine Menge von roh geschnitztem Kinderspielzeug aufgetürmt war, vorüberging, wurde mir recht peinlich zumute. Ich ärgerte mich über die rotwangigen Kinderfrauen, die sich hier in ganzen Trupps herumtrieben, über die Kinder, die ganz glücklich vor diesem Haufen eines ihnen so viel Vergnügen bereitenden Plunders stehenblieben, und über den schwarzen untersetzten Griechen mit dem großen Schnurrbart, der sich moldauischer Konditor titulierte und allerhand zweifelhafte und undefinierbare Leckereien feilbot. Die auf den Tisch ausgebreiteten Stiefelbürsten, bleiernen Äffchen, Gabeln und Messer, Honigkuchen und kleinen Spiegel widerten mich an. Die bunte Menge aber drängt sich und schiebt sich immerfort weiter, überall begegnet man demselben Ausdruck in den Zügen; mit derselben Neugierde wie im vorigen Jahr, wie vor zwei und drei und mehr Jahren, blickt man auf all die Dinge; ich aber und jeder einzelne Mensch von diesem Volk sind schon nicht mehr dieselben, es sind andere Gefühle, die es heute bewegen, nicht die, die es im vergangenen Jahr bewegten, die Gedanken sind finsterer geworden, von den Lippen strahlt uns kein so heiteres Seelenlächeln entgegen wie ehedem, und jeden Tag verliert es etwas von seiner früheren Lebhaftigkeit!

Auf der Newa gab es früh Eisgang. Ohne von den Winden beunruhigt zu werden, taute das Eis noch beinahe vor dem eigentlichen Eisgang auf und war so locker, daß es sich, während es von der

*) Eine große Markthalle in Petersburg

Strömung fortgetragen wurde, von selbst auflöste. Bei nahezu gleicher Zeit sandte auch der Ladoga-See seine Eismassen hinunter. Die Hauptstadt war plötzlich wie verwandelt. Die Spitze des Glockenturms der Peter-Pauls-Kirche, die Festung, die Wilhelmsinsel, die Wiborger Seite und der Englische Kai – alles nahm ein malerisches Aussehen an. Rauchwolken ausstoßend, kam der erste Dampfer herangeflogen! Von Wassilij Ostrow und nach ihm hin fuhren die ersten, mit Beamten, Soldaten, alten Kinderfrauen und englischen Kanzleibeamten besetzten Kähne über die Newa. Ich kann mich nicht erinnern, daß wir in jüngster Zeit so ein stilles, heiteres Wetter gehabt haben. Es war am Abend vor Ostersonntag, als ich den Boulevard der Admiralität betrat und auf ihm bis zum Landungsplatz der Dampfer schritt, von dem einem zwei Jaspis-Vasen entgegenleuchten; da lag mit einem Male die Newa offen vor mir, auf der Wiborger Seite schimmerte das helle Rot des Himmels durch einen blauen Nebel hindurch, die Häuser der Petersburger Seite waren in ein beinahe violettes Licht getaucht, das ihr unschönes Äußere verhüllte, die Kirchen, über deren gewölbte Flächen der Nebel seine monotone Decke breitete, schienen wie auf einen Hintergrund von hellrosa Stoff gemalt oder aufgeklebt, und in dieser violetten und hellblauen Finsternis blitzte allein die Turmspitze der Peter-Pauls-Kirche auf und spiegelte sich im unendlichen Wasserspiegel der Newa – da schien mir's, als sei ich gar nicht in Petersburg, sondern als wäre ich in eine andere Stadt versetzt, in der ich schon einmal gewesen war, wo ich alles kenne und wo es das gibt, was Petersburg nicht hat... Da war auch der bekannte Ruderknecht, den ich schon mehr als ein halbes Jahr nicht gesehen hatte, er machte sich am Ufer mit seinem Kahn zu schaffen, vertraute Reden klangen an mein Ohr; und dann das Wasser und der Sommer, die es in Petersburg nicht gab.

Ich liebe den Frühling außerordentlich. Sogar hier in diesem rauhen Norden ist er meine liebste Jahreszeit. Mir scheint, kein Mensch in der ganzen Welt liebt ihn so wie ich. Mit ihm kehrt meine Jugend zu mir zurück; im Frühling ist meine Vergangenheit mehr als eine bloße Erinnerung – sie liegt vor meinem Blick und treibt mir Tränen in die Augen. Ich war durch die hellen, klaren Tage des Ostersonntags so berauscht, daß ich den großen Jahrmarkt auf dem Admiralitätsplatz gar nicht bemerkte. Nur ganz von ferne sah ich, wie eine

Schaukel einen jungen Burschen, Arm in Arm mit einer Dame in elegantem Hut, hoch in die Luft trug, und an einer Ecke streifte mein Auge das große Schild einer Schaubude, auf dem ein ungeheurer roter Teufel mit einer Axt in der Hand abgebildet war. Sonst habe ich nichts mehr gesehen.

Es ist fast, als ob das Leben der Residenz mit dem Ostersonntag seinen Abschluß findet, und es scheint, als mache sich hierauf alles, was wir auf der Straße sehen, auf die Reise. Die Vorstellungen und die Bälle nach Ostern sind nichts als die Reste von denen, die vor der Fastenzeit stattfanden, oder besser gesagt – sie sind die letzten Gäste, die später aufbrechen als die anderen, am Kamin noch einige Worte wechseln, und die Hand vor den Mund legen, um ihr Gähnen zu verbergen. Die Stadt trocknet ganz aus, auch die Trottoirs sind trocken. Die Petersburger Gentlemen spazieren im bloßen Rock, jeder mit einem andern Spazierstock herum; statt der schweren Kutschen sieht man halbgedeckte Droschken und Kabrioletts über das glatte Straßenpflaster rollen. Jetzt werden auch viel weniger Bücher gelesen. Schon sieht man in den Schaufenstern statt der wollenen Strümpfe Sommermützen und Reitpeitschen ausliegen. Mit einem Wort, während des ganzen Monats April scheint ganz Petersburg im Aufbruch begriffen. Es ist so angenehm, die sitzende, seßhafte Lebensweise aufzugeben und von einem weiten Weg unter einen andern Himmel nach den grünen Hainen des Südens, nach Ländern, in denen eine neue Luft weht, zu träumen. Der hat es gut, dem am Ende einer Petersburger Straße die in die Wolken ragenden Berge des Kaukasus, die Seen der Schweiz, das mit Lorbeeren und Anemonen geschmückte Italien oder das trotz seiner Öde noch herrliche Griechenland winkt. … Aber halt ein, mein Gedanke: noch türmen sich zu meinen beiden Seiten die Häuser Petersburgs empor…

PETERSBURGER PHYSIOLOGIE

BESORGT VON NIKOLAI NEKRASSOW

INHALT

ERSTER TEIL

E. Bernardskij: Gravüre zu Nekrassows Sammelband ›Petersburger Physiologie‹

INHALT
ZWEITER TEIL

Fjodor Dostojewski

Petersburger Träume

»Verdammt sei für alle Ewigkeit mein Amt, das Amt eines Feuilletonisten!...«

Machen Sie sich keine Sorge, meine Herren, dieser Ausruf ist nicht von mir! So ein Anfang wäre für mein Feuilleton, offen gestanden, allzu exzentrisch. Nein, ich werde so etwas nicht ausrufen, aber ich war bis zu meiner Ankunft in Petersburg fest davon überzeugt, daß jeder Petersburger Feuilletonist, wenn er die Feder ergreift, um sein allwöchentliches oder allmonatliches Feuilleton niederzuschreiben, vor dem Schreibtische unbedingt das ausrufen muß. Urteilen Sie doch selbst: worüber soll man schreiben? Da ist z. B. die Ristori angekommen, und nun schreiben sämtliche Feuilletonisten in sämtlichen Feuilletons, in sämtlichen Zeitungen und Zeitschriften, mit und ohne Tendenz, eines und dasselbe: die Ristori, die Ristori, die Ristori ist angekommen, die Ristori spielt; sie spielt die »Camma«, und sofort liest man in jeder Zeitung nichts als »Camma«; sie spielt die »Maria Stuart« – und gleich ist alles voll von Maria Stuart usw. So reißen sie einander die Neuigkeiten aus den Händen! Das Ärgerlichste aber ist, daß sie sich einbilden, es seien wirklich Neuigkeiten. Man nimmt die Zeitung in die Hand und hat gar keine Lust, sie zu lesen: überall das gleiche. Man wird trübsinnig und gibt nur zu, daß man viel Geschick, Schlauheit und Routine haben muß, um über das gleiche Thema das gleiche, aber mit anderen Worten zu sagen. So strengen diese Unglücklichen ihre Gehirne an und verfluchen ihr Los. Wieviel Dramen, vielleicht sogar Tragödien spielen sich in irgendeinem feuchten Winkel in einem fünften Stock ab, wo in einem einzigen Zimmer eine ganze hungrige und frierende Familie sitzt, während im anderen Zimmer der Feuilletonist in seinem zerrissenen Schlafrock hockt und ein Feuilleton à la »Neuer Dichter«* über Kameliendamen, Austern und Freunde schreibt, wobei er sich das Haar zerzaust und an seiner Feder nagt, sich also in einer gar nicht feuilletonmäßigen Umgebung befindet. Aber ich habe mich hinreißen lassen: vielleicht gibt es in Petersburg keinen einzigen solchen Feuilletonisten. Vielleicht fahren sie alle in eleganten Equipagen herum und ernähren sich mit Straßburger Pasteten... Ist aber denn ein Feuilleton nur eine Aufzählung der springlebenden städtischen Neuigkeiten? Man könnte wohl alles auch mit eigenen Augen ansehen, mit eigenen Gedanken bekräftigen, ein eigenes, neues Wort sagen. Aber mein Gott! Was sagen Sie da: ein neues Wort! Kann man denn jeden Tag ein neues Wort aussprechen, wenn man es vielleicht sein ganzes Leben lang nie zu hören bekommt, und falls man es sogar zu hören bekommt, es gar nicht erkennt. Sie sagen: mit eigenen Gedanken bekräftigen. Aber mit was für einem eigenen Gedanken, wo soll man ihn hernehmen? Wenn man auch nur um ein Haar von der Richtung des Unternehmers abweicht, kündigt er einem sofort und wirft ihn aus der Redaktion hinaus. Nehmen wir sogar an, daß man so einen Gedanken findet; aber wo nimmt man die Originalität her? Der Gedanke ist ja doch nicht unser. Man braucht dazu... ja, man braucht dazu Verstand, Scharfsinn, Talent! Sie wollen von unserem Feuilletonisten viel zu viel verlangen! Wissen Sie auch, was so ein Feuilletonist manchmal ist (natürlich nur manchmal, und nicht immer)? Ein Junge, ein Grünschnabel, der seine Lehrzeit kaum abgeschlossen hat, oft sogar gar nichts gelernt hat und dem es scheint, es sei so leicht, ein Feuilleton zu schreiben: »Man braucht dazu keinen Plan,« denkt er sich, »ein Feuilleton ist keine Novelle, man schreibt, worüber man will,

* Pseudonym des Journalisten Panajew.

an der einen Stelle lacht man, an der anderen äußert man seinen Respekt; hier sagt man einige Worte über die Ristori, dort über die Tugend und Moral, dann auch über die Unmoral, z. B. über die Bestechlichkeit, – über die letztere ganz unbedingt, – und das Feuilleton ist fertig. Gedanken werden ja heute vollkommen fertig wie die Brezeln auf Schüsseln feilgeboten. Wenn nur ein Druckbogen zustande kommt, die Sache ist fertig!« Manchem heutigen Zeilenschinder (freie Übersetzung des Wortes Feuilletonist) kommt gar nicht in den Sinn, daß ohne ein inneres Feuer, ohne Sinn, ohne eine Idee und ohne Lust alles zur Routine und Wiederholung wird, zur Wiederholung und Routine. Ihm kommt nicht in den Sinn, daß das Feuilleton in unseren Tagen fast... fast das Wichtigste ist. Voltaire hat sein Leben lang nichts anderes als Feuilletons geschrieben... Aber mein Gott, was sage ich da! Ich selbst schreibe ja ein Feuilleton. Wo bin ich hingeraten? Neuigkeiten! Neuigkeiten!

Oh, meine Herren! Alle Neuigkeiten sind mir dermaßen verleidet, daß ich nicht begreifen kann, wie sie auch Ihnen noch nicht verleidet sind! Wenn z. B. etwas mit Andrej Alexandrowitsch* passiert! Mein Gott! Ganze Schwärme von Feuilletonisten fliegen dann von allen Seiten zusammen wie die Raubvögel über einer krepierten Kuh. Ein jeder errafft sich sein Stück, alle picken mit den Schnäbeln, zwitschern, schreien und kämpfen wie die Spatzen, die in ganzen Wolken schnell von einem Zaun auf den anderen fliegen. Es handelt sich nicht darum, daß sie schreien: man kann ja schließlich auch über Andrej Alexandrowitsch etwas Vernünftiges, wenigstens etwas Amüsantes sagen. Es handelt sich viel mehr darum... aber, meine Herren, gestatten Sie mir, daß ich es nicht ausspreche. Selbst über Andrej Alexandrowitsch habe ich keine Lust zu sprechen; wechseln wir das Thema und reden über andere Dinge.

Ich denke mir folgendes: wenn ich kein zufälliger, sondern ein ständiger, vereidigter Feuilletonist wäre, so wünschte ich wohl ein Eugène Sue zu werden, um die Petersburger Geheimnisse zu schildern. Ich bin ein großer Liebhaber von Geheimnissen. Ich bin ein Phantast, ein Mystiker, und ich muß Ihnen gestehen, daß Petersburg mir, ich weiß nicht warum, stets als ein Geheimnis erschien. Schon in meiner Kindheit, als ich in Petersburg verloren und verlas-

* Herausgeber der »Vaterländischen Annalen«, A. A. Krajewskij.

sen war, hatte ich vor ihm immer Angst. Ich erinnere mich an ein Geschehnis, an dem fast nichts Besonderes war, das aber auf mich einen mächtigen Eindruck machte. Ich werde es Ihnen in aller Ausführlichkeit berichten; dabei ist es aber nicht mal ein Geschehnis, sondern einfach ein Eindruck: nun, ich bin doch ein Phantast und Mystiker!

Ich erinnere mich, wie ich an einem Winterabend im Januar aus dem Wyborgschen Stadtteil nach Hause eilte. Ich war damals noch sehr jung. Am Newaufer blieb ich für eine Weile stehen und warf einen durchdringenden Blick den Fluß entlang in die nebelige, frostige Ferne, die im letzten Abglanz des Abendrots, das am grauen Horizont erstarb, in Purpur schwamm. Die Nacht senkte sich über die Stadt, und auf der ganzen weiten, vom hartgefrorenen Schnee angeschwollenen Fläche der Newa funkelten in den letzten Sonnenstrahlen unzählige Myriaden Reifnadeln. Der Frost erreichte zwanzig Grad... Gefrorener Dampf stieg von den müden Pferden und den laufenden Menschen auf. Die gepreßte Luft erzitterte vom leisesten Geräusch, und wie Riesen erhoben sich von allen Dächern auf beiden Seiten des Flusses Rauchsäulen in den kalten Himmel; sie flochten sich ineinander und lösten sich wieder, so daß über den alten Gebäuden neue entstanden und sich in der Luft eine neue Stadt türmte... Es schien endlich, als gliche diese ganze Welt, mit allen ihren Bewohnern, den Mächtigen und den Schwachen, mit allen ihren Behausungen, den Bettlerherbergen und den goldstrotzenden Palästen in dieser Dämmerstunde einem phantastischen Märchentraum, der jeden Augenblick entschwinden und sich im dunkelblauen Himmel als Rauch auflösen würde. Ein sonderbarer Gedanke regte sich plötzlich in mir. Ich fuhr zusammen, und über mein Herz ergoß sich in diesem Augenblick eine heiße Blutwelle, die plötzlich von einem starken, mir bisher unbekannten Gefühl aufgepeitscht war. Erst jetzt begriff ich gleichsam das, was sich unbewußt in mir regte, und was ich noch nicht erfaßt hatte; ich erblickte gleichsam etwas Neues, eine vollkommen neue Welt, die mir unbekannt war, und die ich nur aus dunklen Gerüchten und geheimnisvollen Zeichen kannte. Ich glaube, daß in dieser Minute, mein Dasein anfing... Sagen Sie selbst, meine Herren: bin ich kein Phantast, kein Mystiker von Kind auf? Was ist das für ein Ereignis? Was ist geschehen? Nichts, gar nichts, es war nur eine Empfindung, alles übrige blieb aber in bester Ordnung. Wenn ich mich nicht scheute, die zartfühlende Gesinnung des Herrn –ow* zu verletzen, so würde ich mir als Arznei meiner düsteren Richtung wegen eine Portion Ruten verschreiben... Ja, ich sehe, ich sehe, wie vor mir die dicke Gestalt des seligen Faddej Wenediktowitsch** ersteht. Oh, mit welchem Genuß hätte er in seinem Samstagsfeuilleton meine Worte von der Portion Ruten aufgefangen!

»Schauen Sie nur, meine Leser und meine lieben Leserinnen!« hätte er vier Samstage hintereinander ausgerufen: »Nun gestehen sie selbst ein, daß sie Ruten verdienen. Ich habe wenigstens den ›Wyshigin‹ geschrieben, sie aber usw.« Aber ich hoffe, daß der »Neue Dichter«, der in seinem vierzehnjährigen Dienste der Kunst die Popularität Faddej Wenediktowitschs geerbt hat, mir keine Ruten verschreiben wird.

Und seit jener Zeit, seit jener Vision (ich nenne meine Empfindung an der Newa eine Vision) begannen sich mit mir lauter sonderbare Dinge zu ereignen. Früher liebte ich es, mich in meiner jugendlichen Phantasie bald als Perikles, bald als Marius, bald als einen Christen aus der Zeit Neros, bald als einen Ritter auf einem Tournier, bald als Eduard Glandeling aus dem Roman »Das Kloster« von Walter Scott usw. zu denken. Was habe ich in meiner Jugend nicht alles geträumt, was habe ich nicht alles mit meinem ganzen Herzen, mit meiner ganzen Seele in goldenen und fieberhaften Träumen, wie in einem Opiumrausch erlebt. Es hat in meinem Leben keine volleren, heiligeren und reineren Augenblicke gegeben. Ich verirrte mich so weit in meine Träume, daß ich meine ganze Jugend verpaßte, und als mich das Schicksal plötzlich auf die Beamtenlaufbahn stieß, so... so... diente ich musterhaft; aber sobald die Amtsstunden zu Ende waren, eilte ich in meine Dachkammer, zog meinen durchlöcherten Schlafrock an, schlug einen Band Schiller auf und träumte und berauschte mich, und litt Schmerzen, die süßer waren als alle Genüsse der Welt, und ich liebte, liebte... und ich wollte in die Schweiz fliehen, nach Italien, und ich sah vor mir die Elisabeth, die Luise, die Amalie. Die wirkliche Amalie hatte ich aber dabei übersehen; sie

---

* N. A. Dobroljubow (1836–61), radikaler Kritiker und Dichter.

** F. W. Bulgarin (1789–1853), als Denunziant berüchtigter Journalist, Verfasser des Romans »Iwan Wyshigin«.

lebte ganz in meiner Nähe, gleich hinter der spanischen Wand. Wir wohnten damals alle in möblierten »Winkeln« und nährten uns von Gerstenkaffee. Hinter der spanischen Wand wohnte ein gewisser Mlekopitajew; er war sein ganzes Leben lang auf der Suche nach einer Stellung und hungerte sein ganzes Leben lang mit seiner schwindsüchtigen Frau, mit seinen zerrissenen Stiefeln und seinen fünf hungrigen Kindern. Amalie war die älteste; sie hieß übrigens nicht Amalie, sondern Nadja; sie soll aber für mich auf immer Amalie bleiben. Wieviele Romane lasen wir zusammen. Ich gab ihr Bücher von Walter Scott und Schiller; ich abonnierte in der Smirdinschen Leihbibliothek, kaufte mir aber keine Stiefel, sondern strich die Löcher mit Tinte an, wir lasen zusammen die Geschichte der Klara Maubray und... gerieten in solche Rührung, daß ich auch heute noch an jene Abende nicht ohne eine nervöse Erschütterung zurückdenken kann. Zum Lohne dafür, daß ich ihr die Romane vorlas und wiedererzählte, flickte sie mir meine alten Socken und stärkte meine zwei Vorhemden. Schließlich, wenn sie mich auf unserer schmutzigen Treppe traf, wo es mehr Eierschalen als etwas anderes gab, fing sie plötzlich an so sonderbar zu erröten, – das ganze Blut schoß ihr in den Kopf. Und sie war so hübsch, so gut und sanft, mit verborgenen Träumen und verhaltener Sehnsucht, ganz so wie ich. Ich merkte gar nichts; vielleicht merkte ich sogar etwas, aber... es war mir so angenehm, »Kabale und Liebe« oder »Hoffmanns Erzählungen« zu lesen. Und wie rein waren wir damals, wie unverdorben! Amalie heiratete aber plötzlich das ärmste Wesen in der Welt, einen Mann von etwa fünfundvierzig Jahren, mit einer Warze an der Nase, der einige Zeit bei uns in den Winkeln gelebt hatte, aber eine Stellung bekam und schon am nächsten Tage Amalie seine Hand und die schrecklichste Armut anbot. Sein ganzer Besitz bestand aus einem Mantel, wie bei Akakij Akakijewitsch* mit einem Kragen aus Katzenfell, »das man übrigens auch für Marder halten konnte«. Ich hatte ihn sogar in Verdacht, daß, wenn es auch ein Katzenfell gewesen wäre, das man nicht für Marder hätte halten können, er vielleicht doch nicht gewagt hätte, zu heiraten, sondern noch abgewartet hätte. Ich erinnere mich, wie ich mich von Amalie verabschiedete: ich küßte zum erstenmal in meinem Leben ihr hüb-

* Held der Gogolschen Novelle »Der Mantel«.

sches Händchen, sie küßte mich auf die Stirn und lächelte dabei so sonderbar, so sonderbar, daß dieses Lächeln mir dann mein ganzes Leben lang das Herz zerkratzte. Da wurde ich gleichsam wieder etwas sehender... Oh, warum hat sie so gelacht, – sonst hätte ich ja nichts gemerkt! Warum hat sich dies alles so schmerzvoll meinen Erinnerungen eingeprägt! Jetzt gedenke ich all dessen mit Qual, obwohl ich, wenn ich Amalie geheiratet hätte, sicher unglücklich geworden wäre! Was wäre dann aus Schiller geworden, aus der Freiheit, aus dem Gerstenkaffee, aus den süßen Tränen, den Tränen und meiner Reise auf den Mond... Ich machte ja später eine Reise auf den Mond, meine Herren.

Aber Gott mit ihr, mit Amalie. Kaum hatte ich eine eigene Wohnung und eine bescheidene Anstellung, die bescheidenste von allen Anstellungen in der Welt, so fing ich an, ganz andere Träume zu sehen... Früher, in den Winkeln, zu Amaliens Zeiten, wohnte ich fast ein halbes Jahr mit einem Beamten, ihrem Bräutigam, der einen Mantel mit einem Kragen aus Katzenfell trug, das man auch für Marder halten konnte, und wollte an diesen Marder nicht mal denken. Als ich aber plötzlich allein geblieben war, begann ich darüber nachzudenken. Ich begann mich umzusehen und erblickte plötzlich irgendwelche seltsame Gesichter. Es waren lauter merkwürdige, sonderbare Gestalten, durchaus prosaisch, keiner ein Don Karlos oder ein Posa, sondern leibhaftige Titularräte und zugleich ganz phantastische Titularräte. Jemand hielt sich hinter dieser ganzen phantastischen Menge versteckt und schnitt Gesichter, zog an irgendwelchen Fäden und Sprungfedern, diese Puppen bewegten sich, und er lachte, lachte immerfort! Da schwebte mir eine andere Geschichte vor, die sich in irgendwelchen dunklen Winkeln abspielte, ein ehrliches und reines, sittliches und der Obrigkeit ergebenes Titularherz, und zugleich ein gekränktes und trauriges Mädchen, und ihre Geschichte zerriß mir das Herz*. Könnte man diese ganze Menge, die ich damals im Traume sah, sammeln, so gäbe es eine prachtvolle Maskerade... Jetzt ist es anders... Jetzt träume ich zwar dasselbe, aber mit anderen Personen, obwohl auch die alten Bekannten manchmal an meine Tür klopfen. – Neulich träumte mir folgendes: es war einmal ein Beamter, selbstverständlich an einem

---

* Gemeint ist Dostojewskis Jugenderzählung »Arme Leute«.

Departement. Man hörte von ihm weder einen Protest noch überhaupt eine Stimme; eine durchaus sündenlose Person. Er hatte auch fast keine Wäsche; seine Uniform hörte auf, ihre Bestimmung zu erfüllen. Mein Sonderling ging gebückt, blickte zu Boden, und wenn er manchmal auf dem Wege aus dem Amte auf die »Petersburger Seite«, wo er wohnte, auf den Newski-Prospekt geriet, so hat es wohl auf dem Newski-Prospekt noch nie ein demütigeres Wesen gegeben; sogar der Kutscher, der ihm einmal mit seiner Peitsche eins versetzte, so, aus Zärtlichkeit, als er über diese unsere prachtvolle Straße hinüberlief, mußte über ihn fast staunen, da er nicht mal den Kopf umwandte, geschweige denn schimpfte. Er hatte zu Hause eine alte Tante, die mit Zahnweh und einer verbundenen Wange auf die Welt gekommen war, und eine brummige Frau mit sechs Kindern. Und wenn alle zu Hause um Brot baten, um Hemden und Schuhwerk, saß er in einer Ecke beim Ofen, antwortete kein Wort, schrieb Amtspapiere oder schwieg hartnäckig, die Augen zu Boden gesenkt und etwas flüsternd, als betete er zu Gott um Vergebung seiner Sünden. Endlich riß der Mutter und den Kindern die Geduld. Sie lebten im Mezzanin eines Holzhäuschens, dessen eine Hälfte bereits eingestürzt war und die andere gerade einstürzen wollte. Und als die Tränen, die Vorwürfe und Qualen schließlich die letzte Grenze erreicht hatten, erhob der Ärmste plötzlich sein Haupt und begann wie Bileams Eselin zu sprechen; aber was er sprach, war so sonderbar, daß man ihn ins Irrenhaus abführte. Wie kam er auch auf den Einfall, er sei Garibaldi! Ja, alle Beamten, alle seine Amtskollegen sagten aus, daß dieser Gedanke ihn schon seit zwei Wochen beschäftigte; er hatte aus einer Zeitung, die ihm zufällig in die Hand geraten war, etwas herausgelesen. Fast nie hatte er mit jemand gesprochen, nun wurde er plötzlich unruhig, verlegen und erkundigte sich bei allen über Garibaldi und über die italienischen Angelegenheiten, genau wie Poprischtschin* über die spanischen... In ihm bildete sich allmählich die unerschütterliche Überzeugung, er sei eben Garibaldi, ein Flibustier, der die natürliche Ordnung der Dinge umstürzt. Nachdem er in sich dieses Verbrechen erkannt hatte, zitterte er Tag und Nacht. Weder das Stöhnen seiner Frau, noch die Tränen seiner Kinder, weder die hochmütigen Lakaien vor

* Held in Gogols »Aufzeichnungen eines Irrsinnigen«.

den Portalen, die ihm auf dem Newski-Prospekt ein Bein stellten, noch die Krähe, die sich einst auf der Straße auf seinen zerbeulten Hut niederließ und das allgemeine Gelächter seiner Departementskollegen hervorrief, weder die Peitschen der Luxusdroschkenkutscher, noch der eigene leere Magen – nichts, gar nichts interessierte ihn mehr. Die ganze Welt Gottes entglitt unter seinen Füßen. Nur eines sah er überall und in allen Dingen: sein Verbrechen, seine Schmach und seine Schande. Was wird bloß seine Exzellenz sagen, was der Abteilungsvorstand, Dementij Iwanowitsch, was wird schließlich Iemeljan Lukitsch sagen, was werden sie alle sagen... Dieses Unglück! Und so warf er sich plötzlich eines Morgens seiner Exzellenz zu Füßen: »Ich bin schuldig, ich bekenne alles, ich bin Garibaldi, tun Sie mit mir, was Sie wollen!...« Und so tat man mit ihm auch, was nötig war. – Als mir dieses träumte, lachte ich selbst über mich und über die Seltsamkeit meiner Träume. Aber plötzlich stellte sich dieser Traum als prophetisch heraus. Wie gefällt es Ihnen, meine Herren: neulich las ich aus den Zeitungen ein Geheimnis heraus. Ein wirkliches Geheimnis: es ist zwar in den Zeitungen gedruckt und erläutert, und ist dabei doch ein Geheimnis. Man hat plötzlich einen neuen Harpagon entdeckt, der in der schrecklichsten Armut, auf Haufen von Gold gestorben ist. Dieser Alte, der auch zu den merkwürdigsten Typen des Doktor Krupow gehört, war ein gewisser Titularrat a. D. Ssolowjow, an die achtzig Jahre alt. Er mietete sich einen Winkel hinter einer spanischen Wand für drei Rubel im Monat. Ssolowjow lebte in seinem schmutzigen Winkel schon über ein Jahr, hatte keinerlei Beschäftigung, beklagte sich ständig über die Dürftigkeit seiner Mittel und bezahlte sogar, dem Charakter seiner scheinbaren Armut treu, sein Quartier niemals zum Termin, so daß er nach seinem Tode noch für ein ganzes Jahr schuldete. Im Laufe dieses Jahres war dieser neue Pljuschkin* ständig krank, litt an Atemnot und Brustbeschwerden und holte sich ärztlichen Rat und Arzneien aus dem Maximilianschen Krankenhause. Er versagte sich frische Speisen, selbst in den letzten Tagen seines Lebens. Nach dem Tode Ssolowjows, der in Lumpen, in einer ekelerregenden und schmutzigen Armut gestorben war, fand man unter seinen Papieren 169022 Rubel in Papieren und barem Geld. Die Zeitungsnotiz mel-

* Geizhals in Gogols »Toten Seelen«.

det, daß das gefundene Geld dem Departement für öffentliche Fürsorge ins Depot gegeben worden sei und die Leiche des Gestorbenen obduziert werden solle.

Während ich über dieses Ereignis nachdachte, näherte ich mich dem Großen Kaufhause. Es wurde Abend; in den Läden hinter den großen, leicht angelaufenen Fensterscheiben flammte das Gas auf. Traber und Offiziere flogen über den Newski-Prospekt dahin; schwer über den Schnee knirschend, eilten glänzende Equipagen mit stolzen Rossen, stolzen Kutschern und hochmütigen Lakaien. Ab und zu erklang das Klirren eines Hufeisens, das durch den Schnee hindurch einen Pflasterstein anschlug; auf den Trottoirs wogten Passanten... es war der Vorabend von Weihnachten... Plötzlich tauchte vor mir in der Menge eine Gestalt auf, keine wirkliche, sondern eine phantastische Gestalt. Ich kann ja auf die phantastische Stimmung unmöglich verzichten. Schon in den vierziger Jahren nannte man mich neckend einen Phantasten. Damals war ich übrigens noch nicht durch eine gewisse Ritze gekrochen. Jetzt habe ich natürlich graue Haare, Lebenserfahrung usw., bin aber dennoch ein Phantast geblieben. Die Gestalt, die vor mir auftauchte, war mit einem alten und abgetragenen wattierten Mantel bekleidet, der seinem Besitzer zweifellos in der Nacht als Decke diente, was man ihm auf den ersten Blick ansehen konnte. Der zerbeulte Hut mit abgebrochener Krempe war ihm in den Nacken gerutscht. Büschel grauer Haare fielen unter dem Hute auf den Mantelkragen herab. Der Alte stützte sich auf einen Stock. Er bewegte die Lippen und eilte, zu Boden blickend, irgendwohin, wahrscheinlich zu sich nach Hause. Ein Hausknecht, der auf dem Trottoir den Schnee schaufelte, warf ihm absichtlich eine volle Schaufel auf die Füße; aber der Alte bemerkte es nicht einmal. Als er an mir vorüberkam, sah er mich an und zwinkerte mir mit einem Auge zu; es war ein totes Auge, ohne Licht und Kraft, als hätte man vor mir das Augenlid einer Leiche aufgehoben, und ich erriet sofort, daß es derselbe Harpagon sei, der mit einer halben Million in seinen Lumpen gestorben war und das Maximiliansche Krankenhaus zu besuchen pflegte. Und da erstand vor mir plötzlich eine Gestalt (ich habe ja eine lebhafte Phantasie), die dem Puschkinschen »Geizigen Ritter« sehr ähnlich war. Mir schien auf einmal, daß mein Ssolowjow eine kolossale Gestalt sei. Er hatte die Welt verlassen und sich von allen ihren

Versuchungen hinter die spanische Wand zurückgezogen. Was bedeutet für ihn dieser leere Glanz, unser ganzer Prunk? Was braucht er Ruhe und Komfort? Was gehen ihn alle diese Personen an, alle diese Lakaien, die auf den Equipagen sitzen, alle diese Herren und Damen, die in den Equipagen sitzen, diese Herren, die mit Trabern spazierenfahren, diese Herren, die zu Fuß schlendern, diese bezaubernden jungen Leute, auf deren Gesichtern eine unersättliche Gier nach Kameliendamen und Silberrubeln geschrieben steht?... Was gehen ihn alle diese Kameliendamen an, alle diese Minnas und Armances? Nein, er braucht nichts, er hat alles – dort unter seinem Kopfkissen, das noch in dem vorjährigen Überzug steckt. Mag er auch vom vorigen Jahre sein: er braucht nur zu pfeifen, und alles wird zu ihm gehorsam herangeschlichen kommen, alles, was er braucht. Er braucht nur zu pfeifen, und viele Gesichter werden ihn mit einem aufmerksamen Lächeln beglücken. Da ist Wein – er könnte ihm das Blut erwärmen; er könnte ihm helfen, und ist dabei ein billiger Wein... Aber er braucht gar keinen. Er ist über alle Wünsche erhaben... Als ich aber auf diese Weise phantasierte, kam es mir vor, als ob ich mich vergriffen hätte und Puschkin bestähle, daß die Sache sich ganz anders zugetragen hätte. Nein, es war sicher nicht so. Vor etwa sechzig Jahren hat dieser Ssolowjow sicher irgendeine Stellung gehabt; er war jung, so an die zwanzig. Vielleicht hatte er auch irgendwelche Passionen, fuhr in Droschken, kannte irgendeine Luise und besuchte das Theater, um sich »Das Leben eines Spielers« anzusehen. Aber plötzlich war mit ihm etwas geschehen, als hätte ihn etwas in den Ellbogen gestoßen, – eines der Erlebnisse, die in einem einzigen Augenblick den ganzen Menschen umwandeln, ohne daß er es selbst merkt. Vielleicht war es ein Augenblick, in dem ihm plötzlich irgend etwas klar geworden war und er vor etwas Angst bekam. Während Akakij Akakijewitsch seine Groschen für den Marderkragen spart, legt er von seinem Gehalt auf die Seite und spart, und spart für die Zeit der Not, man weiß nicht, wofür, nur nicht für einen Marderkragen. Manchmal zittert er vor Angst und hüllt sich in den Kragen seines Mantels, wenn er durch die Straße geht, um nicht vor jemand zu erschrecken; er sieht überhaupt so aus, als hätte man ihm eben den Kopf gewaschen. Es vergehen Jahre, und nun beginnt er mit seinen Groschen erfolgreich Wucher zu treiben, er gibt sie in kleinen Beträgen an Beamte und

Köchinnen gegen sicherste Pfänder. Die Summe wächst, er aber wird immer ängstlicher und ängstlicher. Es vergehen Jahrzehnte. Er hat bereits Pfänder im Werte von Tausenden und Zehntausenden in Verwahrung. Er schweigt und spart, spart unaufhörlich. Es ist ihm süß und unheimlich zugleich, und die Angst bedrückt ihm immer mehr das Herz, bis er auf einmal alle seine Kapitalien realisiert und sich in irgendeinem armen Winkel verbirgt. Einst hielt er sich in seiner verschimmelten Wohnung mit gelbgestrichenen Wänden eine Köchin und eine Katze; die Köchin war dumm, aber ehrlich aus lauter Dummheit. Er aber schimpfte in einem fort und machte ihr Vorwürfe; er aß Kartoffeln, trank Zichorie und zwang auch seine gehorsame und verängstigte Köchin, Zichorie zu trinken. Fleisch kaufte er nur für die Katze, ein Pfund im Monat, und daher miaute sie fürchterlich; und wenn sie miaute, ihm unglücklich in die Augen blickte, um ein Stückchen Fleisch bettelte und sich mit aufgerichtetem Schweife an seinen Beinen rieb, streichelte er sie, nannte sie Mascha, gab ihr aber dennoch kein Fleisch. Sein ganzer Reichtum bestand aus einer Wanduhr mit Gewichten an Stricken, und vor lauter Nichtstun sah er ständig auf diese Uhr, als ob er sich interessierte, wie spät es sei. Aber die Katze verreckte, die Köchin wurde von ihrem Manne aufs Land geholt, die Uhr war längst stehengeblieben und auseinandergefallen. Der Alte blieb allein; er sah sich um, bewegte die Lippen und verkaufte für zwei Groschen auf dem Trödelmarkte seine drei eingedrückten Stühle und das L'hombretischchen, von dem er schon längst das Tuch abgerissen hatte, um es als Futter für seinen Schlafrock zu verwenden, es aber doch nicht verwendet, sondern, die Lippen bewegend, sorgfältig zusammengefaltet und in sein Bündel gesteckt hatte. Er verkaufte auch die Uhr und begann in »Winkeln« zu wohnen. In den Winkeln, hinter einer spanischen Wand, schlief er, aß seine Kartoffeln, jeden Tag das Quantum herabsetzend, zitterte und ängstigte sich, blieb immer das Mietgeld schuldig und zog, ohne es bezahlt zu haben, in einen anderen Winkel, um auch dort nicht zu bezahlen. Wie oft hat ihm wohl seine Wirtin, eine arme Deutsche, in Papilloten und schmutzig, zugesetzt, er solle ihr wenigstens einen Groschen von seiner Schuld bezahlen. Er ächzte und seufzte nur, redete zu ihr von Gottesfurcht, von Geduld und Barmherzigkeit, bekreuzte sich den Mund und schlief unruhig und zitternd ein, daß jemand sein Geheimnis erfahren, daß die Wirtin dahinterkommen könne... Wozu ging er in das Maximiliansche Krankenhaus? Was mußte er sich kurieren? Was brauchte er das Leben? Ahnte er, daß seine halbe Million in das Departement für öffentliche Fürsorge gelangen würde? Man wollte übrigens seinen Leichnam obduzieren, um sich zu vergewissern, daß er verrückt gewesen sei. Mir scheint, daß eine Obduktion ein solches Geheimnis gar nicht aufklären könnte. Was war er auch für ein Verrückter!

Ich trat in das große Kaufhaus ein. Unter den Arkaden wogte eine Menschenmenge, durch die man sich kaum durchdrängen konnte. Alles kaufte sich Vorräte für die Feiertage. Unter den Arkaden wurden vorwiegend Spielsachen feilgeboten und standen fertig geputzte Christbäume für arm und reich. Vor einem Haufen Spielsachen stand eine dicke Dame, ein Lorgnon in der Hand, mit einem Lakaien in unmöglicher Livree. Die Dame wurde von einem stumpfnäsigen, überaus schäbigen jungen Mann begleitet. Die Dame zwitscherte und suchte sich Spielsachen aus; besonders gut gefiel ihr ein Figürchen in blauer Uniform und roter Hose.

»C'est un Zouave, c'est un Zouave,« zwitscherte die Dame, *»voyez, Victor, c'est un Zouave; car enfin il a... enfin c'est rouge; c'est un Zouave!«*

Und die Dame kaufte begeistert den Zuaven.

Nicht weit von ihnen standen vor einem anderen Haufen Spielsachen in einer Menge von Kauflustigen ein Herr und eine Dame und suchten lange nach etwas, was zugleich schön und billig wäre. Das letztere schien den Herrn ganz besonders zu interessieren.

»Schau mal, Liebchen, sie knallt«, sagte er zu seiner Lebensgefährtin, auf eine kleine hölzerne Kanone zeigend, die tatsächlich knallte. »Schau nur, siehst du, sie knallt!«

Und der Herr knallte einigemal vor den Augen seiner besorgten Dame. Sie aber wollte ein besseres Spielzeug nehmen und sah unschlüssig die Kanone an.

»Lieber diese Puppe«, sagte sie, ohne jede Hoffnung auf die Puppe mit dem Finger zeigend.

»Diese Puppe? Hm...« versetzte der Herr. »Warum denn, Liebchen, schau nur, sie knallt!«

Seine düstere Nachdenklichkeit, sein ernstes, um jedes Zehnkopekenstück besorgtes Gesicht zeugte davon, daß er sein Geld nicht umsonst verdiente. Er konnte sich nicht entschließen und fuhr fort, mit düsterer Miene schweigend mit der Kanone zu knallen. Ich weiß nicht, was sie schließlich kauften. Ich drängte mich weiter durch die Menge, verfolgt von den durch Jungen feilgebotenen Andenken an Schiller, zu dem sich jetzt auch noch Viktor Emanuel gesellt hat. Ab und zu tönte in der Menge die schüchterne Stimme eines bettelnden Kindes.

»Mein Herr, entschuldigen Sie, daß ich Sie zu belästigen wage...«

Ich sah mich um. Mir folgte ein Herr in Uniformmantel; ich habe ihn in Verdacht, daß man ihn aus dem Dienste gejagt hat. Anders kann es gar nicht sein. Sie alle tragen später Uniformmäntel, besonders diejenigen, die vor Gericht gestanden haben. Dieser Herr war sehr groß gewachsen, dem Aussehen nach an die fünfunddreißig Jahre alt, ein leiblicher Bruder Nosdrjows und des Leutnants Shiwnowskij*; er trug eine Mütze mit rotem Rand und hatte eine abstoßend frische Gesichtsfarbe und eine offene und »adlige«, glattrasierte Physiognomie, die den unwiderstehlichen Wunsch weckte, sie anzuspucken. Ich kenne ihn; er ist mir schon ein paarmal auf der Straße begegnet.

»Von Unglück verfolgt. Habe einst selbst Bedürftigen bis zu fünfzehn Rubel gegeben. Sehr geehrter Herr... Wollen Sie nicht Ihrerseits... wenn ich hoffen darf...«

Ich habe schon mehr als einen solchen Herrn, der den Bedürftigen bis zu fünfzehn Rubel zu geben pflegte (man sollte wissen, wieviel er anderen Notleidenden wegnahm) in den Straßen Petersburgs gesehen. Entweder habe ich mal so ein Pech, oder es ist eine besondere Eigenschaft von mir, auf solche zu stoßen. Ich erinnere mich an einen andern Herrn, ebenfalls in einem grauen, ungewöhnlich sauberen und neuen Uniformmantel, mit großartigem Backenbart und unbeschreiblichem Adel im Gesicht. Sein Gesicht strahlte vor Gesundheit, seine weißen Hände glänzten vor Reinlichkeit. Er drängte sich mir in deutscher Sprache auf, wahrscheinlich, um sich vor dem »Publikum« nicht zu kompromittieren; ich wußte nicht, wie ich ihn loswerden sollte. Eine solche Unverschämtheit habe ich noch nie gesehen. Was für vortreffliche Spritzenmänner oder Eisenbahnar-

---

* Nosdrjow – aus Gogols »Toten Seelen«. – Shiwnowskij – aus einem Lustspiel von Schtschedrin.

beiter könnten alle diese Bettler abgeben! Was für Kraft, was für Gesundheit! Aber der Adel ist ihnen im Wege! Was für »Dentisten« sind sie wohl alle seinerzeit gewesen!

Aber die Begegnung mit dem Mantel von ekelerregend adligem Äußern erinnerte mich an eine andere Begegnung im Sommer, im August. An jenem Tag hatte ich noch zwei andere Begegnungen; die eine von ihnen machte auf mich einen entzückenden Eindruck. Ich ging durch die Fontanka an einem herrschaftlichen Hause vorüber. Vor der Einfahrt hielt ein eleganter zweisitziger Wagen. Plötzlich machte der Portier die Tür auf, und heraus trat ein junges, hübsches Pärchen. Die prachtvoll und reich gekleidete, außerordentlich hübsche und junge Dame hüpfte in den Wagen, ihr folgte ein noch sehr junger, junger Mann in glänzender Militäruniform, und kaum hatte der Lakai die Wagentür zugeschlagen, als der junge Mann sich mit einem Kuß an den Lippen des hübschen Dämchens festsog, die mit Genuß dieses Liebeszeichen entgegennahm. Dieses ganze Momentbild sah ich durch das Wagenfenster. Sie bemerkten mich nicht; der Wagen fuhr schnell davon, und ich brach, auf dem Trottoir stehend, in ein Gelächter aus. Es war für mich kein Zweifel, daß ich Neuvermählte vor mir hatte, die ihre Visiten machten. Richtige Ehegatten pflegen sich nach den Flitterwochen nicht im Wagen zu küssen.

Gegen fünf Uhr nachmittags des gleichen Tages ging ich durch den Wosnessenskij-Prospekt. Plötzlich hörte ich hinter mir eine schüchterne, schwache Stimme; ich sah mich um, – vor mir stand ein Knabe von zwölf oder dreizehn Jahren mit einem lieben und gutmütigen Gesicht; er sah mich mit bittenden und verschämten Blicken an. Er sagte etwas, aber seine Stimme stockte und zitterte ein wenig. Er war sehr ärmlich, aber reinlich gekleidet: er trug einen leichten Sommermantel, eine Mütze und ziemlich schlechte Schuhe. Sein Hals war sorgfältig mit einem alten seidenen Tüchlein umbunden. Aus allem sah man, daß er einer armen, aber anständigen Familie angehörte, die schon bessere Tage gesehen hatte. Und man sah auch, daß dieses Halstuch ihm die Mutter selbst oder die ältere Schwester umgebunden hatte. Der Kragen seines ziemlich groben Hemdes war sehr sauber. Die Manieren des Knaben waren schlicht und höflich. In seinem müden Gesicht lag ein sehr edler, aufrichtiger Ausdruck.

»Entschuldigen Sie, daß ich Sie belästige«, sagte er. »Seien Sie so gut und geben Sie mir etwas...« Als er das sagte, errötete er leicht.

Ich trat vor Erstaunen einen Schritt zurück. So sonderbar kam mir seine Bitte vor.

»Aber wer sind Sie denn?« fragte ich erstaunt. »Und wie kommen Sie dazu... zu bitten? Ich hatte es wirklich nicht erwartet.«

»Papa und Mama haben mich heute früh zu unseren Verwandten auf die Petersburger Seite geschickt. Sie glaubten, ich würde dort zu Mittag essen können. Aber dort... konnte ich nicht zu Mittag essen; ich habe lange gewartet und gehe jetzt heim. Ich bin sehr müde und habe großen Hunger...«

»Und wo wohnen Sie denn?«

»Beim Smolnyj-Kloster... Geben Sie mir sechs Kopeken, hier in diesem Laden gibt es Piroggen, ich habe welche im Fenster gesehen; sie kosten sechs Kopeken; ich werde mir eine kaufen, mich im Laden ausruhen und dann weitergehen...«

Glücklicherweise hatte ich in der Tasche ein Fünfundzwanzigkopekenstück, und ich gab es dem armen Knaben.

»Sagen Sie, wer sind Ihre Eltern?« fragte ich.

»Papa hat einmal eine Stellung gehabt,« antwortete der Knabe, »und ich besuchte damals das Gymnasium. Wir sind unser vier Geschwister. Da aber Papa in diesem Jahre seine Stelle verloren hat, besuche ich das Gymnasium nicht mehr; er bekommt kein Gehalt, und wir sind jetzt... sehr arm...«

Eine ganze Geschichte in wenigen Worten.

Die Leute sind sehr arm, sehr arm!

Die Armut ist natürlich... sagen wir einmal – ein Ausnahmefall, wir werden darüber nicht streiten. Es gibt ja auch reiche und bemittelte Leute; sie haben liebe, gescheite und wohlerzogene Kinder; man kauft ihnen Zuaven, und die Zuaven werden sie vielleicht nicht hindern, mit der Zeit sehr gute Menschen zu werden... Bei uns ist ja dies alles sehr sonderbar und geschieht nach irgendeinem unbekannten Gesetz. So ein Gesetz muß es ja geben, denn die Natur wirkt, und der Mensch lebt nach gewissen Gesetzen. Und doch ist es sehr sonderbar. Aus einer Bauernfamilie kommt plötzlich ein Dichter hervor, und was für einer! Aus einer Fachschule – ein Denker! Darum bin ich für den Knaben, den ich getroffen habe, ruhig. Er wird nicht zugrunde gehen. Natürlich tut mir sein Vater leid, aber der wird sich schon irgendwie helfen, wird eine Stellung und eine Zuflucht finden. Wahrscheinlich ist er doch ein erledigter Mensch.

Außerdem kann es ja auf Erden nicht ohne kleine Schicksalsschläge zugehen; ist er denn der einzige? Aber es ist unerträglich, wenn man, und sei es auch unwillkürlich, bedenkt, wieviel traurigen Zynismus, wieviel schwere Eindrücke dieser Knabe aus seiner Kindheit behalten wird. Wird sich dieser Zynismus nicht auch in seiner sittlichen Entwicklung äußern? Und wenn ja, in welcher Weise? In Abscheu vor diesem Zynismus oder in einem jener Kompromisse, die die Seele für immer zugrunde richten? Dieser Knabe hat schon die Schule besucht, er versteht schon vieles; er errötet und schämt sich. Er ist ehrlich und hat sich bereits Gedanken gemacht, denn das Unglück lehrt nachdenken, manchmal sogar viel zu früh. Wie wird sich in ihm später diese zufällige Bettelei äußern? Wird er an diesen Tag mit Abscheu und Schaudern zurückdenken, oder wird er sich in so einen Müßiggänger a. D. in Uniformmantel und mit abstoßend adligem Äußern verwandeln? Aber... beruhigen wir uns; wozu diese zwecklosen Fragen. Die Armut ist immer eine Ausnahme; alle leben und leben irgendwie. Die ganze Gesellschaft kann ja nicht reich sein; die Gesellschaft ist ohne zufällige Schicksalsschläge nicht denkbar. Nicht wahr? Ich kann Ihnen eine Geschichte von einer höchst originellen und sogar höchst graziösen Armut erzählen. Aber diese Geschichte spare ich für den Schluß meines Feuilletons auf. Ich will nur noch hinzufügen, daß, wenn alle, sagen wir, nur reich wären, alles sehr eintönig sein würde; außerdem bildet die Armut den Menschen und bringt ihm manchmal sogar die Tugend bei... nicht wahr? Wenn es überall auf der Welt nach Parfüm duftete, so würden wir diesen Duft gar nicht schätzen. Oh, Kosjma Prutkow*, nimm diese Sentenz in die Reihe der von deiner Weisheit diktierten berühmten Sätze auf! Aber ich will jetzt nicht von Kosjma Prutkow reden, ich will nur einige Worte über unsern »Neuen Dichter« sagen, und zwar gerade anläßlich der Armut. Er beschreibt in seinem letzten Feuilleton den wahnsinnigen Petersburger Luxus und... die Armut – zwar nicht in Petersburg, aber auf der Petersburger Seite, in der Nähe des Smolnyj-Klosters und überhaupt in den Vorstädten, die bekanntlich nicht mehr zu Petersburg

* Kosjma Prutkow – Sammelpseudonym dreier junger Dichter, unter dem sie eine Reihe komischer Aussprüche, Gedichte usw. veröffentlichten.

gehören. Aber indem er die Armut erwähnt, teilt er mit, daß die Teuerung des Petersburger Lebens gewisse Sorgen in den wohlgesinnten Petersburgern und überhaupt in allen solchen Bürgern von Petersburg, die imstande sind, etwas zu tun, zu wecken beginne. So erwähnt er z. B. das Gerücht von der Gründung eines Komitees für öffentliche Gesundheitspflege, an dem sich außer den Ärzten auch Vertreter der städtischen Stände, Fabrikbesitzer und Handwerker beteiligen sollen. Dieses Komitee wird natürlich etwas sagen und auf die nützlichste Weise wirken, es ist überhaupt eine ausgezeichnete Idee. Wir lieben die Komitees und haben vor ihnen Respekt. Man denke nur an das Komitee des Literarischen Fonds: wieviel hat es schon zum Nutzen der Literaten geleistet, wie ungewöhnlich schnell vergrößert es sein Kapital, wie tätig sind alle seine Mitglieder, wie sichtbar ist ihre Tätigkeit! Das neue Jahr hat erst eben begonnen, und schon hat ein öffentlicher Vortragsabend zugunsten notleidender Literaten und Gelehrten stattgefunden. Ja, er hat schon stattgefunden. Solche Vortragsabende sind aber eine sehr wichtige Sache. Sie bilden eine der wichtigsten Einnahmequellen für den Literarischen Fonds. Wieviel Geld haben sie im vorigen Jahre eingebracht! Außer dem »Komitee für öffentliche Gesundheitspflege« erwähnt der »Neue Dichter« auch noch die Rede eines gewissen Ingenieurs Wassiljew, die übrigens auch schon als Broschüre erschienen ist. Herr Wassiljew entwickelt seine Ansichten über den jetzigen Stand der Frage von der Verbesserung des Petersburger Lebens und weist gleichfalls auf die Teuerung hin. Gewiß, darauf darf man wohl hinweisen, es lohnt sich sogar sehr. Man sagt, es sei in Petersburg unmöglich, weniger als anderthalb Tausend Silberrubel zu verleben; mit tausend Rubel könne aber ein Familienvater nur in Armut leben. Wo soll man aber diese tausend Rubel hernehmen? Gewiß, wenn ich Iwan Alexandrowitsch Gontscharow wäre, so würde ich irgendwelche anderthalb Druckbogen schreiben, etwas in der Art eines Fragmentes (jeder Brocken von so einem hochbegabten Menschen ist kostbar), – und so hätte ich die tausend Silberrubel. Aber nicht alle sind doch wie Iwan Alexandrowitsch Gontscharow!

Der »Neue Dichter« erwähnt schließlich die Gedanken, die Herr Lawrow in seinem Vortrag in der Passage ausgesprochen hat...? Ach, ich bitte um Verzeihung: das gehört nicht mehr zur Verbesserung Petersburgs. Es gehört mehr zur Philosophie. Aber auch die

Philosophie kann zur Verbesserung dienen. Sie schmückt den Geist, verleiht ihm allerlei Gedanken usw. Ich mag es überhaupt furchtbar gern, wenn der »Neue Dichter« z. B. von der Philosophie, von der Kunst... und überhaupt von der Tugend spricht. Allerdings werden seine Worte über die Kunst anläßlich der Äußerungen des Herrn Lawrow... wie soll ich sagen – Herrn Lawrow selbst ein wenig in Erstaunen setzen, um so mehr, als der »Neue Dichter« sich an ihn mit der Frage wendet, was er wohl über diese Worte denke. Aber der Mensch kann doch unmöglich alles wissen und über alles gleich befriedigend urteilen; der Mensch irrt ja auch manchmal. Ich wiederhole: wenn es keine Abwechslung gäbe, so wäre alles sehr langweilig. Warum soll man diese Abwechslung dem »Neuen Dichter« nicht gönnen? Im Gegenteil: gerade ihm muß man eine gewisse Abwechslung wünschen, obwohl wir ihn mit dem größten Genuß sogar so, wie er ist, lesen und, wenn wir den »Zeitgenossen«, die einzige russische Zeitschrift, in der man alle Aufsätze mit Interesse lesen kann, bekommen, zuallererst die Beiträge des »Neuen Dichters« und des Herrn –bow aufschneiden...

Aber ich liebe den »Neuen Dichter« sogar mehr als Herrn –bow. Ich empörte mich immer darüber, daß man ihn für den Stammvater der literarischen Skandale hält. Ich glaube es nicht und will es nicht glauben. Sein Name steht bisher in der Literatur makellos und anständig da. Schon seit langem, fast noch als Kind habe ich den »Neuen Dichter« zu lesen begonnen. Ich habe mir immer gern das Äußere der Dichter und Prosaiker, die auf mich einen Eindruck machten, ausgemalt. Aber es wollte mir seltsamerweise nicht gelingen, das Bildnis des »Neuen Dichters« zu sehen. Ich suchte es unter den Bildnissen des Herrn Krajewskij und des Herrn Startschewskij*, überhaupt unter den von Herrn Münster herausgegebenen Bildnissen aller russischen Literaten und Denker; solche Bildnisse sind bisher schon von fast hundert Personen erschienen, aber ich konnte unter ihnen nirgends den »Neuen Dichter« finden. Doch genug vom »Neuen Dichter«. Man wird mir vielleicht vorwerfen, daß ich gegen ihn nicht gleichgültig bin. Ich brachte ja die Rede auf ihn nur anläßlich einer angeblich von den Petersburger Kameliendamen verfaßten Ode; was dichten nicht alles müßige Menschen!...

* Startschewskij – Herausgeber der Zeitschrift »Sohn des Vaterlandes«.

Ein Scherz, ein entzückender Scherz! Aber er ist absolut unwahrscheinlich; vor allen Dingen wird keine der Kameliendamen Verse schreiben. Alle ähnliche Elaborate verstoßen überhaupt gegen die Wahrscheinlichkeit, obwohl sie gerade aus diesem Grunde harmlos sind. So z.B. das bekannte Epigramm in Prosa gegen Herrn Krajewskij... Ein absolut unwahrscheinliches Epigramm! Übrigens von Herrn Krajewskij: in einer der vorjährigen Anzeigen über das Abonnement auf die »Vaterländischen Annalen« im Jahre 1861 heißt es, daß die Abteilung der Kritik im kommenden Jahre von den Herren Dudyschkin und Krajewskij redigiert werden solle. Diese Anzeige erregte einiges Aufsehen, ebenso wie der bekannte Artikel in den »Vaterländischen Annalen« über die »Skandalliteratur«; ich wurde sogar ersucht, das Publikum zu benachrichtigen, daß die Anzeige von den künftigen Kritiken des Herrn Krajewskij als der bedeutendste und peinlichste literarische Skandal im ganzen vorigen Jahre anzusehen sei. Meiner Ansicht nach wäre das doch zu stark. Nicht wahr? Warum soll Herr Krajewskij nicht auch eine gute Kritik schreiben? Er ist Herausgeber des »Enzyklopaedischen Lexikons«. Er gibt schon seit mehr als zwanzig Jahren eine Zeitschrift heraus. Wenn er bisher auch noch nichts geschrieben hat, so darf man doch nicht sagen, daß er nie etwas schreiben wird. Übrigens glaube ich, daß die Nachricht von der künftigen kritischen Tätigkeit des Herrn Krajewskij nicht ganz stimmt. Ich muß aber bemerken: vielleicht irre ich mich auch, jedenfalls werde ich mit Ungeduld auf das Erscheinen des neuen Heftes der »Vaterländischen Annalen« mit dem Aufsatz des verehrten Redakteurs warten. Aber ich glaube dennoch, daß Herr Krajewskij jetzt keine Zeit für die russische Literatur übrig hat; er hat auch ohnehin viel zu tun. Außer ernsthafter Arbeit hat er vierzig künftige Bände des »Enzyklopaedischen Lexikons« auf dem Buckel. Außer dem »Enzyklopaedischen Lexikon« muß er die »Vaterländischen Annalen« heben, sie lebendiger und moderner machen und die eingeschlafene Zeitschrift aufrütteln, sonst wird sie vielleicht keine Abonnenten haben... Für die Literatur hat er jetzt keine Zeit!

Obwohl er jetzt für die Literatur keine Zeit hat, will ich, um mit Herrn Krajewskij fertig zu werden, sagen, daß ich ihn dennoch für eine höchst nützliche Person in der russischen Literatur halte; und das sage ich vollkommen ernst. Wenn er auch im Laufe seiner ganzen literarischen Tätigkeit fast nichts geschrieben hat, so hat er doch verstanden, die Zeitschrift zu redigieren. Heute ist so etwas leichter, aber früher war es gar nicht leicht. Die Zeitschriften haben bei uns jetzt eine hohe soziale Bedeutung erlangt, und Herr Krajewskij hat dazu als Redakteur wirklich viel beigetragen. Er hat die Zeitschrift unter anderem auch vom kaufmännischen Gesichtspunkte (wie es in den Zeiten des Herrn Krajewskij auch nötig war) aufgefaßt; das war dringend notwendig, und man darf positiv behaupten, daß er dem Verlagsgeschäft als erster die Ernsthaftigkeit eines Handelsunternehmens und eine ungewöhnliche Pünktlichkeit verliehen hat. Man wird auf die »Lesebibliothek« hinweisen und sagen, daß sie vor den »Vaterländischen Annalen« erschienen ist und gleichfalls mit einer in der russischen Journalistik bis dahin unerhörten Pünktlichkeit herausgegeben wurde. Ich gebe zu, daß der erste Schritt am wichtigsten ist, dafür hat aber auch der zweite Schritt vielleicht keine geringere Bedeutung. Der Erfolg des ersten Schrittes beruht zuweilen auf zufälligen Umständen, aber nur der Erfolg des zweiten Schrittes rechtfertigt die Sache endgültig. Er beweist nicht nur ihre Möglichkeit, sondern auch ihre Solidität und Reife. Durch die Pünktlichkeit und Genauigkeit seiner Zeitschrift brachte Herr Krajewskij dem Publikum den Glauben an die Solidität der literarischen Unternehmungen bei, und dieser Glaube ermutigte das Publikum und vergrößerte die Abonnentenzahl. Wenn auch Herr Krajewskij als Literat wenig geleistet hat, so sind seine Leistungen auf sozialem Gebiete doch genügend groß. So wurde er als der pünktlichste von allen Herausgebern mit der Herausgabe des »Enzyklopaedischen Lexikons« betraut. Aber Herr Krajewskij begnügt sich nicht mit diesem einen (wiederum sehr wichtigen) Verdienst; er erklärt, daß er Kritiken schreiben wolle. Mit Gott denn! Aber wenn es Herrn Krajewskij einfällt, im eigenen Namen einen Brief in der Presse über seine Beteiligung an der Redaktion des »Enzyklopaedischen Lexikons« zu veröffentlichen und in diesem Briefe zu erklären, er hätte auf sich die ganze moralische Verantwortung für die Aufsätze im zukünftigen Lexikon genommen; er werde die Artikel über alle Wissensgebiete – Philosophie, Naturwissenschaften, Geschichte, Literatur und Mathematik lesen; er werde diese Artikel nach Bedarf korrigieren, kürzen und vervollständigen, – so werden wir uns darüber mindestens wundern dürfen. Das wird sogar etwas peinlich sein. Das wird ihn kompromittieren, das wird ein Gelächter hervorrufen! Ich meine, daß, wenn selbst Bacon das »Enzyklopaedische Lexikon« mit einer solchen Verantwortung redigierte, das Publikum über ihn lachen müßte. Man kann ja nicht alle Wissenschaften auf der Welt kennen! Man kann sich doch nicht auf alles verstehen. Shakespeare war zwar ein großer Dichter, würde es aber nicht übernehmen, die Peterskirche in Rom zu erbauen. Und Herr Krajewskij ist sogar kein Shakespeare.

Aber, mein Gott, wohin bin ich geraten! Ich vergesse immer, daß ich ein Feuilletonist bin! Wenn man etwas übernommen hat, so muß man auch dabei bleiben. Ich soll über Neuigkeiten berichten, schreibe aber über das »Enzyklopaedische Lexikon«. Neuigkeiten! Neuigkeiten! Zudem ist jetzt die lebhafteste Zeit, Mitte des Winters, Weihnachten, Neujahr, Feiertage, Christwoche!...

Doch! Die Ristori... Vorher müßte ich aber das Denkmal für Puschkin erwähnen, das endlich im Parke des ehemaligen Alexander-Lyzeums aufgestellt werden soll; ich müßte auch etwas über das jetzige Buchhändlergeschäft sagen, etwas über die Sonntagsschulen, die sich jetzt mit solcher Schnelligkeit vermehren, etwas über die für die Volkslektüre bestimmten Veröffentlichungen. Schließlich müßte ich irgendwo, und sei es auch unter der Erde, irgendeine besondere interessante Neuigkeit finden, eine, die den andern Feuilletonisten noch unbekannt oder wenig bekannt wäre, um mich vor ihnen zu brüsten; aber... aber das lasse ich fürs nächstemal! Über das Denkmal werde ich mich ausführlicher aussprechen, wenn es einmal errichtet ist; vom Buchhändlergeschäft werde ich an der entsprechenden Stelle sprechen. Über die Sonntagsschulen wollen wir einen eigenen Artikel bringen; über die Bücher fürs Volk ebenfalls. Was aber die noch keinem Menschen bekannte Neuigkeit betrifft, so verspreche ich, sie unbedingt für mein nächstes Feuilleton zu verschaffen, wenn mir nur niemand zuvorkommt. Bleibt also nur noch die Ristori.

Aber mir scheint, meine Herren, daß Sie über die Ristori schon so viel gelesen und gehört haben, daß es Ihnen schon langweilig geworden ist. Natürlich wird es Ihnen niemals langweilig werden, die Ristori zu sehen, und wir denken uns folgendes: wir wollen sie erst einmal in ihrem ganzen Repertoire sehen, in allen Rollen, die sie in Petersburg zu spielen gedenkt, und dann... Und dann werden wir

Ihnen einen genauen und endgültigen Bericht über sie geben. So bin ich also auch mit der Ristori fertig. Auf Wiedersehen, meine Herren, bis zum nächstenmal. Dann werde ich vielleicht wieder etwas im Traume sehen und... Aber auf Wiedersehen!

Ach, mein Gott, ich habe es ganz vergessen! Ich wollte ja meinen Traum von der graziösen Armut erzählen. Ich versprach, auf diesen Traum am Ende meines Feuilletons zurückzukommen. Aber nein! Ich hebe auch ihn fürs nächstemal auf. Lieber alles zugleich. Wie meine Erzählung ausfallen wird, weiß ich nicht, aber ich versichere Ihnen, die Geschichte selbst ist interessant.

(1861)

Jewgenij Lanceray: Nikolskij Markt

Apollon Grigorjew

Abschied von Petersburg

Adieu, du kalte Stadt, Stadt ohne Leidenschaft,
Grandiose Stadt der Sklaven, leb wohl,
Stadt der Kasernen, Bordelle und Paläste,
Adieu auch euch, ihr eiterklaren Nächte.
Furchtbar ist deine Gleichgültigkeit,
Noch angesichts von Peitschenhieben
Strotzt du vor Eitelkeit,
Eilfertig dienst du seit je den Zaren,
Verflucht sei die Beamtentümelei...,
Der die Kalajdowitschs und Lakers fröhnen,
Europa gleich zu sein, sich mit ihm zu messen,
Murmelst du, wie ein Araber seine Sure,
Ach, scher dich zum Teufel du, Verdammte du, du...!

(1846)

Alexander Benois

Pittoreskes Petersburg

Es gibt wohl keine Stadt auf der Welt, die weniger Sympathie genießt als Petersburg. Welche Epitheta hätte diese Stadt sich nicht bereits erworben: »eiternder Sumpf«, »absurder Einfall«, »gesichtslos«, »Beamtenabteilung«, »Regimentskanzlei«. Ich war nie mit alledem einverstanden; vielmehr muß ich gestehen, daß ich Petersburg liebe und daß ich, ganz im Gegenteil, in ihm unendlich viele, ihm allein vorbehaltene Reize erblicke. In Moskau ist mehr echtes Leben, sind weniger Papiere, weniger Uniformen. Aber ob Moskau schöner ist – das ist eine andere Frage. Das Stein gewordene Märchen des Kremls ist zweifelsohne etwas ganz und gar Unvergleichbares. Aber der Kreml ist nicht ganz Moskau, und man wird zugeben müssen, daß – abgesehen vom Kreml – die Stadt als Ganze (von den einzelnen, reichlich sinnlos verstreuten Denkmälern ganz zu schweigen) eher häßlich, und erst recht gesichtslos ist – eine riesige, finstere Gouvernementsstadt. Ich mag auch Moskau sehr, vielmehr die Moskauer (...). Man stößt auch dort auf wunderbare Häuser, große und kleine, dann und wann steckt zwischen ihnen ein bezauberndes Kirchlein, doch der allgemeine Eindruck ist ungünstig, ja mitunter geradezu absurd.

Ganz anders Petersburg. Wenn Petersburg schön ist, dann eben als Ganzes, oder vielmehr in riesigen Blöcken, in großen Ensembles und weiten Panoramen – steif und formell zwar, und dennoch von majestätischer Schönheit. Diese ist nicht gerade heiter. Wenn man Ansichten von Petersburg neben manchen Ansichten von Paris betrachtet, fällt einem unwillkürlich der Vergleich eines gestrengen römischen Senators mit einer entzückenden Mänade ein. Der Senator ist zwar nicht weniger schön als die Mänade – sonst hätte er nicht die ganze Welt samt eben dieser Mänade erobert. In Petersburg herrscht derselbe strenge römische Geist, der Geist der Ordnung, jener Geist des formvollendeten Lebens, der für die allgemeine russische Schlampigkeit so unerträglich ist, aber doch ganz ohne Zweifel auch seine Reize besitzt.

Diese Steifheit, dieser scheinbar bloß philisterhafte »bon ton« enthält sogar etwas Phantastisches, gleichsam ein Märchen, das Märchen vom boshaft-schlauen Zauberer, der eine ganze Stadt erschaffen wollte, in der statt lebendigen Menschen und lebendigem Leben tadellos funktionierende Automaten tätig sind, angetrieben von einer grandiosen nimmermüden Sprungfeder. Die Mär ist reichlich düster, und doch nicht vollkommen abstoßend. Ich wiederhole – diese Maschinenhaftigkeit und Unnatürlichkeit haben einen besonderen, sogar einen enormen Reiz, jedenfalls einen größeren als das bürgerlich-vernünftige, fleißige Leben etwa von Berlin.

Gewiß ist Berlin eine wunderbare Stadt. Welche Parks gibt es dort, welche Museen und Geschäfte. Aber man kann vor Langeweile eingehen, wenn man länger als einen Monat dort leben muß. Auch dort gibt es eine Sprungfeder, aber sie spielt schließlich – trotz aller Parks, Paläste und Museen – stets »O, du lieber Augustin«, während unsere Petersburger Sprungfeder eine unvergleichlich bedeutsamere, eine möglicherweise zwar tödlich schwermütige, dafür aber gewichtige und in gewisser Weise erhabene Musik intoniert. (...) Mag Petersburg für das alte, große, gutmütige, schlampige

Rußland immer noch wie schon seit 200 Jahren der fremde, unbegreifliche und verhaßte Sergeant sein – nicht das gutmütige Onkelchen, sondern namentlich der Kommißhengst mit dem Stock, für jeden, der in das unwillige Murren der dahinkriechenden Alten, die sich von ihrem schweren, doch süßen Traum nicht lösen mag, nicht einstimmt, verwandelt sich dieser Sergeant in einen weisen, harten, doch faszinierenden Genius, der mit seinem lichten, kalten Blick wachsam auf alles ein Auge hat, was auf der Welt geschieht.

Zugeben muß man allerdings, daß (...) Petersburg in den letzten 50 Jahren nicht mehr das ist, was es war. Es ist lustiger geworden, und irgendwie unpassend jugendlicher, es beginnt sogar allmählich wie ein geschmackloser Stutzer auszusehen. Nehmen wir an, daß die »großen Linien« einstweilen noch geblieben sind. Die Newa führt nach wie vor ihre gewaltigen Wassermassen, nach wie vor ragt die Peter- und Paulsspitze trostlos in die Höhe, nach wie vor spiegelt sich das fahle Morgenrot der weißen Nächte in den riesenhaften Gläsern des Winterpalais, nach wie vor strahlt der Platz vor dem Generalstabsgebäude seine schwermütige Schönheit aus, die Riesengestalten der Börse, der Akademie der Wissenschaften, der Isaakskathedrale, des Senats und der Admiralität haften nach wie vor an ihren Plätzen. Aber um dieses Ensemble von Rom und Babylon herum sprießt gleichsam ein lustiges Blümchen übersäter, merkwürdig verdächtiger Rasen: es entstehen irgendwelche riesigen Häuser mit »angenehmen«, »prunkvollen« Fassaden, lichtüberflutete, mit allerlei Tand vollgestopfte Kaufhäuser werden eröffnet – es findet, mit einem Wort, etwas Ungutes, etwas geradezu Unanständiges statt. Einige der besten Gebäude sind in diesen Jahren gänzlich verschwunden (...). Jährlich gehen dutzendweise reizvolle Villen aus der Zeit Alexanders und Katherinas verloren, sie werden zu riesigen, prunkhaften Mietobjekten umgebaut oder – schlimmer noch – mit allerlei abscheulichen Stuckornamenten »dekoriert«. Ebensowenig wie diese geschmacklose europäische Kosmetik stehen Petersburg die Versuche zu Gesicht, es zu einer russischen Stadt zu machen, all diese mitten im Empirestil emporgeschossenen Zwiebeltürme, die schreiend-bunten Kacheln, die Häuser von Stasow mit ihren Gockeln und anderen »russischen« Details. Auf der einen Seite Kriecherei vor dem Westen, das jämmerliche Streben nach dem Glanz der zeitgenössischen Pariser Kultur, auf der anderen Kriecherei vor Moskau und der Wunsch, russischer, »sympathischer« zu werden.

Was das Streben nach dem Westlichen angeht, erscheint folgendes recht merkwürdig: Dieses Streben gab es bereits bei der Entstehung Petersburgs, die Stadt verdankt ihre Existenz eben diesem Streben, wobei dieses Streben während der ersten 150 Jahre nichts Kriecherisches an sich hatte. Im Gegenteil, Petersburg wuchs und entfaltete sich mit erstaunlicher Selbständigkeit und Kraft. Schauen Sie sich die alten Ansichten von Petersburg an. Das ist ja keine typisch europäische Stadt, aber andererseits auch überhaupt keine russische, sondern eine ganz und gar eigenartige und zweifelsohne grandiose und schöne Stadt. Die Art der Häuser, der Kirchen und Paläste, die Ausmaße der Straßen, der Plan, – alles war gänzlich eigenständig. Alle Bestandteile waren natürlich entlehnt: die Säulen, Ziergiebel, Pilaster und später die klassizistischen Basreliefs, Attiken und Vasen wurden in Frankreich, Italien und Deutschland geborgt. Dennoch wurde dies alles derart eigenständig gestaltet, daß schließlich etwas Prächtiges und gänzlich Eigenartiges entstand. So, als hätten sich die ausländischen Architekten, eingelassen in die besonderen Lebensbedingungen Petersburgs, sofort den Verhältnissen angepaßt und die Vermächtnisse der Heimat vergessen. Es ist ein Gemeinplatz, daß Petersburg zu Peters Zeiten nichts anderes als eine holländische Kleinstadt war. Das stimmt nicht. Schauen Sie sich das Quartier des Kadettenkorps oder das Häuschen Peters im Sommergarten an, studieren Sie die alten Gravüren und Pläne und Sie werden sehen, daß zwar die Absicht bestand, aus Petersburg etwas Holländisches zu machen, aber das, was dabei herauskam, war so eigenartig und außergewöhnlich, daß es mit Amsterdam oder Den Haag rein gar nichts gemeinsam hatte. Dort – die schmalen Grachtenhäuser, die gepflegten, schmalen Uferstraßen, die krummen Gassen, Backsteinfassaden und riesige Fenster, hier – die massigen, untersetzten Herrenhäuser, die gewaltigen Flüsse mit ihren breiten Ufern, die schnurgeraden Prospekte, die Stuckarbeiten und kleinen Fensterchen. Es läßt sich auch nicht behaupten, das Petersburg Elisabeths habe wie Wien oder irgendeine andere typische Rokokostadt ausgesehen. Das Winterpalais, der Smolnyj, das Rasumowskij-, Woronzow-, Scheremetew- oder Stroganowpalais – das sind allesamt lokale Erscheinungen einer völlig eigenen Art. Rastrelli, der gebürtige

Italiener, entpuppt sich als Schöpfer eines rein russischen Rokokos – riesenhaft, schwer, verschnörkelt und eher düster als heiter. Genauso ähneln die Bauten Katharinas, Pauls, Alexanders des Ersten und Nikolais des Ersten nicht den zeitgenössischen Bauten des Westens. Es heißt, Quarenghi, Rossi und Thomon hätten in Rußland das gebaut, was sie wegen fehlender Mittel in der Heimat nicht hätten bauen können. Das wird kaum der Fall gewesen sein. Nicht weniger Geld als bei uns wurde auch im Westen für Bauten unter Ludwig XVI., Napoleon, Friedrich, Wilhelm III. und den letzten Georgs ausgegeben. Und dennoch wurden tatsächlich sonst nirgendwo derart viele - nicht nur in ihren Ausmaßen, sondern auch vom Konzept her – gewaltige, kolossale Bauten errichtet, wie dies unsere Börse, das Generalstabsgebäude, das Alexandrowskij Theater, das Michailowskij- oder das Jelaginpalais, usw. sind. Es ist, als hätten unsere weiten Ebenen und die übermäßig breite Newa die Ausländer zu Schöpfungen inspiriert, die ebenso weit und fern und ungemütlich sind, wie unsere Natur. Hinzu kommt natürlich, daß die Städte überall in Europa bereits erbaut waren, überall mußten die wunderbaren Denkmäler des Altertums geschont werden, während hier bloß leerer Raum war, auf dem man bauen konnte, was und wie man wollte. Einer der Hauptgründe für den einheitlichen Eindruck Petersburgs ist nämlich die relative Gleichzeitigkeit der Entstehung der wichtigsten Bauwerke, ebenso wie die Weiträumigkeit, die den Vorhaben und den Ausführungen der Künstler zur Verfügung stand. Deshalb mutet es als ein unverzeihlicher Lapsus an, daß in der Kunstgeschichte des 18. und 19. Jahrhunderts kein westlicher Gelehrter die Petersburger Baudenkmäler berücksichtigt, denn einzig in und um Petersburg sind Werke jener Zeit vorhanden, die einen vollkommen einheitlichen Charakter aufweisen.

Es ist bemerkenswert, wie fest sich in unserer Gesellschaft die Meinung von der Häßlichkeit Petersburgs einquartiert hat, mit dem Resultat, daß kein Künstler der vergangenen fünfzig Jahre es für nötig hielt, sich dieser »unmalerischen«, »kalten«, »bürokratischen« Stadt zuzuwenden. Gegenwärtig beschäftigen sich etliche Künstler mit Moskau, und sie bringen es auch tatsächlich fertig, seine Schönheit und seinen Charakter zu vermitteln. Aber es gibt *keinen einzigen*, der es für nötig hielte, einen ernsthaften Blick auf Petersburg zu werfen. Wahrscheinlich sind die 50er und 60er Jahre schuld daran: die von Kunst und Poesie geprägte Propagierung Moskaus durch die Slawophilen einerseits und die kalte, trockene, nihilistische Petersburger Agitation der Westler andererseits. Keiner der großen Dichter der zweiten Hälfte des 19. Jahrhunderts hat sich für Petersburg eingesetzt. Moskau dagegen erwarb sich allgemeine Begeisterung und Zuneigung. Dies war zwar vollkommen berechtigt, und zu bedauern ist nur, daß wir Moskau so lange und so vollkommen ignoriert haben (...). Aber jetzt ist es an der Zeit, uns aus den Windeln der Slawophilen zu lösen; es ist an der Zeit, aufzuhören, uns der »europäischen« Seite des russischen Lebens zu schämen und uns statt dessen mit größerer Anteilnahme dem verhaßten Petersburg zuzuwenden. Es ist bemerkenswert, daß (...) zu Zeiten, als alles rein Russische nicht verstanden oder gar verachtet wurde, Petersburg von einem regelrechten Kult umgeben war, Liebe und Lob genoß. Denken Sie an die vielen Oden an das »Palmyra des Nordens« im 18. und zu Beginn des 19. Jahrhunderts, oder noch besser – schauen Sie sich die vielen Zeichnungen, Gravüren und Gemälde aus der Zeit Elisabeths, Katherinas und Alexanders an. Die »kleinen« Künstler, Zöglinge der Petersburger Akademie, die unter ebenso unwirtlichen Bedingungen herangewachsen waren, wie die kümmerlichen, auf dem finnischen Sumpf angelegten Gärtchen und Parks (...): sie erwiesen sich als die wahren Kinder ihrer gestrengen Heimatstadt; in ihren bescheidenen Werken spiegelte sich diese Stadt mit erstaunlicher Wahrhaftigkeit, Exaktheit und sogar Poesie wieder. (...)

Uns scheint, daß nun eine Wiedergeburt der Petersburger Kunst ansteht. (...) Die Themen, die diese erstaunliche Stadt dem Künstler aufgibt, sind noch lange nicht erschöpft, um so weniger, als das, was die Meister des frühen 19. Jahrhunderts geleistet haben, nichts als eine erste Andeutung darstellt. Man wünscht sich, daß die Künstler Petersburg lieben lernten: sie mögen seine Schönheit herausstellen und kostbar machen, und damit die Stadt vor dem Untergang retten, ihre barbarische Entstellung stoppen und ihre Schönheit vor den Angriffen grober Ignoranten schützen, die mit ihr vor allem deshalb so unglaublich geringschätzig umgehen, weil eine Stimme des Protests, der Verteidigung, ja der Begeisterung fehlt. Petersburg – das sind Kasernen und Kanzleiabteilungen, deshalb verdient es keine

Rücksicht. Wir dagegen werden nie aufhören zu wiederholen, daß Petersburg eine wunderbare Stadt ist, deren Schönheit kaum Konkurrenten kennt.

(1902)

Maxim Worobyjow: Das Newa Kai in der Nähe der Akademie der Künste. Blick auf das Pier mit den ägyptischen Sphinxen bei Tag

Wjatscheslaw Iwanow

Die Sphinxe über der Newa

War's Zauberwerk in weißer Nächte Weben,
Nur Widerschein polarer Wundermacht?
Hat Isis bleich euch in die Haft gebracht,
Tierwunder aus dem hunderttor'gen Theben?

Welch Rätsel hat dem Steine noch gegeben
Der Münder Krümmung, die so grausam lacht?
Gibt euch mehr Lust die Flut der Mitternacht,
Als Sterne euch am heil'gen Nil gegeben?

Doch quälen uns zwei Dämmerungen dann
In Zauberstunden, wenn am hell und klaren
Nachthimmel Bernstein in den Bernstein rann –

Dann schaut ihr, aufgereckt die zwei Tiaren,
Schaut – Jungfrauen oder Herrscher – ihr euch an,
Augen in Augen, lächelnd, wild, erfahren...

(1907)

Alexej Remisow

Vom Tiger zum Haken

Ich bin der Tiger der alten, von Asche verschütteten, steinernen Stadt, auf Gottes Geheiß geboren und nach dem Zeugnis König Davids zur Geduld verurteilt: Ich bin vor der Zeit, in die Zeit und für die Zeit.

Ich lag träg und lässig in der Allee des Petersburger Sommergartens und betrachtete das Publikum. Es gab nur wenig Spaziergänger, und ich hörte gar kein Lachen, nur hie und da ein widerliches Kichern. Die meisten gingen mit ernsten Gesichtern ihren Geschäften nach, und die Geschäfte, denen sie nachgingen, wurden als etwas so ungemein Wichtiges hingestellt, als ob davon das Heil der Welt abhinge. Ich sah nur die Rücken der Vorbeigehenden und konnte nur aus ihren Worten und Äußerungen, die an mein Ohr schlugen, schließen, was für Gesichter und was für Augen sie hatten. Die Empörung ließ mich auf meine kräftigen Beine springen; ich stürzte voller Wut auf das Häuschen Peters des Großen zu, ich schlug meine Krallen in das Holz und begann den Leuten ins Gewissen zu reden und ihnen klarzumachen, daß sie Betrüger und selbst der einfachsten Sache nicht gewachsen seien, weil ihre Augen trüb und kurzsichtig, ihre Seelen welk und ihre Gesichter schief seien.

Indem ich die Erlöser anklagte, begann ich solchen Unsinn zu reden, daß auch meine Augen sich trübten, meine Seele ausfaserte und mein Gesicht schief wurde. Und plötzlich war ich wie durch ein Wunder in einen Vogel mit lauter Stimme verwandelt.

Ich sang so laut, daß es wohl auf der ganzen Welt keinen Winkel gab, in dem mein Gesang nicht zu hören gewesen wäre. Und da alle meinem Gesange lauschten und an der sonnigen Stelle, wo ich zu singen pflegte, bereits ein Käfig hing und ich wußte, daß man mich einfangen und in diesen Käfig sperren würde, empfand ich es als lästig und auch gefährlich, als Vogel weiterzuleben.

Um mich irgendwie zu retten und mir die Freiheit zu erhalten, senkte ich meine Flügel und schlich mich als diebischer Fuchs in das schmutzige und gemeine Wirtshaus ›Zu den lustigen Inseln‹ in der Werejskaja-Gasse, drängte mich irgendwie durch die Masse der betrunkenen Gäste und setzte mich an den ersten besten Tisch; um keinen Verdacht zu erregen, bestellte ich mir aber eine Flasche vom stärksten und berauschendsten Weine.

Obwohl das Lokal gesteckt voll war und man sich gar nicht rühren konnte, brachte es irgendeine Sascha Timofejewa fertig, sich an meinen Tisch zu setzen. Sie umschlang meinen Hals mit einer Hand und suchte ihr Gesicht dem meinigen zu nähern.

»Lieber Freund, führe mich fort von hier!« flehte sie mich an, und ihr gelber Lackledergürtel knisterte.

Während sich ihr dunkelmattes Gesicht mit den riesengroßen grauen Augen ohne Pupillen meinem Gesicht näherte, senkte sich von der Decke ein Netz so fein wie Spinnweben langsam, aber sicher über mich: ich fühlte, wie ein seidenes Vogelnetz über mich geworfen wurde. Und als die Augen meiner Geliebten schon so nahe waren, daß sie zu einem einzigen grauen Auge verschmolzen, berührte das Netz meinen Scheitel; im gleichen Augenblick drang ein feiner, scharfgeschliffener Haken in mein lebendes Herz. Er hakte sich fest und zog mich schon im nächsten Augenblick roh und blind über die Sascha und den Tisch hinweg zur Decke empor.

(1907)

Alexander Blok

An J. P. Iwanow

Schachmatowo, 25. Juni 1905

Ja, Lieber, es gibt mehr Worte, als Du mir geschrieben hast. Ich habe mich viel und lange gequält und war niedergeschlagen, und es waren ganz schwarze Tage. Jetzt ist es gut. Dieser Tage ist erst Bugajew, dann Solowjow abgereist, welche zusammen gekommen waren und Neuigkeiten und Stimmen von Ereignissen gebracht hatten, die sich auf dem allerwichtigsten Gebiet, dem »Unsagbaren«, begeben hatten.

Weißt Du, was ich lassen will? Sanftmut und Nachgiebigkeit. Das ist hinsichtlich *einiger* Dinge und *einiger* Menschen unumgänglich. Weißt Du, daß Einsamkeit, solange sie ein *Gefühl* bleibt, schmachten läßt und schmeichelt und nachzudenken hindert und lockend winkt? Und dann verwandelt sie sich plötzlich aus Gefühl – in *Wissen*, und da macht sie fest, hält im Zaum und zwingt wieder, aus SICH SELBST zu schöpfen. »Schöpfe, schöpfe, bis der Kehlkopf ausdorrt, und wenn du am Leben bleibst – erfährst du deine Kraft.«

Ich meine eine Einsamkeit von besonderer Art. Was Dir – Christus, ist mir – nicht Christus. Ich liebe Dich und empfinde unsere Nähe in dem *uns Gemeinen*, welches zu sieden angefangen hat und zu schäumen und zu leuchten nach unserer ZUFÄLLIGEN Begegnung – dem Kennenlernen. Von zwei verschiedenen Enden der Welt hatte es uns zueinander getragen, und alles lag im Blick – dem ersten und bedeutendsten. Vielleicht sind wir in verschiedenen Kesseln gekocht, aber in die »entlegenste tote Bucht« getrieben worden, ein »Land der Mündungsbuchten und Flußmoräste«, ins »Reich des Dämons von Altmoskau« (Konewskoi über Petersburg). Und es entstand bei uns das Halbdunkel einer Nähe, in welches ich oft zurückkehre in Gedanken und welches ich nicht begreifen kann. Ich schreibe Dir jetzt so, weil wieder ein schrecklicher Zorn auf Petersburg in mir hochkommt, *denn ich weiß*, daß dieser eklige, faule Kern, wo unsere Verwegenheit sich abquält und verkümmert, von Abgründen, bodenlosen Morästen umgeben ist, wie sie das Auge des Menschen noch nicht gesehen hat, das Ohr nicht vernommen. Ich habe die Grenzen unserer Stadt *berührt*, ich weiß, ich weiß, was dort ist, daß die Winde noch lange dort zu winseln, die Teufel umzugehn, die Usurpatoren in die Fäuste zu pfeifen haben*. Noch lange wird bei der Lachta Offenbarung vollzogen, werden die Himmelsröten die Brust aufregen und überschütten mit dem Salz der Tränen und wird eine Welt-Unsagbarkeit locken aus der Kloake. Doch wir leben ja, leben tagtäglich – in Grauen, Gestank und Verzweiflung, in Fabrikrauch, im Knistern lüsternen Lächelns, im Rouge abscheulicher Automobile, welche die Himmelsröte anheulen, die Himmelsröte zu enträtseln sich anmaßen!

Michail Wrubel: Sitzender Dämon

Petersburg ist ein gigantisches öffentliches Haus, empfinde ich. Man kann darin *nicht Atem schöpfen, nicht das Ganze* erkennen, eine kurze Erholung ist nur dort, wo die Masten knarren, die Barken schaukeln, am *Rand*, auf den Inseln, ganz zu Füßen der Bucht, im Halbdunkel. Doch dort erfährst du die Stille nur, bis es hell wird, kaum entflammt der Tag – ist alles zu Ende. Hast Du Brjussows Drama »Die Erde« gelesen? – Dort ist die Rede davon. Eigentlich schreibe ich so viel und streitsüchtig deswegen, weil ich den Haß auf die geliebte Stadt heraussagen will, gerade Dir heraussagen, weil Du besonders verstehst, liebend, wie ich. Aber unbedingt, unbedingt

* Sich in die Fäuste pfeifen – idiomatische Wendung für »kein Geld haben«.

muß man verstehen, daß es in Petersburg leichter als irgendwo sonst ist, ohne Qual zu sterben, steckenzubleiben, zu erlöschen. Weißt Du, daß WIR die sind, von denen wenigstens einmal im Leben ein Wirbel entstehen muß? *Wir selbst erwarten von uns Wirbel.* So zu schreiben fällt mir leichter, als zu reden; redeten wir, würde ich nur wieder träge und unlustig werden, knergeln, wie ich, Du weißt es, meistens rede. Auch schreiben kann ich nicht alles, aber das, was ich *nicht klar* auszusprechen vermag, dreht sich immer nur um das eine: Ich will Aktivität, ich spüre, daß das *Feuer* wieder naht, daß das Leben nicht wartet (es kommt nicht dazu – das *Feuer* wird *von selbst* herfliegen), ich will viel hassen, will härter sein. Und trotzdem ist das nicht ganz so; wenn ich es besser weiß, schreibe ich mehr. Wieder ist Feuer nah – was für eins, weiß ich nicht. Das Alte bricht zusammen. Nie nehme ich Christus an. Schreib, was in Dir jetzt mir antwortet, haste nicht damit. Hättest Du das Gesicht des russischen Dorfes kennengelernt – es kehrt sich um; irgendwer fängt an, mir eine Waffe zu schenken... Vielleicht. Vielleicht wird es gut, ringsum ist viel Harmonie.

Dein Dich liebender Sascha

Nun werde ich diesen ganzen Brief so, in seiner impressionistischen und verworrenen Art, auch abschicken. Vielleicht ist irgendwo doch noch herausgekommen, was ich nicht zu sagen vermochte. Welch eine bedeutende Zeit! Eine große Zeit. Zum Freuen.

Iwan Konewskoi

Die Magier

Über der erstarrten Stadt werden wir schwebenden Schritts gleiten,
Gleiten wie Schleier von Rauch, unter uns taube, stumme Mauern.
Soll er denn ewig dauern, dieser Stillstand aus Pflaster und Stein?
Ist da nicht doch, zärtlich verschwiegen, Liebe noch, nur Tod, der
blanke Schein?

Ja, errichtet ward sie von toten Menschen mit ausgebrannten
Seelen,
Da aber hoben hinter Mauern, tumb und blind, Herzen zu
schlagen an.
Ein Bassin, ein Stau, gigantisch dieses Totenwasserbecken, o große
Stadt,
Aus angesetztem Schlamm dein Lied verfliegt, darunter toben
stinkend deine Wogen.

Wenn nun am Lämpchen bei der Ikone ein armes Herz sich
entflammt,
Sollten wir es da nicht freundlich umarmen, es kennen, ja nennen?
Wo Märkte sich drängen, wo das Handwerk im Dämmer schaltet,
Dort waltet auch Leben, dort schmückt sich Krähwinkel mit Licht.

Drum leuchte, ohne zu rußen, Flamme des Salböls aus
Vorgebirgen!
Und du, rötlich glühendes Feuer des Waldes, wärm uns und
qualm!
Vom Schnee im Herbst bis zu des Frühjahrs Fluten erfasse das
Fleisch,
Unser Blut, auf daß sie nicht erkalten, in Winkeln gefangene
Gewalten.

Laßt Fuhrwerke und Kutschen durch ruchlose Straßen donnern,
Laßt im Laternenglase Gase aufflammen in lebloser Front –
Auf jetzt, Magier, in den Himmel empor, durch rauchende
Schlote,
Dort zu schweben, uns die Träume, das Schicksal, Petropolis zu
geben!

(1900)

Welimir Chlebnikow

Der Kranich

Für W. Kamenski

Auf dem Friedhof der Zaren im feuchten Schatten,
Im Schatten der goldenen Nadel,
Im engen schattigen Winkel
Flüstert und stottert ein kleiner Junge:
»Seht dort oben die Schlöte,
Sie schaukeln und schwanken betrunken!«
Er träumt wohl, träumt mit offenen Augen.
»Junge, was träumst du?«
Der Junge schweigt, er rennt,
Außer sich vor Schrecken springt er davon.

Und ich, ich krame den Zwicker hervor
Und sehe mit eigenen Augen:
Die langen Hälse der Schlöte schlingern
Wie an der Wand die Fingerschatten
Der Wahrsagerin. So lauert reglos
Im Sumpf die Rohrdommel,

Bis die Gefahr vorbei ist, und regt sich
Plötzlich. Die Vogelpflanze nickt
Im Schilf, im blasigen Seeschaum.
Und dort, stromabwärts wirbelt, hüpft
Eine eiserne Handwurzel, ein riesiger Haken,
Streicht, eine Knochenhand aus der Vorzeit.
Hoch über den Fluß hin, unwiderstehlich:
So zieht es den Ausbrecher hin zum Bett seiner Frau.
Das Eisenskelett der Paläste, geboren aus Glut,
Steht in Flammen, hält den Flammen stand:
Das neugeborene Ungeheuer mißt sie sich an
Und läuft auf ihnen, auf flammenden Eisenbeinen.

Schlöte, jahrhundertalt, stehen auf,
Ringeln sich, biegen sich katzenhaft,
Fliegen auf und davon. Eisenbahnwagen,
Nichtraucher, Dienstabteil, Holm und Spant,
Werden zu Rippenkörben, stählerne Schienen
Reißen sich von den Dämmen los
Und springen wie Schoten im Herbst.
Die Newa-Brücke bricht von den Ufern,
Ein stählerner Strudel im Strom.
Menschenfrucht, wandernder Kürbis,
Was für eine Saat ist da in dir aufgegangen,
Was schwimmt da auf dich zu, im Aufruhr:
Nie gesehene Geschöpfe mit schrecklichen Sohlen
Und unter den Sohlen: Matsch. Ein Nichts
Eine nichtige Drüse sind Menschen und Tiere
Vor diesem Skelett aus Kupfer und Stahl,
Das drohend über der Stadt steht.
Die schlingernden Schlote sagen
Der Menschheit den Untergang an,
Sie singen, die Geisterschlote,
Vom Schlangennest, der Menschenbrust,
Vom Todeskuß, vom Knochenmann.
»Die Dinge haben eure Affenliebe satt,
Die Dinge meutern gegen euch!«

Ein Eisenfloß bricht jetzt die Wellen,
Das Wasser schäumt, dahinter reißt
Ein großes Loch auf, schwarz,
Die Frucht ist reif, die Saat geht auf.
Der Vogel holt sich seine Gurgel:
Den Turm der Festung und das Sturmgeschütz.

Rittlings auf seinem Hals im weißen Hemd
Ein irrer Säugling, das Kissen,
An die Brust gepreßt.
Der Haken steigt, geschickt,
Ein Kakadu, auf das Gerippe.
»Ich falle«: Schrei eines Arbeiters

Hoch über der Elchinsel, irr und gellend.
Fahrzeuge, Käfer, rot und gelb
Gestreift, bemalt mit Zarenfarben, rudern
Flußab, des Vogels Polizeieskorte.

Auf den Wolkenkratzer-Dächern
Emporgereckte Arme, Gras im Wind.
Hände am Kropf des Ungeheuers, machtlos
Im Sturm der Schlöte, die am Himmel fliegen,
Blätter im Steinsturm. Rauch
Und Jahreszahlen auf der Stirn der Schlöte.
Die Brücke, einst ein feierlicher Vers
Über dem Lärm der Stadt, den Raum
Einklammernd und die Wasserärmel,
Sie macht sich los und geht wie ein Magnat,
Die Brust mit Gold geschmückt, davon,
Gemessen, wie im Eisgang, wird
Zum Brustbein im Geripp des Vogels.
Der Heizer von der Wolga, Bastschuh,
Rotes Hemd, wie eine Wasserleiche,
Mit haarverklebter Stirn, der fromme Tau
Rinnt ihm aus seinen Augen, über das Gesicht,
Er steuert, scheints, die Brücke durch die Gischt.
Der Eisenhaken wird zur Vogelkralle,
Er lebt, jetzt lebt das Eisen, nicht das Tier,
Der Steuermann gibt ihm die Sporen,
Der Heizer Herostrat fährt seinen Zug in Fetzen.

Die Häuser, vielfenstrig wie im Libellenaug
Die Augen, laufen
Zu einer schmutziggrünen Milz zusammen.
In ihrer Tiefe wacht ein Kind auf,
Reibt sich die Augen. Ja schau nur, Kind,
Jetzt ist kein Schlaf mehr. Haare
Am Bein des Ungeheuers, mehr als ein Ziegenfell,
Gußeisern gittrig, fallen ab wie Blätter.
Schienen, wild sprossend, sind des Vogels Läufe,
Leichte Röhrenknochen, schlangenhaft

Verfilzt, verflochten, werfen sie
Sehr lange Schatten über Petersburg.
Und ohne Gnade fliegen Schlöte
Stadteinwärts, rußgesprenkelt
Wie Egel, finden sich am Ziel ein
Wie im Kasernenhof Rekruten,
Setzen sich fest, wie Egel Schlöte,
Und winden sich zum Vogelhals.
Und dann die Leichen! Die Leichen
Verbünden sich mit toten Dingen,
Sie fliegen, jungfräulich und finster
Mit dunkler Schleppe, heulend
Wie ein gewaltsamer Wind.

Der Vogel stelzt über die Gräber,
Über achtarmige Kreuze hin,
Öffnet den klaffenden Schnabel,
Der das Licht verschluckt hat,
Und die Toten harren im dunklen Licht
Und treten gierig ein in die Meute der Dinge.

Ein ungeheures Gerippe:
Die alte Verschwörung der Dinge
Erfüllt sich, die Prophezeiungen treffen ein.
Die Verschwörer treten zusammen
Und heben den Alten Ruhelosen auf den Thron,
Der ihnen verheißen hat:
»Ich gebe euch alle Schätze der Erde,
Wenn ihr erfüllt, was ich euch verkündet habe.«
Die Toten fliegen ihm zu aus den Friedhöfen
Und hüllen das Riesenskelett in ihr Fleisch.
»Das ist doch Nesabudkin«, ruft eine Greisin,
»Schau nur, Wanja, da fliegt er, der Ärmste!«
Hämisch lächeln die Leichen,
Verräter an allem was lebt,
Und gallig schwanken sie über den Platz,
In Reih und Glied, wie Soldaten.
Halbriese, Halbkranich, Halbkran,

Streng regierst du dein Volk!
Er breitet die Flügel aus, ein Sturm
Von Fasern. Der Tierschlund schluckt
Wie der Ofen die Luft den Menschen,
Das winzige Wesen. Die Sträflinge
Schlagen mutlos die Köpfe gegen die Fenster
Und flehen den neuen Gott um Freiheit an.
Das ist der Umsturz! Das Leben kapituliert
Vor den Toten, vor Dingen und Leichen.

Wer hat dirs eingeflüstert, Mensch
Welcher Ratgeber, welcher Mörder:
»Erwecke die Dinge zum Leben!«
Deinen Geist hast du im Wahnwitz verspritzt.

Jetzt zollst du dem Kranich Tribut.
Jetzt haust du wieder im finstern Wald
Der Not, und der Kranich scherzt mit dir.
Wo sind die Häuser hin, Renaissance und Barock?
Nur die Rentierflechte bleibt auf dem Sumpfgrund.
Der Kranich tanzt am hohen Himmel
Den Tanz des betrunkenen Skythen.
Wer lacht sich da nicht tot?
Ein Kranich, der tanzt!
Doch das Gelächter klang irrer,
Als das erste Kind im Schnabel verschwand.
Die Mütter brachten ihre Säuglinge her
Und warteten, ergeben strahlend die einen,
Nur um die Mundwinkel war ein Zucken,
Die andern warfen sich hin und schrien.
Die Stadträte warfen das Los,
Würdig und pflichtbewußt,
Warfen die Kinder wie Äpfel ins Netz
Und reichten sie dem Kranich dar.
Der Kranich fraß sie gelassen auf.
Propheten und Lehrer riefen zum Gebet
Und sprachen vom unabwendbaren Schicksal.

Er aber breitete lang seine Flügel aus,
Fraß Menschen und langweilte sich.
Im Würggeschrei des Siegers
War etwas wie ein Kichern zu hören.
Die Menschen knieten mit letzter Kraft
Vor dem Kranich und sprachen Gebete.
Er tanzt und tanzt immer irrer und schriller,
Er schlägt mit den Flügeln die Massen zu Schaum,
Er spickt den Schnabel mit unserm Fleisch.
Er hüpft und tanzt und zuckt im Krampf
Und feiert kannibalisch Triumph.
Seht, wie er sein Bein in den Himmel wirft!

Dann kam der Tag, wo der Kranich sich in die Luft erhob
Und flog auf und davon. Und ward nie mehr gesehen.

(1914)

Wassilij Rosanow

Solitaria (Was ist zu tun?)

»Was ist zu tun?« fragte ein ungeduldiger junger Mann aus Petersburg. Ja, was wäre da wirklich zu tun? Nun, wenn wir Sommer haben, putzt man die Erdbeeren und kocht sie ein; und wenn es dann Winter ist, ißt man das Eingemachte zum Tee.

(1901)

Alexander Blok

Straße, Straße

Straße, Straße...
Schatten lautlos Dahineilender.
Den Leib verkaufen,

und Vergessen kaufen
und wieder untertauchen
in den schläfrigen See der Stadt – der winterlichen Kälte...

Schlaft. Vergeßt die Worte der hell Strahlenden.

Oh, wären doch nicht in den Fenstern
die funkelnden Lichter!
Die Rouleaus und die scharlachroten Blüten!
Die Gesichter, über armselige Arbeit gebeugt!

Alles ist still.
Der Mond ist aufgestiegen.
Und die Reihen von Wolkenfedern
liefen weit auseinander.

(1905)

Ilja Repin: Newskij Prospekt

Vladimir Nabokov

Sprich, Erinnerung, sprich

Wir gingen unter dem weißen Spitzenwerk bedichteter Boulevards in öffentlichen Parks spazieren. Wir schmiegten uns auf kalten Bänken aneinander – nachdem wir erst ihre unversehrte Schneedecke abgestreift und dann unsere schneeverkrusteten Handschuhe ausgezogen hatten. Wir suchten Museen heim. An Wochenvormittagen waren sie verschlafen und verlassen und sehr warm, ganz im Gegensatz zu dem eisigen Dunst und seiner roten Sonne, die wie ein schamerfüllter Mond in den Ostfenstern hing. Dort suchten wir uns die stillen hinteren Räume, die Lückenbüßermythologien, die kein Mensch eines Blickes würdigte, die Stiche, die Medaillen, die paläographischen Ausstellungsstücke, die Geschichte des Buchdrucks – und ähnliche Armseligkeiten. Unser bester Fund, glaube ich, war eine Besen- und Leiterkammer; doch ein Stapel leerer Rahmen, die in der Dunkelheit plötzlich zu rutschen und zu kippen begannen, lockte einen wißbegierigen Kunstliebhaber an, und wir ergriffen die Flucht. Die Eremitage, St. Petersburgs Louvre, hatte vor allem in einem bestimmten Saal im Erdgeschoß nette Winkel zu bieten, zwischen Glasschränkchen mit Skarabäen, hinter dem Sarkophag des Nana, Ptahs Oberpriester. Im Russischen Museum Kaiser Alexanders III. boten zwei Säle (Nr. 30 und 31 in der Nordostecke), die widerwärtig akademische Gemälde von Schischkin (*Föhrenlichtung*) und Charlamow (*Kopf eines Zigeunerknaben*) beherbergten, dank einigen hohen Gestellen mit Zeichnungen ein wenig Schutz – bis ein fluchender Veteran des Türkenfeldzugs mit der Polizei drohte. So stiegen wir von diesen großen Museen nach und nach zu kleineren hinab, dem Ssuworow-Museum zum Beispiel, wo ich einen überaus stillen Raum voller alter Rüstungen, Wandbehänge und zerfetzter Seidenbanner in Erinnerung habe, in dem uns mehrere Figuren mit Perücken, schweren Stiefeln und grünen Uniformen bewachten. Aber wohin wir auch gingen, nach ein paar Besuchen schöpfte unweigerlich der eine oder andere weißhaarige, triefäugige, auf Filzsohlen herumgehende Wächter Verdacht, und wir mußten unsere verstohlene Leidenschaft woandershin verlegen – ins Pädagogische Museum, ins Museum der Kaiserlichen Wagen oder in ein winziges Museum alter Landkarten, das Reiseführer nicht einmal erwähnen – und dann wieder hinaus in die Kälte, in eine Gasse mit großen Toren und grünen Löwen mit Ringen im Maul, in die stilisierte Schneelandschaft der »Kunstwelt«, *Mir Isskusstwa* – Dobushinskij, Alexandre Benois –, an der in jenen Tagen mein Herz hing.

Spät am Nachmittag setzten wir uns in die letzte Reihe eines der beiden Filmtheater (»Parisiana« und »Piccadilly«) auf dem Newskij-Prospekt. Die Kunst machte Fortschritte. Die Meereswellen waren kränklich blau gefärbt, und wenn sie hoch aufgebäumt herannahten und an einer schwarzen, mir bekannt vorkommenden Klippe (Rocher de la Vierge in Biarritz – seltsam, dachte ich, den Strand meiner kosmopolitischen Kindheit wiederzusehen) zerschäumten, imitierte ein Spezialgerät das Geräusch der Brandung, eine Art verwaschenes schwächliches Brausen, dem es niemals gelang, mit der Szene abzubrechen, und das so das nächste Bild immer noch zwei oder drei Sekunden lang begleitete – eine flotte Beerdigung etwa oder schäbige Kriegsgefangene mit ihren schmucken Besiegern. Nicht selten war der Titel des Hauptfilms ein Zitat aus irgendeinem bekannten Gedicht oder Lied und zuweilen ziemlich langatmig, wie »Die Chrysanthemen im Garten sind längst verblüht« oder »Ihr Herz war ein Spielzeug in seinen Händen, und ganz wie ein Spielzeug zerbrach's«. Die weiblichen Hauptdarstellerinnen hatten niedrige Stirnen, prachtvolle Augenbrauen und üppige Lidschatten. Der Liebling des Publikums war Mosshuchin. Ein berühmter Regisseur hatte in der Gegend von Moskau ein Herrenhaus mit weißen Säulen erworben (dem meines Onkels nicht unähnlich), und es war in allen seinen Filmen zu sehen. Mosshuchin fuhr in einem eleganten Pferdeschlitten vor und richtete seinen stählernen Blick auf das Licht in einem Fenster, während unter der straffen Haut seines Kiefers ein gefeierter kleiner Muskel zuckte.

Wenn uns Museen und Kinos im Stich ließen und die Nacht gerade erst angefangen hatte, blieb uns nichts anderes übrig, als die Wildnis der unheimlichsten und rätselhaftesten Stadt der Welt zu erforschen. Die eisige Feuchtigkeit auf unseren Wimpern verwandelte einsame Straßenlampen in Seewesen mit prismatischen Wirbelsäulen. Wenn wir die weiten Plätze überquerten, ragten verschiedene Architekturphantome mit stiller Plötzlichkeit dicht vor uns auf. Wir fühlten einen kalten Schauder, wie er im allgemeinen nicht von der Höhe, sondern der Tiefe ausgeht – von einem Abgrund, der sich einem zu Füßen öffnet –, als große, monolithische Säulen aus geschliffenem Granit (Sklaven hatten sie zum ersten-, der Mond zum zweitenmal geschliffen, und gleichmäßig rotierten sie im geschliffenen Vakuum der Nacht) über uns aufschossen, die geheimnisvollen Rundungen der Isaaks-Kathedrale zu tragen. Wir blieben am Rand dieser gefahrvollen Massive aus Stein und Metall mit verschlungenen Händen in gleichsam lilliputanischem Entsetzen stehen und reckten die Köpfe, um neue kolossale Visionen auf unserem Weg emporwachsen zu sehen – die zehn glänzend grauen Atlanten einer Palastsäulenhalle, eine riesige Porphyrvase neben einem eisernen Gartentor oder die gewaltige Säule mit einem schwarzen Engel auf der Spitze, die den Schloßplatz eher bedrückte als zierte und in einem vergeblichen Versuch, die unterste Basis von Puschkins Gedicht *Exegi monumentum* zu erreichen, aufwärts strebte.

(1960)

Ossip Mandelstam

Die Admiralität

Nördliche Hauptstadt, staubig matt die Pappel,
Glashell ein Zifferblatt, verirrt, ins Laub verstreut,
Und aus dem Grün – Akropolis oder Fregatte –
Glänzt her von fern der Wasser- und der Himmelsfreund.

Ein Lineal den Nachfolgern von Peter,
Luftiger Kahn und Mast: Rühr ihn nicht an,
Die Schönheit – keine Halbgott-Laune, lehrt er,
Doch Räuber-Augenmaß des schlichten Zimmermanns.

Vertraut die Herrschaft dieser vier: der Elemente,
Ein fünftes hat der freie Mensch sich ausgedacht.
Ist nicht die Übermacht des Raums verneint, zu Ende
In dieser Arche, diesem rein gebauten Dach?

Und zornig angeschmiegt die kapriziösen Quallen,
Verworfne Pflüge: Anker, die der Rost befällt –
Drei Dimensionen sind entfesselt, frei, und alle
Die Meere öffnen sich hinaus zur großen Welt!

(1913)

Wassilij Rosanow

Solitaria (Völker, wollt ihr)

Völker, wollt ihr, daß ich euch eine donnergleiche Wahrheit verkünde, die noch kein Prophet ausgesprochen hat?...

Nun? Nun... hm...

Das private Leben steht höher als alles andere.

Hi hi hi!... Ha ha ha!... Ha ha!

Ja, ja! Das hat noch niemand gesagt; ich bin der erste... Einfach zu Hause sitzen und, na schön, in der Nase bohren und den Sonnenuntergang betrachten.

Ha ha ha...

Wahrhaftig: das ist umfassender als die Religion ...alle Religionen werden vergehen, aber das bleibt: einfach so auf dem Stuhl sitzen und ins Weite schauen.

(Am 23. Juli 1911)

Manchmal scheint mir, ich überwinde die gesamte Literatur. Nicht etwa, weil ich stark wäre. Aber »der Herr ist mit mir«. Das ist nun einmal so. Wirklich, so ist es.

(Beim Packen für die Reise)

Nackt werden wir geboren, und nackt fahren wir in die Grube.
Wozu unsere Kleider?
Wozu Rang, gesellschaftliche Stellung, berufliche Position?
Für die Katz'.

...

Der Tag ist klar, und alles tummelt sich auf dem Newskij. Aber es gibt eine Stunde, da wir alle »nach Hause« gehen. Und dieses »nach Hause« bedeutet: in die Grube.

(Im Oktober)

Wenn ich sterbe – was hat das zu bedeuten?

Die Wohnung auf der Kolomenskoer Straße wird frei, und der Hauswirt vermietet sie an jemand anders.

Und was noch?

Die Bibliographen werden meine Bücher analysieren.

Und ich *selbst*?

Ich selbst? – Nichts.

Das Büro erhält sechzig Rubel für die Beerdigung, und die werden dann im März verrechnet. Aber da wird das alles schon mit anderen Beerdigungen in einen Topf geworfen... kein Name, kein Seufzer.

Grauenhaft!

Ja. Der Tod ist *auch eine Religion. Eine andere Religion.*

Das ist mir noch niemals in den Sinn gekommen.

. . . .

Hier – der Nordpol. Schneeiges Schleiertuch. Und Nichts. Das ist der Tod.

. . . .

Der Tod ist das Ende. Die Parallelen haben sich getroffen. Schön, sie haben sich in einander verkrochen, und sonst nichts. Nicht einmal »die Gesetze der Geometrie«.

Ja, der Tod überwindet selbst die Mathematik. »Zwei mal zwei ist null.«

(Beim Anblick des Himmels im Garten)

Alexander Blok

Nacht, Laterne, Apotheke

Nacht, Laterne, Apotheke –
Gedankenloses trübes Licht.
Und wenn du ein Jahrhundert lebtest –
Davon kein Ende. Nichts ändert sich.

Stirbst du, fängst du von vorne an
Es wiederholt sich, wie vor Jahren:
Nachts, eisige Dünung des Kanals
Apotheke, Laterne, Straße.
(10. Oktober 1912)

Anna Achmatowa

Der streunende Hund

...ein Abend für Tamara Karsawina – sie tanzt auf dem Spiegel. Maskenball – der große Ofen wird beheizt. Plötzlich werden alle Masken überflüssige Schatten (zwinkern einander zu, lachen)...

...zu diesem Maskenball kamen »alle«. Keiner lehnte ab. Ossip Mandelstam, der noch kein Liebesgedicht geschrieben hatte, aber schon berühmt war (»Asche auf der Schulter links«). Marina Zwetajewa, die aus Moskau zu ihrem »Unirdischen Abend« kam und alles auf der Welt durcheinanderbrachte... Der Schatten Wrubels – von ihm stammen alle Dämonen des 20. Jahrhunderts, er selber war der erste... Kljujew, der Geheimnisvolle vom Lande und der große Strawinsky, der dem ganzen 20. Jahrhundert seinen Klang aufzwang, und der dämonische Doktor Dappertutto und Blok, der schon fünf Jahre in öde Hoffnungslosigkeit versunken war (der tragische Tenor der Epoche), und Welimir I., der hierher kam wie in den »Hund«. Und Faust – Wjatscheslaw Iwanow, und tänzelnden Schrittes mit dem Manuskript von »Petersburg« unter dem Arm – Andrej Bely, und die märchenhafte Tamara Karsawina. Ich kann mich nicht verbürgen, aber blinken dort in der Ecke nicht Rosanows Brillengläser, wallt da nicht Rasputins Bart, und in der Tiefe des Saales, der Bühne, der Hölle (was weiß ich) dröhnt es von Zeit zu Zeit wie vom Echo in den Bergen oder der Stimme Schaljapins. Manchmal fliegt da etwas vorbei – ein Schwan von Zarskoje Selo oder Anna Pawlowa, und ganz sicher sitzt der vor-Brik-sche Majakowski am Kamin und raucht... (aber in der Tiefe der »toten« Spiegel, die erwachen und in verdächtig trübem Glanze leuchten, in ihrer Tiefe zeigt ein einbeiniger alter Leierkastenmann – in den sich das Schicksal verkleidet hat – den Versammelten ihre Zukunft – ihr Ende). Nishinskis letzter Tanz, Meyerholds Abschied. Nur einer fehlt, der unbedingt hätte dabeisein müssen und nicht nur dabeisein, sondern draußen stehen und die Gäste begrüßen... Und noch:

So trinken wir alle auf den,
Der hier noch nicht mit uns ist.

(6. bis 7. Januar 1962)

III.
Revolution, Terror und Agonie. Petrograd um 1917

Pawel Filonow: Formel des Petrograder Proletariats

Alexander Odojewski

Der Ball

Musik klang auf, und fröhlich drehten
die jungen Paare sich im Tanz,
kostbare Seidenroben wehten...
Schönheit – funkelnd im Lichterglanz.
Mich trieb's, an anderes zu denken,
weshalb ich mich hinausbegab.
Am Fensterkreuz die Stirne senkend
sah auf die Newa ich hinab.
Sie schlief in ihrem Steinbett schimmernd,
von wilden Träumen just verschont,
in ihren sanften Fluten flimmernd
badete silbern sich der Mond.
Noch lärmte die Musik, doch plötzlich
erdröhnten Schreie, abgehackt...
Ich wandte mich und sah – entsetzlich! –:
zu diesen Lauten ohne Takt
drehten sich durch den Saal paarweise
gespensterhaft im Dämmerlicht
gelbe Gerippe rund im Kreise,
verflochten ineinander dicht.
Den Boden stampften die Skelette,
jagten einander hinterher,
und zähneklappernd um die Wette
rasten sie durch den Ballsaal quer.
Wo war die Schönheit der Gestalten,
die Anmut der Gesichter gar...?
Nur Knochen, aller Hüllen bar,
und Mäuler, grinsend schwarze Spalten,
die stimmlos kicherten im Chor,
die Zähne bleckend wie zuvor...
Ich ließ die Blicke suchend wandern
nach Tänzern, die ich vorher sah,
doch jeder war gleich allen andern,
nur Schemen, Schemen tanzten da.

(1825)

Jurij Tynjanow

Kückelbecker (Der 14. Dezember 1825)

Erste Salve.

Die Kartätschen singen winselnd pi-uh, dann donnerndes Platzen. Manche Kugeln schlagen ins Straßenpflaster ein und wirbeln Schnee auf; andere fliegen über die Köpfe und treffen die Menschen, die an den Senatssäulen und auf den Dächern der Nachbarhäuser stehn: verirrte Kugeln. Andere wieder mähen die Soldatenfront nieder. Der Staub fliegt hoch, Schreie, Stöhnen. Ein Schrei klingt besonders entsetzlich. Wie das Geheul eines Tieres.

Die Truppen halten sich.

Obolenskis klare Stimme:

»Feuer!«

Und als Antwort auf das dünne Gewinsel der Kartätschen das trockene Knattern der Gewehre.

Und wieder der dünne Gesang pi-uh und wieder donnerndes Getöse. Die Fensterscheiben des Senates klirren. Kugeln schlagen in die Mauern. Der Stuck fällt ab. Die Menschen liegen in Haufen da. Sie fallen hin wie gemähte Ähren und bleiben liegen.

Dennoch halten die Truppen stand, und dem Schrapnellgesang antwortet das trockene Geknatter. Doch es bröckelt schon ab. Es fängt an zu stottern. Das Feuer wird ungleichmäßig.

Und zum dritten Mal dünner Gesang und Getöse und als Antwort einzelne trockene Aufschreie der Gewehre: tra-tat-ta, wie Trauerwirbel von Trommeln.

Und zum vierten Mal. Dann schweigen die Gewehre.

Mit furchtbarer, messerscharfer Deutlichkeit sieht Wilhelm das alles: Wie die vorderste Kolonne wankt, wie die Matrosen in Verwirrung geraten, wie ein alter, pockennarbiger Matrose sein Gewehr hinwirft, als ob er ausgleite auf dem Eis und liegen bleibt. Ein langsamer Stoß. Wilhelm wird von der davonlaufenden Menge vorwärtsgedrängt, an der Manege vorbei, und die Füße stolpern über Leichen und Verwundete. Noch einmal spürt er das Knacken von Knochen, dann überläßt er sich der Menge. Im Laufen sieht er zwei Soldaten, die sich zwischen den Fundamentvorsprüngen der Manege verbergen.

Die Menge trägt ihn an Sascha vorbei. Der steht da und reißt die weiße Feder vom Hut. Bald wird auch er von der Menge weggespült.

»Sascha! Sascha!«

Doch Sascha hört nicht.

Die Kartätschen singen.

Karl Kollmann: Der 14. Dezember 1825 auf dem Senatsplatz

Wut überwältigt Wilhelm. Er wird gestoßen. Etwas trägt ihn mit sich wie ein Stäubchen, und die blöden, singenden Kartätschen werfen die Menschen um wie Hämmel. Ein Gefühl der Schmach. Wut. Kein bißchen Angst. Die erstarrte Hand hält die Pistole festgepackt. »Halt!« schreit er mit wilder Stimme.

Doch die winselnden Kartätschen ersticken seinen Schrei.

Die Menge schleudert ihn in einen engen Hof neben der Manege.

Der unveränderlich wütende, klare Haß läßt ihn nicht los.

Sein Bewußtsein ist klar. Er bemerkt die kleinen Einzelheiten, Ort und Stelle, wo er ist, Anzahl der Menschen, ob sie bewaffnet sind oder nicht. Die letzte Menschenflut wirft seinen Bruder Mischa in den Hof; er ist ohne Mantel, der Uniformkragen aufgerissen, die Augenbrauen staunend hochgezogen.

Wilhelm freut sich nicht, den Bruder zu sehn. Es ist ihm alles gleich.

Er ruft:

»Halt!«

Und alle richten sich gehorsam auf.

Wilhelm kommandiert im Halbdunkel:

»Richt euch!«

Und der magere, lange Mensch, das Gesicht verzerrt, mit der Hand krampfhaft die Pistole umfassend, bekommt die Menschen in seine Gewalt. Alle gehorchen seiner Stimme.

Er stellt sie in Reih und Glied auf, und die Soldaten folgen ihm mit strengen Gesichtern.

Mischa tritt an Wilhelm heran:

»Geh weg!« Weiter kommt er nicht, bewegt nur die Lippen und sieht entsetzt den Bruder an.

Wilhelm drängt ihn herrisch zur Seite.

Seine Stunde hat geschlagen, und er ist Herr dieser Stunde. Für diese Stunde wird er später bezahlen.

»Bajonett pflanzt auf!«

Er führt die Leute auf die Straße. Er will sie zum Nahkampf gegen die Feinde, gegen die Geschütze führen.

»Es geht nicht«, sagt ein Matrose ruhig zu ihm. »Wohin wollen Sie mit den Leuten? Man schießt mit Kartätschen.«

Wilhelm erkennt Kuroptjew.

Und als Antwort der Gesang der Kartätschen, das verhaßte, dünne Gewinsel und einen Augenblick später donnerndes Platzen der Geschosse.

Wilhelm steht da mit gesenktem Kopf, die Pistole in der verkrampften Hand. Alle haben sich zu Boden geworfen. Er allein steht da.

Kuroptjew ruft leise von unten herauf: »Hinlegen!« und Wilhelm legt sich gehorsam hin.

Sie kriechen einige Schritt und Kuroptjew sagt zu ihm:

»Auf die Mitte des Platzes!«

Der Isaakplatz verschwindet im Dunkel. Wilhelm folgt Kuroptjew. Sie kriechen bis zur Mitte.

In diesem Augenblick geht mit ihm eine unbegreifliche Veränderung vor sich. Die Schärfe des Bewußtseins bleibt, aber seine Wut ist nicht mehr da. Es bleibt nur die vorsichtige Schläue, die irrsinnige Schläue eines gehetzten Tieres. Jetzt heißt es, am Semjonow-Regiment vorbeizukommen. Auch jetzt bleibt alles deutlich erkennbar für ihn. In einem einzigen kurzen Augenblick kommt ihm zum Bewußtsein, daß er ohne Mantel, im Frack ist, daß seine Hand noch die Pistole umfaßt hält und daß sie gleich nahe am Semjonow-Regiment vorbei müssen. Er bückt sich tief und läßt die Pistole lautlos in den Schnee gleiten. Seine Hand ist erstarrt und trennt sich nur schwer von der Waffe, an die sie sich während des ganzen Tages gewöhnt hat. So kommt er an dem Regiment vorbei.

Im Halbdunkel schauen ihm zwei Soldaten mißtrauisch nach.

Das Letzte, was er noch sieht, ist, wie die Offiziere der Gardeequipage einer nach dem anderen vor den Kommandeur treten und sich ergeben.

Dann geht er leicht und beschwingt weiter. Sein Körper ist leer. In der leeren Brust klopft automatisch das gänzlich entspannte Herz.

An der Blauen Brücke eine schlanke Gestalt. Wilhelm holt Kachowski ein. Dann gehn sie nebeneinander. Wilhelm fragt ihn leise:

»Wo ist Odojewski, Rylejew, Puschtschin?«

Kachowski sieht ihn von der Seite an mit ruhigen, erloschenen Augen und schweigt.

Im Dunkel trennen sie sich.

Eine halbe Stunde später ist alles finster. Der Winterabend des 14. Dezember, dicht, dunkel, frostig. Der Abend. Die Nacht.

Auf dem Platz Feuer, Rauch, die Rufe der Wachen, die Geschütze, deren Läufe nach allen Richtungen starren, die Sperrketten der Wachen, die Patrouillen, die Bajonettreihen der Kosaken, der fahle Glanz der nackten Kavalleriesäbel, das rote Knistern der brennenden Holzklötze, an denen sich die Soldaten wärmen, die Gewehrpyramiden.

Nacht.

Durchschossene Mauern, ausgeschlagene Fensterrahmen in der ganzen Galernaja-Straße, Flüstern und leises Rumoren in den ersten Etagen der umliegenden Häuser, Gewehrkolben, die auf Menschen niedersausen, leises, unterdrücktes Stöhnen der Verwundeten.

Nacht.

Die mit Blut fächerartig bespritzten Senatsmauern. Leichen. In Haufen, einzeln, schwarz, blutig. Mit Bastdecken verhüllte Wagen, von denen Blut heruntertropft. Auf der Newa vom Isaakplatz bis zur Kunstakademie eine lautlose Arbeit: Leichen werden in die engen Eislöcher gestoßen. Mitten unter den Toten stöhnt es. Zusammen mit den Toten werden Verwundete in die engen Eislöcher gestoßen. Lautlose Arbeit. Flüstern. Scharren. Die Polizisten ziehn den Toten und Verwundeten die Kleider ab, reißen ihnen die Ringe von den Fingern, untersuchen die Taschen.

Die Toten und die Verwundeten werden fest an das Eis anwachsen. Im Winter wird man dann das Eis hacken und in den durchsichtigen, bläulichen Eisblöcken Menschenköpfe, Arme und Beine finden.

So bis zum Frühling.

Im Frühling wird das Eis zum Meer treiben.

Und das Wasser wird die Toten ins Meer tragen. –

Der Peterplatz ist wie ein geharktes, gepflügtes, verlassenes Feld. Fremde Menschen irren darüber hin wie dunkle Vögel.

(1925)

Fjodor Glinka

Lied des Gefangenen

Der Lärm der Stadt verstummt, es dunkelt,
der Türme Glockenspiel verklingt.
Das Bajonett des Postens funkelt
im Mondlicht, das vom Himmel blinkt.

Der Häftling, der in finstren Zellen
verwelken fühlt die Jugendzeit,
stimmt an ein Lied, den Newawellen
klagt er sein abgrundtiefes Leid.

»Lebt wohl, ihr, die zur Welt mich brachten,
ade, du heimatliches Haus!
In dieser Gruft werd' ich verschmachten,
kein Weg führt hier zu euch hinaus.

Werd' glücklich, Liebste, hier auf Erden,
zerbrich den Ring, ich geb' dich frei!
Nicht Gatte, Vater gar zu werden,
ist mir vergönnt! Vorbei, vorbei!

Der Freiheit galt mein junges Sehnen.
Die Unfreiheit hab' ich gefreit
nach eigner Wahl. Nun sind nur Tränen
mein Los und bittre Einsamkeit.

Doch will ich noch an Rettung glauben
und an ein Ende meiner Not.
Laß mir noch nicht die Hoffnung rauben
auf dein Erbarmen, güt'ger Gott!

Strahlt, mächt'ger Zar, in deiner Krone
ein Diamant nicht, der verspricht,
daß Gnade waltet noch am Throne?
Gib uns zurück der Freiheit Licht!«

Die Nacht wich schon des Tages Helle,
die Morgenröte war verglüht.
Der Häftling in der Kerkerzelle
sang immer noch sein Klagelied.

(1831)

Jurij Tynjanow

Kückelbecker (Peterplatz)

Petersburg hat niemals Scheu vor dem Raum gehabt. Moskau dagegen entstand bedächtig Haus für Haus; die einzeln stehenden Häuser wurden allmählich von winzigen Häuschen überwuchert und waren schließlich auf natürliche Weise miteinander verbunden. So entstanden die Moskauer Straßen. Die Plätze sind meist kaum von ihnen zu unterscheiden, höchstens durch ihre Breite, nie durch ihr Raumgefühl. Auch die kleinen, krummen Flüßchen sind den Straßen angepaßt. Die Grundeinheit Moskaus ist das einzelne Haus. Deshalb wimmelt die Stadt von Sackgassen und kleinen Gäßchen.

In Petersburg gibt es kaum Derartiges. Die kleinste Gasse strebt danach, wie ein Prospekt zu wirken. Es gibt Straßen, von denen es niemals feststand, ob sie als Gassen oder als Prospekte gedacht sind. Z. B. der Griechische Prospekt, den die Moskauer hartnäckig als Gasse bezeichnen. Die Petersburger Straßen sind früher als die Häuser entstanden. Die Häuser füllten bloß die leeren Straßenzeilen aus. Die Plätze sind sogar noch vor den Straßen entstanden. Deshalb sind sie absolut selbständig, ganz unabhängig von den Häusern und den Straßen, die in sie münden. Die Einheit Petersburgs ist der Platz.

Auch der Strom fließt dort ganz für sich als unabhängiger Wasserprospekt. Heute noch kennen die Bewohner der Stadt, genau wie vor hundert Jahren, keine anderen Flüsse außer der Newa, obwohl durch Petersburg mehrere Nebenflüsse laufen. Die Nebenflüsse werden einfach Newa genannt. Diese urwüchsige Unabhängigkeit verleitet den Strom alle hundert Jahre einmal zur Rebellion.

Die Petersburger Revolutionen haben sich stets auf Plätzen abgespielt. Die Dezemberrevolution 1825 und die Februarrevolution 1917 spielten sich beide an den entgegengesetzten Enden des Newski-Prospekts auf zwei Plätzen ab. Und im Dezember 1825 sowohl wie im Oktober 1917 beteiligte sich die Newa am Aufstand: Im Dezember flüchteten die Aufständischen über das Eis. Im Oktober beschoß der Kreuzer »Aurora« von der Newa aus das Palais. –

Der enge Bund zwischen Strom und Plätzen ist in Petersburg von selbst gegeben. Jeder Kampf innerhalb der Stadt muß zu einem Kampf der Plätze werden.

Im Dezember 1825 gehörten zu dem Bund:

Der Peterplatz (der damals noch nicht Senatsplatz hieß), der Isaakplatz, der Admiralitätsplatz (auf dem heute die Bäume des Alexandergartens stehn), der Schloßplatz und – die Newa.

Katharina hatte auf dem Senatsplatz durch Falconet das Peterdenkmal errichten lassen. Daher der Name Peterplatz. Das andere für den Platz bestimmte Denkmal, die Peterstatue von Rastrelli, fand bei ihr keine Gnade. Paul holte es wieder zurück, wie er alle von seiner Mutter Verbannten zurückholen ließ. Aber der Platz war schon besetzt, und er stellte es vor seinem eigenen Schloß auf in ehrenvoller Abseitigkeit.

Der Admiralitätsplatz lag fast völlig frei. Erst unter Nikolaus entstand der Garten, der den Platz vernichtete und den Peterplatz einengte. Dort, wo der Boulevard verläuft, der bis zur Oktoberrevolution Gardekavallerie-Boulevard hieß, war damals ein Kanal, der Admiralitätskanal, über den eine Brücke führte.

Der Isaakplatz hat seinen Namen von der Kirche, an der ewig gebaut wurde, ohne daß sie je zu Ende kam. Mit dem Bau hatte Katharina begonnen. Es sollte ein Marmorbau werden wie das »Marmorpalais«. Als die Kirche bis zur Hälfte fertig war, gefiel sie Katharina nicht, und sie befahl, sie stehn zu lassen, so, wie sie war. Sobald Paul den Thron bestiegen hatte, befahl er, sie in Ziegelstein zu Ende zu führen. Damals kritzelte jemand den frechen Vers an die Kirchenmauer:

»Sieh diese Kirche hier! Zwei Herrschern gleicht sie ganz genau:
Der Unterbau aus Marmelstein, aus fadem Ziegelstein der
Oberbau!«

Dem nächsten Zaren, Alexander, gefiel die Kirche wieder nicht. Er ließ sie abreißen und eine neue bauen. Deshalb lag das Material, das man aus fremden Ländern herbeigeschafft hatte, auf dem Kai des Peterplatzes herum, und die Bauarbeiten versperrten den ganzen Isaakplatz. Von den Gerüsten bis zu der Stelle, wo jetzt das Russische Institut für Kunstgeschichte steht, häuften sich Berge von Schutt, Steinquadern und Brettern. Inzwischen hatte man einen anderen Vers an die Kirche gekritzelt:

»Sieh diese Kirche hier! Von dreien Herrschern treues Konterfei:
Zuerst Granit, dann Ziegelstein, dann Trumm und Wüstenei.«

So lag der Peterplatz, der die Macht der Selbstherrschaft verkörperte, in nächster Nachbarschaft des Isaakplatzes, des Symbols ihres allmählichen Verfalls.

Der Aufstand des 14. Dezember war ein Kampf der Plätze.

Die Volksmassen fluteten durch die Straßen wie durch ein Strombett zum Admiralitäts- und zum Isaakplatz. Durch dieselben Straßen zogen die Regimenter, zuerst die aufständischen, dann die regierungstreuen.

Nikolaus fuhr vom Schloßplatz zum Admiralitätsplatz und machte halt vor den Löwen am Lobanow-Hause.

Von regierungstreuen Regimentern besetzt, drängten Schloß- und Isaakplatz gegen den Admiralitätsplatz an, wo das aufgeregte Volk rumorte, und gegen den Peterplatz, wo die Revolutionäre standen. Die Regierungstruppen schnürten den Peterplatz auf drei Seiten ab, warfen dann einen Teil der Revolutionäre in den Strom und drängten den anderen nach dem Engpaß der Galernajastraße.

Die natürliche Blutzirkulation der Stadt regelte den Verlauf des 14. Dezember. Durch die Straßen wie durch Adern strömten Volk und aufständische Regimenter nach den Herzkammern der Plätze. Als man die Adern nun verstopfte, wurde mit einem Ruck die revolutionäre Masse aus den Herzkammern hinausgeschleudert.

Einer Art Herzschlag erlag die Stadt, und richtiges, lebendiges Blut floß dabei.

Die einzelnen Führer liefen an diesem Tage teils durch die Straßen und trieben das Blut der Stadt und ganz Rußlands, die Regimenter, den Plätzen zu, teils blieben sie unentschlossen stehn, wo sie standen. Der ganze Tag war ein ermüdendes Auf und Nieder der Plätze, die sich die Waagschale hielten, bis ein brutaler Vorstoß der kaiserlichen Artillerie der Sache ein Ende machte. Die Entscheidung kam von den Plätzen, nicht von den Straßen. Helden gab es nicht an diesem Tag. Rylejew, der dazu berufen gewesen wäre, erriet sofort, sensibel, wie er war, das verhängnisvolle Auf und Nieder der Plätze und ging davon in ratloser Verzweiflung. Trubezkoj trieb sich die ganze Zeit irgendwo in der Nähe des Generalstabs herum.

Sie waren nicht imstande, dem gefährlichen, gespannten Gleichgewicht der Plätze zu ihren Gunsten ein Ende zu machen. Wären der Peterplatz, wo der Wind den glühenden Sand der Adelsintelligenz durcheinanderwirbelte, und der Admiralitätsplatz, wo der junge Lehm der Volksmassen sich häufte, in eins verschmolzen, sie hätten das Übergewicht gehabt über die alte Selbstherrschaft, den Ziegelsteinschutt Pauls.

So aber siegte der Ziegelstein, der sich für Granit ausgab.

(1925)

Alexander Herzen

Memoiren (St. Petersburg)

Mein Vater sagte mir, als er von mir Abschied nahm: »Vor allen Dingen sei vorsichtig! Petersburg ist nicht mehr, was es war; nimm Dich in Acht mit *allen* Menschen, von dem Lohnkutscher bis zu den Leuten, mit denen Du, selbst bei meinen Freunden, zusammen kommst. Es giebt Spione in allen Ständen. Sei hiermit gewarnt!« – –

Mit solch einem Epigraph stieg ich in den Postwagen, welcher mich nach Petersburg führen sollte, im Jahre 1839. Den dritten Tag nach meiner Abreise von Moskau, ungefähr um neun Uhr Abends, langte ich an, sandte meinen Diener mit dem Gepäck in den Gasthof, nahm mir einen Schlitten und ließ mich nach dem Isaaks-Platz fahren. Ich wollte meine Bekanntschaft mit Petersburg von diesem Platz aus beginnen. Alle Dinge um mich her waren mit tiefem Schnee bedeckt, nur die Statue Peter's des Großen zu Pferd zeichnete sich dunkel und scharf von dem weißen Grunde ab. Das Pferd bäumte sich auf seinem Felsen, der Reiter zeigte auf Etwas in der Ferne.

Warum wurde der Kampf am 26. December auf diesem Platze gekämpft? warum antwortete das Echo von der Höhe dieses granitnen Piedestals auf den ersten Schrei der Emanzipation des russischen Volkes? warum wurde das Carré der Insurgenten um Peter den Großen herum gebildet? War es eine Belohnung für ihn oder eine

Strafe? Der 26. December 1825 war eine Consequenz des am 21. Januar 1725* unterbrochenen Werkes. Die Kanonen des Czaren Nikolaus waren ebensowol gegen die Statue als gegen die Insurgenten gerichtet. Es ist Schade, daß die Kanonade nicht auch den bronzenen Peter den Großen traf!

Als ich in meinen Gasthof kam, fand ich einen meiner Vettern, der schon auf mich wartete. Nachdem wir einige Worte gewechselt hatten, sagte ich, ohne weiter darüber nachzudenken, Einiges über den 26. December und den Isaaks-Platz.

»Wie geht es meinem Onkel?« fragte mein Vetter. »Wie haben Sie ihn verlassen?«

»Ich danke, es geht ihm ziemlich, so wie immer,« sagte ich. »Er läßt Sie bestens grüßen.«

Während dieser Antwort telegraphirte mir mein Vetter, ohne im Uebrigen das Gesicht im Mindesten zu verändern, mit den Augen einen Vorwurf, einen Rath, eine Warnung zu; ich folgte seinen Blick und sah einen Ofenheizer in seinem »Tuluz«,** d. i. so zu sagen in russisches Leder gebunden, welcher beschäftigt war, das Feuer im Ofen anzumachen; er war ganz in diese Arbeit vertieft, indem er Blasebälge aus seinen Lungen machte, und ging nach vollbrachtem Werk aus der Stube, in welcher er eine Pfütze Wassers, von seinen Stiefeln abgethaut, zurück ließ. Nun fing mein Vetter an mich zu schelten wegen meiner Unvorsichtigkeit: »warum einen solch wichtigen Gegenstand berühren in der Gegenwart eines Dieners aus dem Gasthof und noch dazu in russischer Sprache.« Als er mich verließ, fügte er hinzu, daß in demselben Gasthof ein gewisser Friseur sei, ein großer Schwätzer, der sehr gern von Politik spräche. Er pflege zu jedem Fremden zu kommen und ihm eine moskowitische Pomade, Haarbürsten ec. anzubieten. »Ich kaufte Einiges von ihm, nur um ihn so bald als möglich los zu werden.«

»Und ihn zu belohnen! Apropos, wie ist es denn mit der Wäscherin? gehört sie auch zu dem Corps der Gensdarmen?«

»Lachen Sie nur! Sie werden der Erste sein es zu bereuen; Sie kommen gerade aus dem Exil zurück, man wird Ihnen zehn Wärterinnen geben.«

---

* Der Todestag Peters des Großen.

** Ein Mantel von Schafspelz ohne Überzug.

Und das Sprichwort sagt, daß es genug ist eine einzige zu haben, damit das Kind ein Auge verliere.*

Den folgenden Tag ging ich zu meines Vaters früherem Agenten; er war jetzt ein Beamter der heiligen Synode, ein Klein-Russe, der das Russische mit einem schrecklichen Accent sprach. Er verwunderte sich über Alles, was man ihm sagte, obgleich er niemals zuhörte; aber als Zeichen der Verwunderung erhob er zwei kleine fette Hände in der Art, wie die Mäuse und alle Nagethiere es thun; obgleich er zu mir mit einer Art von Unterwürfigkeit sprach, so zog er mich doch zuletzt in eine Fenstervertiefung und, nachdem er sich versichert hatte, daß alle Thüren wohl verschlossen seien, sagte er: »Ich bitte, seien Sie nicht böse, aber meine lange Bekanntschaft mit ihrem Herrn Vater und dessen Brüdern, welche Alle die größte Güte für mich hatten, *verpflichten* mich, so zu sagen, Sie inständig zu bitten, nicht über Ihre unglückliche Geschichte hier zu sprechen! Bedenken Sie selbst, zu welchem Zwecke wollten Sie es thun? jetzt ist Alles vergangen wie Rauch, aber sie sagten vorhin einige Worte vom Exil, und die Köchin war gerade im Zimmer – o Gott! denken Sie nur, ich hatte ein Bischen viel Furcht!«

»Ein angenehmer Ort!« dachte ich, als ich den erschrockenen Beamten verließ. Loser Schnee fiel vom Himmel, ein feuchtkalter Wind durchdrang mich bis auf die Knochen und wehte mir Hut und Mantel hinweg. Der Kutscher, der kaum eine Elle weit vor sich sah, kniff die Augen zu und beugte den Kopf, indem er schrie: Hütet Euch, Hütet Euch!

Ich erinnerte mich an meines Vaters Rath, meinen Vetter, den Beamten und den »reisenden Sperling« in der Erzählung von George Sand, welcher einen halb erfrorenen Wolf in Lithauen fragt: »warum lebst Du in solch einem erschrecklichen Klima?« und der Wolf antwortet: »die *Freiheit* macht einen das Klima vergessen.«

Der Kutscher hatte Recht: hütet Euch, hütet Euch! O! wie verlangte es mich fortzufahren in Eil! in Eile!

(1852)

* Russisches Sprichwort.

Das zentrale Revolutionskomitee

An das junge Rußland!

An das junge Rußland!

Durch die Schuld derer, die über uns herrschen, ist unser Land in eine fürchterliche Lage geraten. Es bleibt ihm nur ein einziger Ausweg. Das ist eine blutige, unbarmherzige Revolution, die radikal alle Grundlagen der heutigen Gesellschaftsordnung ohne Ausnahme verwerfen und die Anhänger des herrschenden Systems vernichten wird. Wir haben keine Angst vor ihr, obwohl wir wissen: sie wird Ströme von Blut kosten, ...

Zuerst werden wir mit dem kaiserlichen Hause abrechnen. Mit ihrem Blut werden die Romanows für die Qualen des Volkes, für den Despotismus so langer Jahre, für ihre Nichtachtung der einfachsten Rechte und Bedürfnisse ihrer Untertanen zahlen. Das ganze Haus der Romanows wird sein Haupt verlieren. Laßt uns in das Winterpalais ziehen und seine Bewohner austilgen!

Mag sein, daß mit der Vernichtung der Zarenfamilie unser Werk beendet sein wird. Wahrscheinlicher ist: Die ganze kaiserliche Partei wird sich wie ein Mann für den Zaren erheben. In diesem Fall vertrauen wir auf uns selber, auf unsere Kräfte, auf die Liebe des Volkes, auf die glorreiche Zukunft Rußlands, das die große Sache des Sozialismus als erstes Land der Welt verwirklichen wird, und wir rufen: Zu den Beilen! Schlagt die Zarenpartei ohne Erbarmen, so wie sie uns ohne Erbarmen entgegengetreten ist! Schlagt sie auf den Plätzen, wenn das Hundepack sie zu betreten wagt! Schlagt sie auf den Gassen der Provinzstädte und auf den Boulevards der Metropole! Schlagt sie auf den Dörfern und in den Weilern!

Wenn wir aber scheitern, wenn wir unsern Versuch, dem Menschen zu seinem Recht zu verhelfen, mit dem Leben bezahlen müssen, werden wir furchtlos das Schafott besteigen und furchtlos das Haupt auf den Block legen.

Das zentrale Revolutionskomitee.

(1862)

Boris Savinkow

Aus den Erinnerungen eines Terroristen (Attentatsplan)

Der Attentatsplan bestand in folgendem. Donnerstag gegen 12 Uhr pflegte Plehwe aus seinem Hause zu fahren, und er fuhr längs des Fontanka-Ufers zur Neva und längs des Neva-Ufers zum Winterpalais. Er kehrte entweder auf demselben Wege zurück oder über die Pantelejmonovskaja, am zweiten Tor des Polizeidepartements vorbei zum Hauptportal, das sich auf der Fontanka befand. Es wurde bestimmt, daß man unterwegs auf ihn warten sollte. Pokotilov mit zwei Bomben sollte den ersten Angriff ausführen. Er sollte Plehwe am Fontanka-Kai neben dem Hause von Stieglitz treffen. Borišanskij, ebenfalls mit zwei Bomben, hatte seinen Platz näher an die Neva zu, an der Fischgasse. Sazonov mit einer Bombe unter dem Schutzleder seiner Droschke hielt an der Anfahrt des Polizeidepartements, der Neva zugewandt. Ebenfalls der Neva zugewandt, von der anderen Seite der Anfahrt her, näher an die Pantelejmonovskaja heran, stand Maciejewski. Er sollte die Mütze herunternehmen, wenn der Wagen Plehwes sich näherte und damit dem Sazonov ein Signal geben. Auf der Kettenbrücke endlich, die ganze Pantelejmonovskaja im Gesichtsfeld, befand sich Kaljaev, zugleich im Gesichtsfeld sowohl von Pokotilov wie von Sazonov. Seine Aufgabe war, ihnen ein Signal zu geben, falls Plehwe über den Litejnyj-Prospekt zurückkehren sollte.

Diese Anordnung war unglücklich. Abgesehen davon, daß die Handlung am Tore des Hauses von Plehwe selber stattfand, wo außer berittenen Schutzleuten und Schutzleuten zu Fuß überall, auf der Straße, an den Ecken, auf der Kettenbrücke, sich viele Ochrana-Agenten befanden, wurde die Aufmerksamkeit Pokotilovs zwischen dem erwarteten Wagen Plehwes und Kaljaev geteilt, die Aufmerksamkeit von Sazonov zwischen Plehwe, Kaljaev und Maciejewski. Außerdem wurden in die Aktion zwei unbewaffnete, für das Attentat nicht unmittelbar nötige Menschen, Kaljaev und Maciejewski, hineingezogen, folglich auch einer Gefahr unterworfen. Die Mängel der Anordnung ergaben sich notwendigerweise daraus, daß die Observierung ungenügend gewesen war. Wegen der Unkenntnis der

Route, der Möglichkeit einer Fahrt Plehwes über den Litejnyj und die Plantelejmonovskaja, mußte Kaljaev sich auf der Kettenbrücke aufstellen, während durch die ungenügende Bekanntschaft Sazonovs mit dem Wagen des Ministers Maciejewski in die Sache hineingezogen wurde. Gerade diese Unbequemlichkeiten hatte Azef vorausgesehen, als er nicht einverstanden war mit dem seiner Meinung nach vorzeitigen Attentat.

Am 16. traf ich mich für die letzten Besprechungen mit Pokotilov und Švejcer. Dieses Zusammentreffen fand auf dem Friedhof des Aleksandr-Nevskij-Klosters, am Grabe von Tschaikowski statt. Švejcer erörterte ruhig und kalt die kleinsten Einzelheiten unseres Planes. Ihm stand eine schwere Aufgabe bevor: während der Nacht mußte er fünf Bomben fertig machen und sie am Morgen den Bombenwerfern übergeben. Pokotilov regte sich auf, wie immer. Er sprach hitzig davon, daß er vom Erfolg überzeugt sei, wie er auch davon überzeugt sei, daß gerade auf ihn, nicht aber auf Borišanskij und Sazonow, die Ehre fallen würde, Plehwe umzubringen. Er bestand jedoch darauf, daß Borišanskij, falls er die erste Bombe würde werfen müssen, nicht in eine Seitengasse laufen sollte, sondern auf ihn, Pokotilov, zu. Er sagte, daß er mit seinen Bomben ihn und sich würde schützen können. Während unseres Gesprächs auf dem Friedhofe zeigte sich auf dem Nachbarweg plötzlich ein Polizeileutnant mit einer Abteilung Schutzleute. Zwischen den Grabkreuzen schimmerten Achselstücke und Säbel. Im gleichen Moment zog Pokotilov einen Revolver und ging rasch mit großen Schritten der Polizei entgegen. Švejcer wartete ruhig am Grabe, mit der Hand in der Tasche, wo sein Revolver lag. Ich holte nur mit Mühe Pokotilov ein. Er drehte sich zu mir um und flüsterte:

»Geht mit Paul weg. Ich halte sie einige Minuten auf.«

Die Schutzleute kamen durch eine Seitenallee heran. Ich packte Pokotilov an der Hand.

»Was machen Sie? Stecken Sie den Revolver ein.«

Er wollte mir etwas antworten, aber in diesem Augenblick gingen die Schutzleute auf einen anderen Weg hinüber und verschwanden. Offenbar bezog sich der Alarm nicht auf uns.

Die Nacht vom 17. zum 18. März verbrachte ich mit Pokotilov. Wir saßen bis zum Morgengrauen im Theater »Varieté« zusammen und gingen dann auf den Inseln im Park spazieren. Er war aufgeregt, mit Blutstropfen an der Stirn, bleich, mit fieberhaft erweiterten Pupillen. Er sagte:

»Ich glaube an den Terror. Für mich besteht die ganze Revolution im Terror. Wir sind jetzt wenige. Sie werden sehen, wir werden viele sein. Morgen werde ich vielleicht nicht mehr sein. Ich bin glücklich darüber, ich bin stolz: morgen wird Plehwe tot sein.«

(1917)

Alexander Blok

Hymne

Der staubgrauen Stadt schwang der himmlische Schmied
Den unsteten brennenden Diskus ins Fleisch,
Und als ob einer Tausende Sägen dort zieht:
Gelach und Geknirsch und Gekreisch.

Diesem Fenster, verschlossen und fahl,
Alter Dunkelheit Sitz,
Stach ins aschgraue Herz seines Glases der Strahl
Nadelspitz.

Aus dem Grab ihrer Häuser, versengt,
Geht die Menge, ein trunkenes Fest...
Seht dort den, der den hohen Fabrikschlot umfängt,
Wie im Rausch Kopf und Leib selig an ihn gepreßt.

Mit den Nägeln gekrallt in den Kitt,
Zu beschämender Pose versteift,
Und der Schmied über ihm auf den Blasebalg tritt,
Die erhitzte, die himmlische Geißel pfeift.

Die zu fallen sich fürchtete, liegt
Dort auf glühendem Stein, nackt die Brust,
Schimmernd weiß: von den Brauen, den dunklen, fliegt
In Flammen die Lust.

Dieser Mönch dort, die Augen gesenkt,
Und verfolgt seinen Weg wie gejagt...
Doch auch der, der töricht Gelübde gewagt,
Der sich leblose Hymnen aufsagt,
Wird zersprengt!

Allen, die vor der Sonne die Brüste befreit
Auf den Straßen, in Kellern, auf Türmen – Preis!
Zahllos Hymne Traum Lied ihr, der Sonne geweiht,
Die Verwegene, Kühne zersplittert das Eis!...

Goldnadel, heiß!
Der gewaltige Strahl glüht die Finsternis weiß!

Euch Versengten, Gestürzten, verbrannt bis zum Steiß –
Ruhm und Preis!

(27. August 1904)

Andrej Belyj

Petersburg
(Die Zusammenstöße in den Straßen häufen sich)

Es waren seltsame, neblige Tage: der giftige Oktober ging mit frostklirrendem Schritt durch die Stadt. Im Süden breitete er seine dumpfigen Nebel aus. Der Oktober blies das flüsternde Laub goldener Wälder vor sich her; es sank als raschelndes Herbstrot zur Erde und wirbelte in wisperndem Schwarm roter und gelber Blätter um die Füße der Menschen. Das leise Pfeifen, das im September in einer Woge grüner Blätter badet, war verstummt: die verwaiste Blaumeise hüpfte im schwarzen Geäst, dessen Stöhnen den ganzen langen Herbst aus Wäldern, Parks und Gärten dringt.

Schon warfen sich eisige Stürme aus silbernen Wolken auf die Erde, aber alle glaubten an den Frühling: ein populärer Minister hatte gesagt, er freue sich auf den Frühling.

Die Bauern hatten ihre Äcker bestellt. Sie hatten ihre Eggen und Hakenpflüge beiseite gestellt und versammelten sich in kleinen Gruppen in ihren Hütten. Sie redeten hin und her und stritten sich lange, dann zogen sie einträchtig zu dem säulengeschmückten Herrenhaus; die ganzen langen Herbstnächte hindurch leuchtete blutroter Feuerschein über den Dörfern. Ja! So war es auf dem Land.

In den Städten war es nicht anders. In Werkstätten, Druckereien, Friseursalons, Milchläden und Wirtshäusern trieb sich beständig ein geschwätziges Subjekt herum; kürzlich von den blutdurchtränkten Schlachtfeldern der Mandschurei zurückgekehrt, die zottige Pelzmütze in die Stirn gezogen, einen irgendwo aufgelesenen Browning in der Tasche, stopfte er den Leuten schlecht gedruckte Flugblätter in die Hände.

Alle schienen etwas zu fürchten, alle schienen auf etwas zu hoffen. Sie strömten auf die Straße, rotteten sich zusammen und zerstreuten sich wieder. In Archangelsk, in Nishne-Kolymsk, in Saratow, in Petersburg, in Moskau – überall das gleiche. Alle schienen etwas zu fürchten, alle schienen auf etwas zu hoffen. Die Menschen strömten auf die Straße, rotteten sich zusammen und zerstreuten sich wieder.

Petersburg ist von einem Ring vielschlotiger Fabriken umgeben.

Morgens bewegt sich ein tausendköpfiger Schwarm auf sie zu: die Straßen der Vororte wimmeln von Menschen. Damals herrschte in allen Fabriken furchtbare Erregung; die Arbeiter waren zu geschwätzigen Subjekten geworden; Brownings zirkulierten unter ihnen; und noch etwas anderes.

Diese Erregung, die Petersburg wie ein Ring umschloß, drang langsam ins Stadtzentrum ein. Sie hatte zuerst die Inseln erfaßt und stürmte dann über die Litejnij- und über die Nikolajewskij-Brücke. Ein menschlicher Tausendfüßler ging über den Newskij Prospekt. Doch allmählich änderte sich die Zusammensetzung dieses Tausendfüßlers, und ein aufmerksamer Beobachter hätte schon hier und da die schwarze, zottige Mütze von den blutdurchtränkten Schlachtfeldern der Mandschurei entdecken können. Der Prozentsatz an Zylindern hatte sich beträchtlich verringert. Schon hörte man die wilden Schreie regierungsfeindlicher Burschen, die aus Leibeskräften vom Bahnhof zur Admiralität rannten und revolutionäre Blätter schwenkten.

Mstislaw Dobushinski: Oktoberidylle. Zeichnung für die satirische Zeitschrift ›Shupel‹

Es waren seltsame, neblige Tage. Der giftige Oktober ging durch die Straßen. Dichte Staubwolken fegten durch die Stadt, und der raschelnde, flüsternde Purpur lag als Wirbel gelbroter Worte den Menschen ergeben zu Füßen. So waren diese Tage. Hast du dich in der Nacht jemals in die Weiten vor der Stadt aufgemacht, um dort dem immer gleichen, aufdringlichen Ton zu lauschen? »Uuuu-uuuu-uuu...«, hallte es durch die Weite. Es klang wie ein Laut aus einer anderen Welt. Und dieser Laut schwoll an und erreichte eine seltsame Kraft und Klarheit: »Uuuu-uuuu-uuu...«, erklang es gedämpft über den Weiten um Moskau, Petersburg und Saratow. Aber die Fabriksirenen heulten nicht, kein Wind regte sich; und – die Hunde schwiegen.

Hast du es gehört, dieses Oktoberlied des Jahres 1905?

(1913)

Wassilij Rosanow

Solitaria (Über die Revolution etc.)

Warum habe ich so einen Zorn auf die Radikalen?

Das weiß ich selber nicht.

Sind mir die Konservativen lieber?

Nein.

Was ist nur mit mir los? Ich weiß es nicht. Begreife mich irgendwie selbst nicht.

(Am 14. Dezember 1911)

Meine Seele gleicht einem sich aufspleißenden Faden. Nicht einmal einem aus Flachs, sondern nur aus Baumwolle. Sie strebt nach allen Richtungen auseinander. Nichts kann man mit ihr festhalten.

(Nachts in einer Mietdroschke)

. . . .

. . . .

Herausgerissene Bahnschwellen. Pflasterblöcke. Sand. Steine. Schlaglöcher.

Was ist denn das? Ausbesserung des Pflasters?

Nein, nein, das sind »Rosanows Werke«. Und auf eisernen Schienen gleitet die Trambahn selbstsicher vorüber.

(Bei Straßenarbeiten auf dem Newskij-Prospekt)

Was not tut, wäre, die Politik zu zerstören und die Apolitizität zu begründen. »Gott will die Politik nicht mehr, welche die Erde mit Blut, Betrug und Grausamkeit überschwemmt hat.«

Aber wie soll man das anstellen? Nein – wie wäre es möglich, dies anzustellen?

Man müßte alle politischen Ideen durcheinanderbringen..., »das Rote gelb und das Weiße grün machen«, »alle Eier zerschlagen und ein Omelett braten«.

Den politischen Brand kann man nur dadurch löschen, daß plötzlich »niemand mehr etwas versteht«, da alles »verwirrt und durcheinandergeraten ist...«

Ah, es hat euch gefallen, als ich von einem »undogmatischen Christentum« schrieb, das heißt, die *festen, harten, unnachgiebigen* Knochen und Linien im Christentum ablehnte... Da habt ihr applaudiert.

Aber warum?

Ich gedachte, durch dieses weiche, zärtliche, nach allen Seiten hin nachgiebige Christentum Möglichkeiten zu zeigen, »die Wahrheit zu retten«. Aber deshalb habt ihr mir nicht Beifall geklatscht – das habe ich gleich gemerkt: sondern weil dadurch *der dogmatischen Kirche* ein schwerer Schlag versetzt werden würde...

Mich hat Entsetzen ergriffen angesichts der allgemeinen *kulturzerstörerischen* Tendenzen unserer Zeit... »Alles muß nivelliert werden... nur noch eine leere, glatte Fläche...« Für wen? Und wozu?

Für »uns« natürlich, »die Politiker«. In einem Lande, in dem es keine Kirche, Religion, Poesie und Philosophie mehr gäbe, ginge es den Kusmin-Karawajews und Alexinskijs herrlich...

»Und dann erschallen andre Reden«...

Mir aber, nun ja, gerade mir (eine Caprice der Geschichte) wird von diesen Reden im höchsten Grade übel... Die »universale Langeweile«, auf die ich schon zu Anfang meines Buches über die Revolution hingewiesen habe, droht jetzt von einer anderen Seite – und zwar gerade von diesen »Reden«...

Mögen sie ersticken...

Mögen sie im Nerv verdorren...

In einer Erzählung Maxim Gorkijs sprengt Ssawwa ein wundertätiges Heiligenbild, die Quelle »der abergläubischen, falschen Begeisterung des Volkes« in die Luft... Schön, schön, »denn das Christentum brauchen wir nicht«. Und ganz Rußland applaudierte.

»Die Politiker« halten die Hand an der Gurgel von Bräuten, Kindern und Witwen (Fälle, auf die ich in der Presse hingewiesen habe). »Wer nicht Vater und Mutter verläßt um meines Namens willen«, schreit die Politik... »und eure Kinder und euer Heim...«

»Schön, schön«, füge ich mich.

Jetzt laßt mich aber Schwefelsäure auf die Angel gießen, in der sich »die Tür der Politik« hierhin und dorthin dreht; mitten ins Herzstück, in ihre Seele will ich meine Säure tropfen... Was bedeutet das? In die *politische Überzeugung* (dasselbe, was das Dogma im Christentum ist). Ja, was soll das? »Man diskutiert«... »Parteien«.

Meine Herren, man kann *alle Überzeugungen* haben, zu *allen Parteien* gehören... und das ganz aufrichtig! Reinen Herzens!! Bis zur Hysterie!!! Und gleichzeitig doch *keiner* angehören, und auch das »bis zur Hysterie«.

Ich habe angefangen, aber diese Bewegung wird weitergehen: und wir, die Philosophen, die Religiosi, Menschen jedenfalls »einer höheren Etage« als die, in der die Politiker herumtrampeln – werden mit unserem Denken, unserer Poesie, unserem Feuer diese ganze blutschwärende untere Etage zerstören...

Die meisten Gedanken kommen mir in der Straßenbahn. Die Straßenbahn schüttelt's, mich schüttelt's, das Gehirn wird durchgeschüttelt, und aus dem Gehirn schüttelt's die Ideen.

Die Revolutionäre setzen sich durch, weil sie offen sind. »Ich will dich in den Wanst schießen« – und sie schießen auch wirklich.

Bei den anderen allen langt dazu der Mut nicht. Und die Revolutionäre siegen...

Der Sieg der Revolutionäre... gründet sich darauf, daß sie unmenschlich sind; das »alte Regime« aber, das »Ungeheuer«, welches sie austilgen wollen, denkt noch daran, daß es »sein Kreuz tragen muß«, und kann sich nicht dazu entschließen, das Menschenantlitz abzulegen...

(Am 9. Dezember)

Und die Hungrigen sind so hungrig, und so hat die Revolution trotz allem recht. Aber recht hat sie nicht ideologisch, sondern nur als Druck, als Wille, als Verzweiflung. »Ich bin kein Heiliger und vielleicht schlimmer als du: aber ich bin ein hungriger, sprungbereiter Wolf, der Hunger hat mich mutig gemacht. Du aber bist tausend Jahre lang ein Ochse gewesen, und wenn du auch einmal Hörner und Hufe gehabt hast, um mich zu erschlagen, so bist du jetzt alt und hinfällig, und da werde ich dich eben auffressen.«

Die Revolution und »die alte Ordnung« – das ist weiter nichts als »Hinfälligkeit« und »frische Kräfte«. Aber das ist keine Idee, beileibe keine Idee!

Alle sozialdemokratischen Theorien lassen sich auf die These zurückführen: »Ich will essen.« Was soll man dazu sagen: die These stimmt. Nicht einmal der Herrgott selbst kann dagegen etwas einwenden. »Wer mir den Magen gegeben hat, muß mir auch zu essen geben«... Kosmologie.

Ja. Aber der Träumer geht beiseite. Denn mehr noch als Speise liebt er seine Sehnsucht. Und in der Revolution gibt es nichts zum Träumen.

Und vielleicht wird sie auch nur darum nicht gelingen, weil keine höhere Sehnsucht sie erfüllt.

»Zerschlagenes Porzellan« wird es viel geben, aber »das neue Gebäude« wird nicht errichtet. Denn es baut doch nur der, der verzehrender Sehnsucht fähig ist; solche Baumeister waren Michelangelo, Leonardo da Vinci. Die Revolution aber wird ihnen allen ihre prosaische Zunge zeigen und sie noch im Kindesalter, wenn sie elf bis dreizehn Jahre alt sind und ihre eigene Seele anfängt sich zu rühren, ersticken.

»Ah, ihr seid stolz. Ihr wollt euch nicht mit uns einlassen, mit uns teilen und plump vertraulich tun... Ihr habt da so etwas wie eure eigene Seele, und nicht die Gemeinschaftsseele... Das Kollektiv, das euch und euren Eltern zum Leben verholfen hat – denn ohne das Kollektiv wären sie und ihr vor Hunger krepiert –, nimmt jetzt das Seinige zurück. Verreckt!«

Und »das neue Gebäude« mit seinen eselhaften Zügen wird in der dritten, vierten Generation einstürzen.

Der Sozialismus wird als Disharmonie vorübergehen. Jede Disharmonie geht vorüber. Der Sozialismus aber – das ist Sturm, Regen, Wind…

Dann geht die Sonne wieder auf und trocknet alles. Und wie von verdunstetem Tau wird man reden: »Gab es denn das (den Sozialismus) wirklich einmal?« »Und der Hagel trommelte ans Fenster: Brüderlichkeit, Gleichheit, Freiheit?«

O ja! Und wie viele Menschen dieser Hagel erschlagen hat!!

»Erstaunlich. Ein merkwürdiges Phänomen. Man glaubt es einfach nicht. Wo könnte man etwas über seine Geschichte nachlesen?«

Nina Berberova

Mich selbst betonend (September 1914)

Der Zug lief im Finnländischen Bahnhof ein. Das war Rußland, meine Heimat, die Ankunft zu Hause, der Krieg. Es waren die ersten Tage im September 1914: dicke Staubwolken und Unmengen von Rekruten. Und die Traurigkeit, die ich zum erstenmal bei dem Lied eines Soldatenchores empfunden habe: »Früh am Morgen sind wir aufgestanden, als die Glocken Sturm geläutet haben.« Das Sturmläuten, Züge für Truppentransporte, ein zitterndes Dröhnen, der halbe Himmel in Flammen und eine Stimme von der Newa: »Gnädiges Fräulein, schenken sie mir einen Talisman vom Ausland, er wird mir Glück bringen.« Ich hole einen kleinen Spiegel aus meiner Handtasche. Es ist seltsam, aber ich hing niemals an meinen Dingen, ich konnte sie weggeben oder verlieren. Ich besitze keine »heiligen« Gegenstände wie die Russen in den alten Zeiten (einen Löffel, einen Kamm). Alles, was ich brauche, ist ein sauberes Handtuch und ein sauberer Kissenbezug. Alles andere ist unwichtig. Ich reiche ihm den Spiegel. Sein Mantel hängt zusammengerollt über der Schulter. Und plötzlich erschallt ein Blasorchester und übertönt den Chor. Auf der Liteiny-Brücke brennen die Laternen. Warum brennen sie? Warum sitzt der Kutscher so vornübergebeugt? Warum weint die Frau? Warum bettelt das Kind: »Onkelchen, gib mir eine Kopeke«? Warum hat der Schutzmann so einen dicken Bauch und der Pope noch einen viel dickeren? Warum sagt der bleiche Junge, der Sohn unseres Hauswarts, in hastigen Worten zu meinem Vater: »Man hat es mir versprochen, Nikolai Iwanowitsch, aber ich habe es nicht bekommen, es ist nichts daraus geworden!« (Es ging um ein Stipendium für die Realschule.) Warum heißt es überall: »Es ist nichts daraus geworden, es ist nicht geglückt, es ist schiefgegangen«? Warum? Warum ist es so kalt im September und so dunkel im Oktober? Warum sieht Dascha so verwirrt aus und hat ein blaues Auge? »Er hat sich zum Abschied betrunken und mich mit der Faust verprügelt. Nach Galizien haben sie ihn geschickt.« Was hat das alles zu bedeuten? Wozu das alles? Und wohin ich auch sah, auf den Marienkäfer, der so groß wie ein Haus war, auf die Kinder, die auf der Wiese spielten, auf Mama und Papa, die ein weißes Tischtuch ausbreiteten, oder auf die Kühe, die muh machten, ich sah immer dasselbe: Traurigkeit, Armut, Mißlingen, Krieg, die Stiefel des Soldaten, des Schutzmanns und des Generals. Und über alldem ein trüber Himmel, der herbstliche Himmel von Petersburg im Krieg.

(1969)

Ossip Mandelstam

Petropolis diaphan

Petropolis, diaphan: hier gehen wir zugrunde,
hier herrscht sie über uns: Proserpina.
Sooft die Uhr schlägt, schlägt die Todesstunde,
wir trinken Tod aus jedem Lufthauch da.

Den Helm, den steinernen, jetzt losgebunden,
Athene, meerisch, mächtig, schreckensnah!
Petropolis, diaphan: hier gehen wir zugrunde,
nicht du regierst – hier herrscht Proserpina.

(1916)

Alexander Solschenizyn

Das rote Rad (Februar 1917)

Jenseits der Nikolaj-Brücke erwartete Veronja Lenartowitsch und Fanja Schejnis sofort ein anderes Leben. Die dösende, verhaßte Zarenstadt hatten sie hinter sich, sie betraten die Stadt der Revolution. Wie sie aussieht, die Revolution, was das ist, Revolution, das war noch vollkommen unbegreiflich, sie hatten die Revolution noch nie gesehen. Noch hingen an Hauswänden und Zäunen die Bekanntmachungen des Kommandierenden Chabalow mit der Aufforderung zur Ruhe und seinen Strafandrohungen, doch das waren nur Ankündigungen, und nirgendwo schützten seine garstigen Kriegerscharen irgend etwas, nicht das andere Ende der Nikolaj-Brücke, nicht die Uferstraße, nicht den Verkündigungsplatz, nirgends Polizeiposten, selten eine Patrouille, im frei flutenden, buntscheckigen Publikum mit teils sorgenvollen, teils fröhlichen Gesichtern überraschten die vielen Soldaten – nicht formiert, von niemandem kommandiert – und die vielen Genesenden aus den Spitälern, die erregt drauflos redeten und mit ihren verbundenen Gliedmaßen herumfuchtelten.

Aber es fand kein regelrechtes Meeting statt, und es waren auch keine roten Fahnen zu sehen, deshalb wollten die Mädchen rasch weiter in die Stadt. Doch dann sahen sie rechter Hand vor sich dicke Rauchwolken, sie zeigten an, daß das Litauer Schloß brannte. Das Gefängnis wird befreit. Hurra! Dorthin liefen die Mädchen, sie wollten mithelfen, das Frauengefängnis zu befreien.

Noch ehe sie hingelangten, begegneten sie auf der Kußbrücke an der Mojka einer Prozession befreiter weiblicher Häftlinge, etwa zwanzig bis dreißig Frauen in Häftlingskitteln und -pantoffeln. So gingen sie über die schneebedeckten Straßen, es herrschte nur leichter Frost. Aber mein Gott! Man mußte ihnen doch Kleidung und etwas zu essen geben, sie ins Warme bringen! Veronja und Fanja liefen hin, aufgeregt und eifrig: »Was ist, womit kann man euch helfen, Frauen, Genossinnen?!« Aber die Frauen hatten entweder ihre Befreiung noch nicht realisiert, oder sie waren unterwegs schon zu oft gefragt worden, sie wandten nicht einmal die Köpfe, schleppten sich apathisch eine hinter der anderen vorwärts, ohne zu antworten, nur eine warf ihnen einen unflätigen Fluch zu.

Veronja und Fanja stockten, als hätte man sie geprügelt, verloren den Mut, ließen die ganze Gruppe an sich vorbeiziehen. Wahrscheinlich waren sie zu gut gekleidet, und das hatte die Frauen gekränkt.

Zum Gefängnis mochten sie jetzt nicht mehr, es war ihnen peinlich. Und ins Stadtzentrum zu gehen, redeten ihnen sympathische Passanten mit revolutionärer Freude auf den Gesichtern aus: In der Innenstadt herrscht noch die alte Macht, besser ist es, sich in die Arbeiter- und Kasernenviertel zu begeben. Und die Mädchen wandten sich zur Fontanka.

Ihre Erwartungen trogen sie nicht. Schon bald hörten sie Schießen. Es waren ein paar halbwüchsige Bengels, die an ihnen vorbeirannten und aus schwarzglänzenden neuen Pistolen in die Luft schossen, aus ihren Taschen Munition holten und im Laufen neu luden. Wo hatten sie das bloß gelernt?

Bald stießen sie auch auf ein Meeting. Auf einem festen Schneehaufen stand ein Student, einen Offizierssäbel umgeschnallt. Er sprach sehr gut über Freiheit, wenn auch die Parteirichtung nicht klar erkennbar war, es konnte einer von uns oder ein Sozialrevolutionär sein. Zwei Dutzend Menschen hörten ihm zu – genesende Soldaten, Kleinbürger, ein Beamter. Die Mädchen hätten auch bleiben, reden oder mit dem Studenten diskutieren können. Doch jetzt, da sie sowieso ihre Insel und ihre Pflicht im Stich gelassen hatten, wollten sie mehr sehen, in sich aufsaugen, sich bewegen.

So gingen sie weiter und weiter.

Vor einem Haus stand ein bleicher Zivilist, die weißen Hände an die Brust gedrückt, ihm gegenüber ein Häufchen verschiendenartiger Leute, etwa ein Dutzend. Jemand schrie: »Los, packen wir ihn!« Und eine Dame bat: »Sie werden ihn doch zur Staatsduma bringen?« »Wir wissen schon, wohin wir ihn bringen!« riefen sie ihr zu. Und während sie noch sprachen, stürzte der Bleiche davon, in die Toreinfahrt. Der ganze Haufen rannte brüllend hinter ihm her. Und dann fiel ein Schuß. Die Dame auf dem Trottoir erklärte den Mädchen, der junge Mann sei ein verkleideter Polizist, der bei ihnen im Hinterhaus wohnte.

Die Mädchen erschauerten: der erste Tod, fast hätten sie ihn gesehen.

Und die Meute schrie: »A-a-a-a. jetzt kriegt ihr es heimgezahlt, Pharaonen! Geldsäcke!«

Die Mädchen gingen weiter. Jenseits der Fontanka wurde es noch lebhafter. Da fand ein Meeting statt, auf dem von einem ausgespannten Lastfuhrwerk herunter mehrere Redner sprachen. Aber die Mädchen blieben nicht stehen. Alles, was hier gesagt wurde, wußten sie selber, sie wollten sehen und auch mitmachen.

Welche Freude! Aus dem Stoffgeschäft trug man in Ballen roten Kattun heraus. Klar, daß der nicht gekauft war. Und direkt von der Schwelle aus wurden die Ballen unter die Leute geworfen, sie flogen über die Köpfe weg, entrollten sich, fielen dann irgend jemandem auf die Schulter oder einfach aufs Pflaster. Und alle stürzten sich auf den Kattun, als sei er wertvoller als Brot. Manche trugen ganze Bahnen fort, um sie weiter zu verteilen, die übrigen zerrissen den Stoff gleich hier. Jemand brachte Stecknadeln aus der Kurzwarenabteilung.

Wieso waren sie nicht schon längst darauf gekommen? Jetzt machten sie sich große Rosetten, hefteten sie an die Brust, auf den Mantel. Einige hatten Schleifen, andere Bänder. Und Fanjetschka riß einen langen Stoffstreifen los, legte ihn sich schräg über Schulter und Brust, wie zaristische Würdenträger ihre Ordensschärpen tragen. Zum Lachen!

Mancher nahm sich Stoff zur Fahne, andere verfertigten sich Kokarden, hefteten sie an die Mützen. Jemand steckte einem Soldaten einen Stoffetzen aufs Bajonett, dem gefiel das. Alle schrien laut durcheinander.

Hier, beim Verteilen des roten Kattun, blühten sie auf, auch die Leute ringsum; keiner verfolgte das Rote, niemand brach unter Nagaikahieben zusammen; es war, als ob ringsum alles sänge, sich froh verwandelt hätte.

Die Mädchen stellten fest, daß sie bei den nahen Schüssen gar nicht mehr erzitterten, jeder Schuß gab ihnen fröhlichen Antrieb, um so mehr als niemand verwundet zu Boden stürzte.

Über den Troitzkij-Platz ging mit raschen, nervösen Schritten ein Offizier, ohne nach rechts oder links zu blicken. Zwei Studenten und zwei Arbeiter mit roten Schleifen traten ihm entgegen.

»Herr Offizier! Geben Sie ihre Waffe ab!« forderte der Student gebieterisch.

Der Offizier zuckte, sah sich nach allen Seiten um, niemand war in der Nähe, der ihm helfen konnte. Er sah die vier vor sich an, schwankte eine halbe Minute, kämpfen oder aufgeben, zog mit kühnem Schwunge den Säbel, reichte ihn dem Studenten. Der nahm ihn, und die anderen riefen: »Den Revolver! Auch den Revolver!«

Die Mädchen gingen durch die Straßen der Ismajlowskij-Kompanien. Sie wußten nicht, wodurch sich Ismajlower von anderen Soldaten unterscheiden, irgendwelche Soldatengruppen schlenderten frei herum, fast alle mit Gewehren, aber es gab keine Formation, kein Kommando, lose Haufen.

Ein Kavallerist sprengte heran, Mähne und Zaum rot geschmückt, eine tobende Jungenhorde begleitete ihn, hielt sich an den Steigbügeln oder sprang nebenher.

Die Volksmenge wurde durch den roten Stoff zusehends röter, wurde immer zahlreicher, immer lebhafter.

Plötzlich erklang permanentes, alarmierendes Hupen wie bei einer Karambolage, als wäre ein Auto gegen ein Hindernis gefahren oder wollte Gefahr ankündigen. Alle wichen von der Straßenmitte zu den Seiten. Es war ein offenes Personenauto. Der Chauffeur trug eine Autobrille und eine Lederjacke, streng und unzugänglich. Im Wageninnern saßen ein paar Soldaten, die Bajonette hochgereckt, auch sie schwiegen. Aber das Erschreckendste waren die rechts und links auf den vorderen Kotflügeln halb liegenden beiden Soldaten, sie hielten die Gewehre im Anschlag und zielten fortwährend auf alles, was ihnen in die Quere kommen könnte.

Schreck einflößend, stürmte das fürchterliche Automobil heran, unbekannt woher, unbekannt warum, aber sehr schnell.

Durch dieses Automobil hob sich die Stimmung noch mehr, sie wurde noch röter, noch greller, noch fröhlicher.

Fanjetschka rief: »Ich will schießen.«

Veronja überlegte: »Ja, aber auf wen?«

»Auf niemanden, bloß schießen! In die Luft schießen, das bedeutet, das Volk wird niemanden erschießen, das Volk ist großmütig, ist nicht wie diese zaristischen Satrapen.«

Auf einmal erhob sich gewaltiger Lärm, Ovationen die ganze Straße entlang. Wieder kam ein Automobil heran, aber dieses Mal ein Lastauto, es fuhr nicht so beängstigend rasch, hupte nicht, fuhr langsam, zielte auf niemanden, vorne an der Kabine war eine große rote Fahne befestigt, und auf der Ladefläche standen eng gedrängt zwölf Leute, Soldaten mit roten Fähnchen an den Bajonetten, Studenten und Arbeiter mit Gewehren und eine Barmherzige Schwester, und alle winkten mit den Armen, mit roten Bändern und Mützen, sie schrien und riefen nach allen Seiten, aber alle auf einmal, so daß man sie nicht verstehen konnte, und die Leute schrien und riefen vom Trottoir aus ebenfalls alle auf einmal, so daß noch weniger zu verstehen war – Jubel! Jubel über Jubel!

Veronja und Fanjetschka schwenkten die Arme hoch, schrien und winkten auch, liefen mit vielen anderen auf der Fahrbahn hinter dem langsam fahrenden Lastauto her, dem die Schaulustigen sich anschlossen.

So gelangten sie auf den Platz vor dem Technischen Institut – auch dort war schon eine riesige Menge! Ein gewaltiges Meeting fand statt, Massen von Studentenmützen, Arbeiter in gewöhnlicher Werktagskleidung, aber so viel Rot an allen! Und noch ein Dutzend großer selbstgemachter roter Fahnen flatterte über der Menge, große Stücke von rotem Kattun, abgerissen und an Stöcken befestigt. O Gott, was für ein Volksfeiertag das war! Die ganze Menschenmenge wogte wie flüssiger Brei dorthin, wo als brodelnder Strom der Sabalkanskij-Prospekt einmündete.

Veronja schüttelte Fanjas Arm, um sie beide zu überzeugen, daß dies Wirklichkeit war.

»Fanja! Erleben wir das wirklich? Fanja! Ist das denn alles wahr? Und es fließt kein Blut! Und wie leicht wurde es erreicht? Kann man das denn jetzt noch zurückdrehen?«

Die Brust barst schier von all dem Jubel, der sich nicht Raum schaffen konnte, nicht mitteilbar war, noch glücklicher konnte man gar nicht sein!

Über den Sabalkanskij kroch, von johlendem Volk umringt, noch ein Automobil. Es hatte eine große Ladefläche und rasselte mit den Raupenketten. Auf der Ladefläche standen fünfundzwanzig Mann – und das war die dritte Art – wie starre Statuen, sie grüßten die Menge nicht, stellten sich als Statuen dar, die ganze vorderste Reihe hielt, über die Rücken der Chauffeure geneigt, die Gewehre im Anschlag, die Männer in den hinteren Reihen trugen teils rote Fahnen, teils hatten sie die Gewehre ohne Bajonett erhoben, einige schüttelten sie, andere hatten Bajonette ohne Gewehre, wieder andere hatten Halstücher aus rotem Stoff umgebunden, so fuhren sie langsam, Versteinerte, von der Volksmenge ringsum bejubelt.

Über den ganzen Platz schallte langhingezogenes Triumphgeheul.

»Ich will auf das Auto!« kreischte Fanja Veronja ins Ohr.

Es dämmerte schon. Und während die Mädchen sich über den Platz drängten und der Menschenstrom sie zum Sagorodnyj-Prospekt schob, gingen die Straßenlaternen an. Doch im Verhalten der Mädchen änderte sich nichts, wohin, warum – es trug sie weiter und weiter.

An einer Apotheke waren Schaufenster und Türen eingeschlagen, Flaschen wurden herausgeschafft. Wahrscheinlich suchten die Leute nach Alkohol.

In einer Gasse schlug ein Häufchen junger Leute auf einen alten Mann ein, der behauptete, er sei ein Hausknecht.

Hast genug denunziert, jetzt kriegste dafür!

Am Zarskoje-Selo-Bahnhof begegnete ihnen ein versprengter Soldat, er ging allein, trug äußerst mißvergnügt sein Gewehr ohne Bajonett.

»Soldatchen! Geben Sie mir Ihr Gewehr!« Der Gedanke war Fanja im Nu gekommen.

Der schaute auf, als sähe er nicht recht: »Kannst du denn schießen?«

»Ich werd's lernen!« rief Fanja kühn.

»Na dann!« Ohne zu zögern, gab er ihr die Waffe. Sie nahm sie, wollte weitergehen. »Warte!« Er löste seinen Leibriemen, nahm die schwere Patronentasche ab. »Womit willst du sonst schießen? Da!« Und er gab sie ihr, die Ledertasche war unerwartet schwer, ließ sich kaum in der Hand tragen.

Sie schob sie, so gut es ging, in die Manteltasche, das zog ihr den ganzen Pelz schief.

Auch das Gewehr war schwer. Fanja wußte nicht, wie sie es halten sollte, zog es einfach an der Mündung, und der Kolben schleifte über die Buckelchen des zertrampelten Schnees auf dem Trottoir.

Es wurde immer unbegreiflicher, wohin sie unter den spärlichen

Straßenlaternen gingen, es war dunkel und wurde immer interessanter. Sie hatten heute nichts getan, fühlten sich aber doch als echte Beteiligte an der großen Revolution. Und die Hauptsache sollte ja noch kommen, sie lag noch vor ihnen! Ihnen war bewußt, daß eine neue Ära angebrochen ist. Jetzt werden alle Menschen Brüder, alle werden gleich, alle werden glücklich.

Vom Semjonowskij-Exerzierplatz kam ein Lastauto, oben drauf mehrere Leute. An der Ausfahrt hielt es an, und von oben wurde gerufen: »Genossin Marija!«

Veronja zuckte zusammen, lange war sie nicht so gerufen worden. Sie blickte hinüber und erkannte unter dem Laternenschein Kescha Kokuschkin vom Obuchow-Werk.

Er grinste über das ganze Gesicht: »Komm mit uns! Genossen, sie ist Parteiarbeiterin! Wir wollen sie mitnehmen!«

Die anderen hatten nichts dagegen, war ja genug Platz, man hätte sie auch mitgenommen, wenn sie kein Parteiarbeiter gewesen wäre. Sie streckten die Arme aus und zogen Veronja und Fanja mit ihrem Gewehr hinauf.

Wie sich herausstellte, stand auch Dachin oben auf dem Auto, er hatte wilde, böse Augen.

Sie fuhren.

In diesem Augenblick begann für die Mädchen noch etwas Neues, Ungewohntes, die allerhöchste Stufe. Unter ihren Füßen zitterte und knurrte der Motor. Beim Fahren warf es sie hin und her, bald vor, bald zurück, bald zur Seite, man mußte sich an der Wagenkante oder aneinander festhalten, an fremden, zufälligen Weggefährten, die alle vereint waren in der gemeinsamen verzauberten Bewegung und in der gemeinsamen großen Sache. Und dieses Berühren und Händehalten vermittelten die gewaltige Kraft der aufgestandenen Massen. Hier waren einige Arbeiter, einige Soldaten und zwei Studenten, aber auch mit den Studenten gab es keinen Flirt, es war nicht die Zeit, sich zu unterhalten, Bekanntschaft anzuknüpfen. Wenn es irgendwo einen Sinn gab, dann nicht in verhaltenen Worten, sondern in lauten Schreien, die du nicht ausstoßen kannst, wenn du auf dem Trottoir gehst. Aber von hier, vom Lastauto aus, reißen die Schreie sich von selbst los, schleudern den ganzen Überfluß der Begeisterung aus der Seele. Als die Straße nicht mehr gar so holprig war, und man nicht mehr hin und her geworfen wurde, lösten sich die Hände, schwangen von selbst hoch, winkten nach rechts und nach links. Und so gratulierten sie allen-allen-allen unten auf der Straße, und die Leute unten gratulierten ihnen auf dem Auto.

Wohin sie fuhren, das konnte nur der Chauffeur wissen, und es war auch ganz gleichgültig. Warum, das war keine Frage, die Fahrt selber war das *Warum*. Nur die schnelle Fahrt, nur sie entsprach dem Lauf der Ereignisse und drückte die ganze Begeisterung aus, den ganzen Sieg. Auf der Ladefläche des Lastautos redeten sie nicht miteinander, sie brachten nur einmütig den allgemeinen Jubel bis zur Heiserkeit zum Ausdruck, und wenn doch jemand zu einem anderen etwas sagte, gingen die Worte unter.

Am Ende des Wladimir-Prospekts überquerten sie den Newskij, wobei sie fast die auseinanderweichenden Fußgänger streiften und beinahe mit genauso einem Lastauto wie dem ihren zusammenstießen, das vom Nikolaj-Bahnhof kam. Aber sie stießen nicht zusammen, das entgegenkommende Automobil bremste und unseres fuhr noch schneller. Aus Freude, daß es keine Karambolage gegeben hatte, riefen sie einander revolutionäre Grüße zu. Unsere beiden Studenten schossen in die Luft, mit ebensolchen Schüssen wurde vom anderen Auto geantwortet.

Nun waren sie auf dem Litejnyj, auch die Soldaten schossen, teils in die Luft, teils in die oberen Etagen der Häuser. Fanjetschka packte sie bei den Schultern, hielt sie fest und schrie ihnen ins Ohr: »Ich will auch! Schießen will ich! Will's lernen!«

Aber ihr Gewehr lag irgendwo unten am Boden.

Einer der Studenten streckte ihr einen Revolver hin und zeigte ihr, was sie machen mußte. Sie kniff die Augen zusammen, feuerte, kreischte auf. Doch den Revolver mußte sie zurückgeben.

Nur noch mit Schießen konnte man der Straße die unermeßliche Freude mitteilen. Die Kehle genügte nicht mehr. Veronja begann zu singen, die russische Version der Marseillaise. Aus dem Lied wurde nichts, keiner stimmte ein, vielleicht kannten sie auch den Text nicht. Sie schrien und riefen einfach, jeder nach besten Kräften.

Auf dem Litejnyj war viel Volk unterwegs, Soldaten liefen in Mengen herum, man mußte langsamer fahren. Sie passierten eine große Brandstätte, flammende Trümmer und stehengebliebene Wände leuchteten und glühten, strahlten bis in die Straßenmitte Hitze aus. Jetzt konnten sie einander zum ersten Mal wie bei Tageslicht sehen, diese Reisegenossen und Weggefährten einer überglücklichen unbändigen Fahrt. Und jeder erkannte beim anderen die unbeschreibliche Freude der Befreiung, dadurch schwang die Freude noch höher. Sie rasten weiter in die Dunkelheit zwischen den Reihen der Straßenlaternen hindurch, sie schrien einander irgend etwas zu, und Dachin drückte Veronjas Hand und schrie auch.

Auf den Weg achteten sie gar nicht, den kannte der Chauffeur. Irgendwo wendeten sie, und am Quai hielten sie aus irgendeinem Grunde an, es war vor der Troitzkij-Brücke. Drei alte Männer kamen zu ihnen gelaufen und erklärten, sie seien wichtige Revolutionäre, sie wollten dringend zum Taurischen Palais gefahren werden. Da konnte man nur lachen! Was sind das für wichtige Leute, wenn doch die Revolution schon gesiegt hat? Und was kann wichtiger sein als der allgemeine Jubel und diese ihre Fahrt? Alle vierzehn oder fünfzehn Kehlen erklärten gleichzeitig von oben herunter den Revolutionären – aber da startete der Chauffeur schon und ratterte weiter.

Während ihres Halts hatte ein Soldat Fanjetschka gezeigt, wie man mit einem Gewehr umgeht. Es war auch noch ein Kosak zu ihnen auf die Ladefläche geklettert. Dann fuhren sie über die leere Troitzkij-Brücke, ein anderes Lastauto kam ihnen entgegen, die Scheinwerfer trafen aufeinander, es hätte einen Zusammenstoß geben können, er wurde glücklich vermieden. Die einen wie die anderen schrien, schossen in die Luft. Und weiter ging es auf die Petersburger Seite, niemand wußte wohin. Hier wurde es noch phantastischer: bald tiefes Dunkel, bald vorüberhuschende Laternen, bald herbeieilende, bald davonlaufende Menschenherden, bald Drehungen des Automobils, dann Drehungen der ganzen Stadt mit ihren Quais, Lichtern und Bränden. Es war keine Fahrt, es war ein Tanz des Glücks, dessen Takt die Revolver- und Gewehrschüsse schlugen, und der Kosak ließ wie rasend seinen Säbel über dem Kopf kreisen, ein Wunder, daß er dabei niemanden erstach und niemandem den Kopf abschlug.

(1986)

Wladimir Majakowski

Wladimir Iljitsch Lenin (Ankunft in Petrograd)

– »Der Zar
und sein Aar,
sie schwimmen im Spülicht.
Das Volk ist entfesselt!
Rußland ist los!«
las bebend
Wladimir Iljitsch
in Zürich,
von Fieber erfaßt
überm Zeitungsstoß.
Doch was
erfährt man aus Fetzen Zeitung?
Ein Flugzeug her!
durch Lufträume hin!
dem Arbeiteraufstand
am Tag
der Entscheidung
zu Hilfe! –
dahin trägt der Wunsch
jeden Sinn!
Er fuhr,
der Partei Gehorsam zu zollen,
im deutschen Waggon
mit der deutschen Plombe.
Ach, ahnten
damals
die Hohenzollern:
auch ihrem Thron
brachte Lenin
die Bombe!
Die Petrograder
sind frisch noch
und fröhlich,
wie Kinder,
sich küssend in Freudengetümmeln.

Noch rot bebändert,
beginnt doch allmählich
der Newski
von Generalen
zu wimmeln.
Schritt für Schritt –
fängt man an, sich zu trauen,
gelangt so bald wieder
zum Pfiff des Gendarmen.
Sieh da,
schon schauen
die Bürgerklauen
hervor unter Pfötchen,
samtweichen und warmen...
Zuerst kommt nur Kleinzeug –
winzige Sardellen.
Dann Sprotte und Strömling –
schon wächst die Gewöhnung:
Miljukow,
berühmt als Herr von
Dardanellen,
ihm nachdrängend
Michelchen,
lüstern auf Krönung.
Der Kanzler
– kein Machtmensch –
ist glatt wie aus Seide!
kein Volkskommissar,
ungehobelt
und grob,
ein Mägdlein beinah –
eine Augenweide!
Welch hübscher Tenor!
wie entzückend er tobt!
Wir kosteten
kaum erst
Tautropfen
der guten,

Der Februar-Freiheit,
erwartungsvoll;
schon schwingen
Kriegstreiber
tapfer die Ruten:
– »Marsch, marsch an die Front,
Arbeitervolk!«
Und wie zur Vollendung
der köstlichen Landschaft –
sieh rings
die Verräter
von einst und von jüngst:
Es-Er, Menschewiken,
die ganze Verwandtschaft –
gerichtet nach rechts
und gelenkig nach links.
Da rast
in die Stadt,
die schon feist aufquillt heute,
von jenseits der Newa,
zerreißend den Bann,
vom Finnischen Bahnhof,
der Wyborger Seite,
laut ratternd
ein Panzerauto heran.
Wie bläst da
der Wind
wieder frisch,
wieder heiter
um Mützen und Blusen:
»Ihn hören!«
»Wolln sehn ihn!«
Es schäumt
auf die Gußbrücke,
rottet sich weiter –
die Sturmflut:
»Iljitsch ist mit uns!«
»Hoch Lenin!«

Sergej Eisenstein: Ansprache Lenins vom Panzerwagen.
Szenenfoto aus ›Oktober‹

»Genossen!«
Er streckt
die wegweisende Hand aus
ob Hunderten Häuptern,
die auf zu ihm
branden.
–»Zieht das
reformistische
Lumpengewand aus!
Schlag die
Kapitalherren und -diener
zuschanden!
Wir–
Stimme und Wille
der Unterschichte,
des Arbeitergrundes
vom ganzen Planeten,
preisen
die Partei,
die den Kommunismus errichte,
preisen
den Aufstand:
Alle Macht den Räten!«
Verblüfft stand die Menge,
im Bann einer Wandlung:
zum erstenmal
nah
war die Zeit und der Ort –
hier stand
als schlicht zu vollziehende
Handlung
»Sozialismus«,
das traumferne Wort.
Und schon,
mit Gedröhn
den Werkfleiß bestätigend –
Riesenbetriebe,
aufstrahlend von fern:

die Kommune von morgen,
der Bund der Werktätigen,
ohne Besorgnis,
ohne Proleten,
ohne Sklaven und Herrn.
Aufs dicke
Geknäul
opportunistischer Stricke
fiel jedes Wort Lenins
als Hieb mit dem Beile.
Und drein
wie ein Bergsturz
aus brüllenden Stücken:
»Sehr richtig, Iljitsch!«
»Höchste Zeit!«
»Es hat Eile!«
Das Haus
der Krzesinska,
dem Schwung schöner Schenkel
geschenkt einst, –
nun wimmeln hier
Arbeiterjacken.
Hierher strömt Fabrikvolk –
gibts bald ein Geplänkel?
Hier
schmiedet
es Lenin
zu neuen Attacken.
– *»Friß Ananas, Bürger,*
und Haselhuhn.
Mußt bald
deinen letzten Seufzer tun.«
Schon rückt
der Herrschaft zu Leibe
ihr Kuli:
Wie gehts?
Wie schmeckt die gemästete Gans? …

Das war eine kleine Probe
im Juli –
man beklopfte den Herren
die Gurgel, den Wanst.
Gleich sah man
den Schieber
die Beißzähne fletschen.
– »Der Mob rebelliert!
Haut zu Brei
sein Gebelfer!«
Kerenskis Hand
braucht man nicht erst
zu tätscheln –
sie schreibt:
– »Greift Lenin
und all seine Helfer!«
Die Partei
mußte neuerdings
ins Illegale.
Iljitsch nach Rasliw,
in die finnischen Lande.
Die Hütte,
der Heustoß, das Blachfeld, das kahle,
sie bargen
den Führer
vor hündischer Bande.
Unsichtbar war Lenin,
doch Lenin war nah.
Die Art,
wie die Arbeit vor sich ging,
gestand
den waltenden
Leninschen Geist,
und man sah
am Werke
die führende
Leninsche Hand.
Den Worten Iljitschs
ist der Boden bereitet:

sie fallen
und fruchten
in wachsendem Kreis.
Schon stehen den
Arbeiterschultern
zur Seite
die Schultern der Bauern
millionenweis.
Und als
nur noch eins blieb:
auf die Barrikaden! –
bestimmte
Lenin
den fälligen Tag.
Kam selber
nach Petrograd:
– »Los, Kameraden,
nicht zaudern!
Jetzt reift
der entscheidende Schlag!
Kapitaldruck und Raubkrieg
und Hungerqualen,
Interventen-Landfrevel –
die Schreckensberichte
verblassen
dereinst
mit den Muttermalen
am Leib
der Großmutter.
Antike Geschichte...«
Dem Rückblick
von dort einst
auf unsere Tage
stellt
Lenins Haupt
sich als erstes dar:
am Rand
von zehn Sklavenjahrtausenden

dieser Bergpaß
zum Reich der Kommune
hochklar.
Vergehn werden
Jahre,
die heutigen, schweren:
kommunistischen Hochsommers
wärmende Wucht
wird vollenden
zur Süße
gigantischer Beeren
der Oktoberblüten
rotreifende Frucht.
Wer dann
einst nachliest
in Lenins Erlässen,
durchblätternd
vergilbter Dekrete
Archiv,
fühlt aufsteigen
Tränen
– längst abgeschafft und vergessen.
Und es pocht
an die Schläfen,
was tief innen schlief.
...So oft ich überlege
die zurückgelegten Wege,
im Zeitlichen forschend,
was ewig sein mag,
kommt immer mir
dieses Erlebnis entgegen:
der Fünfundzwanzigste –
jener erste Tag.
Blitze, zu tausend Bajonetten
zersplitternd:
mit Bomben
ballspielende
Matrosengarden;

der Smolny,
von inneren Dröhnen
zitternd;
in Patronenschärpen
gewickelte
Kommunarden.
– »Sie werden
verlangt
vom Genossen Stalin.
Korridor rechts,
Tür drei,
er ist
dort.«
– »Genossen,
nicht stehnbleiben!
Vorwärts, zum Saal hin!«
– »Im Panzerwagen
aufs Postamt,
sofort!«
– »Zu Befehl!« – Machte kehrt,
und mit anderen Matrosen
verschwand er
ums Eck
samt der flatternden Flora
der Bänder
vom Mützenrand,
vom schildlosen,
drauf unterm Laternenschein,
las man:
»Aurora«.
Ordonnanzen, Kuriere.
Diskutierende, Zankende;
Gewehre,
die beim Laden
am linken Knie lehnen.
Da kommt durchs Gewühl
vom jenseitigen Gangende

seitwärts schreitend
und unbemerkt
Lenin.
Die von Iljitsch
schon in Kämpfe Geführten
kannten
sein Antlitz noch nicht
von Bildnissen.
Soldaten
pufften sich, brüllten,
krawallierten
in saftiger Flüche
gepfefferten Wildnissen.
Und durch das willkommene
Eisengewitter
trug Lenin,
als wäre er verschlafen,
sein Denken;
hier blieb er
blinzelnd stehen,
dort schritt er
scharf blickend
die Hände
auf dem Rücken verschränkend.
Ein struppiger Junge
in Wickelgamaschen
stand vor seinem
treffend-untrüglichen Aug;
das konnt
im Gespräch
dein Geheimstes erhaschen,
dein Herz
hervorziehn
unterm Phrasengepauk.
Da wußte ich
Alles
erschaut
und verstanden,

von diesem
Auge
sicher bemerkt:
das Rasen der Front,
das Rumoren vom Lande,
den Ruf vom Putilow-,
vom Nobelwerk.
Der Kopf,
der wohl hundert Provinzen
durchdachte
für anderthalb Milliarden
Menschen
sorgend:
das Weltall
erwog
in *einer* Nacht er –
und am Morgen:
– »An Alle!
An Alle!
Gebt acht!
Hört, Fronten,
verblutet, verbrannt!
Hört, Knechte,
Gesind und Gefolg,
dem Reichtum leibeigen
aus Not!
Den Räten die Macht!
Den Bauern das Land!
Fried jedem Volk!
Den Hungernden Brot!«

(1924)

Alexander Blok

Die Zwölf

I

Schwärze: Abend.
Weiß: Schnee fällt.
Wind und Wind!
Keiner, der sich aufrecht hält.
Wind und Wind
Über Gottes weite Welt!

Windsbraut streut
Flockenweiß.
Drunter: Eis.
Gleiten, Fallen: so gehts allen.
Arme Leut!

Eine Schnur, die man spannte.
Dran ein Plakat:
»Alle Macht der Konstituante!«
Kommt ein Mütterchen, das weint,
Weiß nicht, was das alles meint:
Solche Stoffverschwendung
Ausgerechnet jetzt!
Wüßt da bessere Verwendung
Barfuß ist man und zerfetzt...

Mütterchen, mußt durch den Schnee –
Irgendwie wird es schon gehn.
– Maria-Fürsprech, blick herab!
– Die Bolschewiken bringen mich ins Grab!

Winde, scharfes Hui!
Stein frierts und Bein!
Drüben: der Burschui,
Nas' im Mäntelein.

Und der da drüben? Lange Mähne,
Murmelt was zwischen den Zähnen:
– Verrat!
– Verrat an Rußland, Verrat!
Vermutlich ein Literat...

Und da! Die Schöße flattern –
Da, da, wo's grade stob!
Warum heut so verdattert,
Genosse Pop?

Weißt noch, wie's gewesen?
Schobst den Bauch heran,
Und von Baucheshöhe
Leuchtets Kreuz uns an...

Damen. Kommen angestelzt.
Was spricht der Persianerpelz?
– Ach, das Leid, das viele Leid...
Rutsch! – So lang, so breit...

Los, lauf,
Hebse auf!

Wind, munter,
Drüberhin, drunter,
Teilt Püffe aus, Stöße,
Zupft an den Schößen.
Passanten – gemäht,
Das Plakat – gebläht,
Das weithin gespannte:
»Alle Macht der Konstituante!«

Worte, herübergeweht:

...'ne Versammlung abgehalten...
...ja, da drüben, in dem alten...
...Diskussion –

und Resolution:
Zehn pro einmal, zwanzig für die Nacht...
...Na, gut Nacht...

Späte Stunde.
Menschenleer.
Alter Kunde
Schlurft daher.
Wind macht die Runde.

Frierst wohl – ei,
Wenn wir zwei...?

Brot!
Was wird kommen, was geschehn?
Weitergehn!

Schwarzer Himmel drüberher.

Haß kocht, schwarz und finster, schwer.
O du schwarzer, heiliger...

Genosse! Du!
Kein Auge zu!

II

Schneetanz, Stäuben, Wirbeln, Wehn.
Es gehn die Zwölf, die Zwölfe gehn.

Die Flintenriemen, schwarz und stumm.
Und Flammen-, Flammenschein rundum.
Mütze – zerbeult! Die Kippe – naß!
Stündst schön am Buckel, Karo-As!

Freiheit, Freiheit,
Freiheit sei!
Und kein Kreuz, kein Kreuz dabei!

Juri Annenkow: Illustration zum zweiten Gesang von A. Bloks ›Die Zwölf‹

Trara! Hei!

Kalt, Genossen, bitter kalt!

– Der Wanja? Führt die Katja aus…
– Ja, die hat Rubelchen im Haus…

– Und wo's nun einmal Zaster hat…
– Da macht man kehrt und wird Soldat!

– Wanja, Burschui und Hurenmist,
Probier mal, wie die Meine küßt!

Freiheit, Freiheit,
Freiheit sei!
Und kein Kreuz, kein Kreuz dabei!

Haben beide was zu tun –
Frag mich bloß, was tun die nun?

Trara! Hei!

Der Flammen-, Flammenschein rundum.
Die Flintenriemen, schwarz und stumm.

Halt Schritt, halt Schritt mit der Revolution!
Glaub nicht, die drüben schlafen schon!

Fester die Kralle, Mensch! Und Mumm!
Jetzt. Mutter Rußland, machts mal bumm!

Bumm, du heilige,
Bumm, du herrlichste,
Bumm, du ärschlichste!

Und kein Kreuz, kein Kreuz dabei!

III

Gingen unsre Jungens hin,
Wurden Rotgardisten,
Wurden Rotgardisten,
Hieltens tolle Köppchen hin!

O du Gram und Kümmernis,
O du Lebensfreude!
Das Mäntelchen aus Lumpen ist,
Die Knarre stammt vom Feinde!

Allerorten, allerwegen
Wolln, Burschui, wir Brände legen!
Das Blut soll kochen und sich regen –
Herr im Himmel, gib den Segen!

IV

Kutscherschrei und Schneegebraus,
Wanjka, Katjka fahren aus –
He, Laternchen, he, so nobel,
Sitzt dort auf der Deichselgabel,
Will dich mir herunterhaben...

Guck: Montur und Equipage!
Wanja, alberne Visage,
Zwirbel deinen Schnurrbart, zwirbel,
Mach 'nen Wirbel,
Mach 'nen Wirbel...

Bin der Wanja, bin ein Mann!
Bin ein Mann, der reden kann!
Zeigt der Zicke, wie beredt,
Und das Mundwerk geht...

Laß das Köpfchen schiefer sitzen,
Zeig, wie deine Zähne blitzen –
Katja, Katja, Katjenka,
Eine Schnute hast du da...

V

Katja, hast am Hals 'ne Schramme,
Muß von einem Messer stammen;
Auf der Brust 'nen roten Fleck,
Katja, und der will nicht weg!

Komm, komm, schwing das Bein!
Beinchen will geschwungen sein!

Kamst so fein daherspaziert,
So seidenspitzenfein.
Hast mit Leutnants schon poussiert –
Laß dich mit mir ein!

Komm, komm, laß dich ein,
Hab ein Herz, ist nicht von Stein!

Ja, das Messerchen, es traf
Den Herrn Offizier...
Weißt noch, sakra, wie's ihn traf,
Oder zeig ichs dir?

Oder zeig ichs, zeig ichs dir –
Na? Das Bett steht hier!

Weißt was von Gamaschenstiefeln,
Hast Bonbons gelutscht,

Warst mit deinen Junkern schwiemeln.
Lernst, wie'n Landser knutscht?

Noch 'ne Sünde, eine mehr,
Und das Herz ist fröhlicher!

VI

Der Schlitten, wieder, auf uns zu!
Geknall, Geschrei – ich komm dir, du!

Andrjucha, schnell! Und Ihr da, halt!
Von links, Petrucha! Mach ihn kalt!

Jetzt! Knall und knall und noch mal knall!
Und mit dem Schnee ins Weltenall!

Der Kutscher! Wanja! Was? Davon?
Den Hahn gespannt! Noch 'ne Portion!

Knall, knall und knall! Ich stoß dir mal
Bescheid bezüglich Damenwahl!

Getürmt, der Hund! Getürmt, bevor –
Na wart, ich komm auch morgen vor!

Und Katja? – Da, wie sie da liegt!
Das Köpfchen hat Besuch gekriegt...

Was? Sie ist froh? – Hurengeschmeiß!
Dich Aas macht auch der Schnee nicht keusch...

Halt Schritt, halt Schritt mit der Revolution!
Glaub nicht, die drüben schlafen schon!

VII

Und sie gehn, die Zwölf, sie gehen,
Gehn und tragen das Gewehr.
Einer geht, der hat getötet,
Einer zeigts Gesicht nicht her.

Schritt, du bist zu langsam, Füße,
Füße, ihr müßt schneller sein.

Hals, das Tuch um dich sitzt locker,
Hals, ich hüll dich nicht mehr ein...

– Bist, Genosse, schlechter Laune?
– Siehst ja ganz verbiestert aus!
Läßt ja deine Nase hängen!
Denkst an Katja, altes Haus?

– Ach, ihr Guten, ach, ihr Freunde,
Ach, sie will nicht aus dem Sinn...
Nächte schwarz und Nächte dunkel,
Nächte bracht ich mit ihr hin...

– Weil ihr Aug so kühn und keck war,
Weil ein Feuer drin gebrannt,
Weil das Muttermal wie Mohn glüht',
Das auf ihrer Schulter stand –
Darum nur und nur darum
Kam mein Zorn und bracht sie um...

– So, jetzt einmal Leierkasten!
Einer wird sentimental!
– Wozu gibt es Tränendrüsen?
Nein, Herr, Sie erlauben mal!
– Etwas Selbstkontrolle, bitte!
– Haltung, Petja! Andre Schritte!

– Diese Zeit weiß nichts von Kindern,
Hätschelt nicht und lullt nicht ein!
Eine Last ist noch zu tragen,
Und sie will getragen sein!

Und Petrucha hat begriffen,
Und sein Schritt ist wie ihr Schritt,

Seinen Kopf hat er jetzt oben,
Und sein Mund, er lächelt mit...

Glaubt mir, glaubt,
Solche Kurzweil ist erlaubt!

Aufgepaßt jetzt in den Villen,
Jemand kommt, den Sack zu füllen!

Dreht die Schlüssel, dreht sie rum –
Habenichtse gehn jetzt um!

VIII

O du Gram und Kümmernis,
Öde du, tödliche
Ödigkeit!

Hab ja Zeit und hab Weil,
Bring sie zu, bring sie hin…

Hab ein Kämmlein zur Hand,
Führ es her, führ es hin…

Hab ein Kernlein im Mund,
Beiß es auf, beiß hinein…

Hab ein Messerlein fein,
Klapp es auf, fahr drein!

Flieg, Burschui, flieg –
Die Kugel da holt dich zurück.
Flieg, Vögelchen, steige –
Dein Blut, ich trinks bis zur Neige.
Trink es, mußts mir geben:
Mädchen ging fort aus dem Leben…

Gib, Herr, der Seele deines Knechts die Ruh und den
Frieden…

Ödigkeit!

IX

Die Stadt liegt still, der Schlaf hat sie im Arm,
Der Newaturm dort: stumm seht ihr ihn stehn.
Die Straßen – leer, und nirgends ein Gendarm.
Der Schnaps ist alle, Kinder – tanzt trotzdem!

Juri Annenkow: Illustration zum neunten Gesang von A. Bloks ›Die Zwölf‹

Seht dort den Bürger stehn, am Kreuzweg, er
Hat seine Nase tief im Kragen, und
Da ist noch jemand, zottig, dicht daneben – wer?
Ein Hund, der sich an ihn schmiegt, räudig – ja, ein Hund.

So steht der Bürger, hungrig, hündisch, hält
Sich wie ein Fragezeichen, Sprache ist ihm fremd.
Und hinter ihm, daneben, hockt die alte Welt:
Ein Köter, herrenlos. Der Schwanz ist eingeklemmt.

X

Woher schneit es, wenns so schneit?
Alles weht es zu.
Keiner keinem sichtbar! Weit
Noch das nächste Du!

Schneetrichter, Schneesäulen, Schnee…

– Herr, dies Blasen und dies Schnein!
– Petja, laß die Scherze sein!
Kommst uns jetzt mit dem Ikönchen,
's fromme Söhnchen!
Bist nicht ganz bei Trost, vergißt,
Wo jetzt Rat zu holen ist –
Oder sind die Händchen dein
Vom vergossenen Blut schon rein?
– Halt Schritt mit der Revolution!
Glaub nicht, die drüben schlafen schon!

Volk der Arbeit, bleib nicht stehn.
Weiter mußt du, weitergehn!

XI

...Und es gehn die Namenlosen,
Und die Zwölfe gehn.
Alles tun, an nichts sich stoßen,
Nichts verdient zu stehn...

Blank und stählern die Gewehre:
Feind – wo mag er sein?
Gassen – alle führn ins Leere,
Schnein und Schnein und Schnein...
Flockenwüsten, Flockenmeere –
Kriegst den Fuß nicht frei...

Rote Fahne.
Wie sie klirrt.

Gleichschritt, hallend:
Feind marschiert.

Feind ist da, hat sich geregt –
Auf die Bestie angelegt!

Schneewind bläst die Augen blind,
Tagwind, Nachtwind,
Morgenwind.

Volk der Arbeit, bleib nicht stehn,
Weiter mußt du, weitergehn!

XII

...Gehn und schreiten, ziehn die Bahnen...
– Ist da wer? Wenn ja, komm raus!
Wind ists und die rote Fahne –
Rote Fahne, vorn, voraus...

Vorne, kalt, der Schnee, ein Haufen.
– Steckt da einer? Ist da wer?
Hungerköter, kann nicht laufen,
Hinkt nun hinter ihnen her…

– Marsch, du Aas, bist nichts wie Krätze –
Bajonett kann kitzeln – schau!
Alte Welt, zum allerletzten
Mal jetzt: Fort mit dir! – Ich hau!

…Bleckt den Zahn, das Biest, er hungert –
Zieht den Schwanz ein, will nicht fort –
Hungerköter, streunst und lungerst…
– Heda! Wer da? Losungswort!

– Fahnenschwenken, rot – ein Zeichen?
– Ist das eine Finsternis!
– Du, ich seh da einen schleichen,
Bei den Häusern, ganz gewiß!

– Willst nicht stehn, na schön, was tut es…
Schon dein Leben, schon es bloß!
– Du, hör zu, jetzt kommt nichts Gutes,
Du, jetzt geht das Schießen los!

Trach-tach-tach jetzt! Knall und Schall.
In den Häusern: Widerhall.
Und noch einmal, gleich darauf:
Schneesturm schlug 'ne Lache auf.

Trach-tach-tach!
Trach-tach-tach!

…Gehn und schreiten, schreiten, gehen –
Hungerhund prescht hinterher.
Vorn die Fahne, blutig, wehend,
Und, unsichtbar – denn es schneit –
Einer noch, der ist gefeit,

Sturmfern, sanft, so schreitet er,
Schneeglanz, perlend, um sich her,
Rosenweiß sein Kränzlein ist –
Vorne gehet Jesus Christ.

(1918)

Alexej Remisow

Der vierte Kreis

Wir sind in die vierte Spalte eingetreten.

Ein Tag ging in lauter Verwirrung und Gedränge zu Ende; ein Tag, erfüllt von Aufwallungen des Hungers und von den listigsten Einfällen ein bißchen Nahrung aufzutreiben; ein Tag, der zwischen Arbeiten, Schlangestehen, Hoffen und einem kargen Mahl zerfiel.

Einst aber, da dachte ich gar nicht ans Sattwerden!

Komischer Gedanke, daß es das mal gab.

Auch komisch, daß ich noch am Leben bin.

Mein ganzer Schmerz löste sich auf und stieg mir dann, wie eine Wolke aus Dampf in die Augen und in die Ohren, und alles, was ich sehe, und alles, was ich höre, ist vom Schmerz durchdrungen.

Die Straße, all die Menschen, die mir entgegenkommen, die Tiere, die Wagen, sie treffen mich schmerzhaft ins Herz. Ich kann meine Augen nicht von ihnen abwenden, sie aber, sie beachten mich nicht.

Die Petersburger Nacht. Kein Lichtchen. Unser Sack hat sich beruhigt. Hinter der Wand aber raschelt und hustet einer – es ist mein Nachbar, der Schlaflose.

Nur wir zwei schlafen nicht: er, weil er ein Nachtmensch ist, seine Seele lebt von der Nacht; und ich, weil meine Arbeit nie zu Ende sein wird und meine Hand bereits zu erstarren beginnt; ich bleibe dennoch sitzen, und wenn das dünne Kerzchen erlischt, werde ich wieder sitzen bleiben – meine Bücher sind hier, nur wenige sind geblieben: Gogol, Dostojewski.

»Die Dichter kommen nicht von irgendwo jenseits des Meeres her, sie entstammen dem eigenen Volk. Flammen sind sie, die dem

Volk entspringen, die führenden Verkünder der Kraft des Volkes.«

Nikolai Wassiljewitsch! Was für Flammen? Oder haben Sie es nicht bemerkt, nichts als Asche ist geblieben, Schutt und Asche, die zu nichts taugen, es sei denn als Streugut für den Gehweg, das von irgendwelchen fremden Galoschen zertreten wird.

Der Nachbar ist still geworden, aber ich weiß sicher, daß im Morgengrauen sein bohrender Husten wieder anfangen wird.

Alles ist still geworden, ein lebloser Sack, das große Schweigen der Freiheit. Wie oft geschieht es, daß ich jetzt meinen Körper nicht mehr spüre, ich löse mich gleichsam von ihm – das große Schweigen der Freiheit – und hege keinerlei Wünsche mehr.

Ich hatte viele Freunde, jetzt aber sind alle verschwunden.

Ein einziger ist geblieben, er vergißt mich nicht, er kommt vorbei, setzt sich an den Tisch: ein Ohr spitz und lang, das eine Auge wie drei Augen; mit seiner gewöhnlichen Hälfte, mit gewöhnlichem Auge und gewöhnlichem Ohr, spricht er von Verpflegungsrationen und Kategorien und Litern, mit der anderen aber, der grauenerregenden Hälfte schaut er ganz schrecklich aus.

Nein, der Nachbar hat sich nicht beruhigt, der Schlaflose, er hat wieder zu husten begonnen.

Fjodor Michailowitsch! Was habe ich heute gesehen! Ich sah einen krepierenden Hund. Er saß, einem Menschen gleich, unter einem Zaun und kaute mit blutenden Lippen an einem Holzspan.

(1918)

Isaak Babel

Abend

Ich ziehe keine Schlüsse. Mir ist nicht danach.

Die Geschichte ist einfach.

Ich ging die Ofizerskaja entlang. Es war der 14. Mai, abends 10 Uhr. Bei einem Torweg hörte ich einen Schrei. Allerlei Volk spähte hinein: ein Krämer, der zufällig vorbeikam, ein neugieriger Lehrling, eine junge Dame mit Noten, ein frühlingsfrisches, pausbäckiges Stubenmädchen.

Hinten im Hof, vorm Schuppen, stand ein Mensch in schwarzer Jacke. Ihn einen Menschen nennen heißt übertreiben. Er war schmalbrüstig und dünn, ein Bürschlein von siebzehn Jahren. Um ihn herum rannten wohlgenährte, stämmige Männer in neuen, knarrenden Stiefeln und brüllten einander langgedehnt etwas zu. Einer langte dem Jungen zögernd eins mit der Faust. Der schwieg, den Kopf gesenkt.

Aus einem Fenster im ersten Stock spießte ein Revolver in einer Hand, und eine hastige Stimme krächzte heiser:

»Kannst sicher sein, am Leben bleibst du mir nicht! Genossen, ich mach ihn fertig! Mir entkommst du nicht, mir nicht!«

Der Junge stand geduckt gegenüber dem Fenster und hob den Blick gebannt und verzagt zu dem Sprecher. Der aber, entflammt vom eigenen unsinnigen, leidenschaftlichen Schrei, riß krampfhaft die schmalen Schlitze der trübblauen Augen auf. Der Junge stand reglos. Im Fenster zuckte eine Flamme. Der Schuß klang wie die machtvoll aufgenommene Samtnote eines Baritons.

Der Bursche wankte zur Seite und sagte flüsternd:

»Was denn, Genossen... Mein Gott...«

Später sah ich, daß er auf der Treppe geschlagen wurde. Mir wurde erklärt, die Kommissare schlügen. Im Haus residiere der »Kreis«. Der Junge, ein Häftling, habe türmen wollen.

Am Torweg standen noch immer das Stubenmädchen und der interessierte Krämer. Der Häftling, geschunden und fahl, stürzte zum Ausgang. Als der Krämer ihn erblickte, schlug er unerwartet behend die Torpforte zu, stemmte sich mit der Schulter dagegen und machte Glotzaugen. Der Gefangene warf sich gegen die Pforte. Da schlug ihm ein Soldat den Gewehrkolben über den Schädel.

Ein Ächzen ertönte, gleichgültig und gedämpft:

»Sie haben ihn erschlagen.«

Ich ging die Straße entlang, das Herz tat mir weh, Verzweiflung erfaßte mich.

Die da zugeschlagen hatten, waren Arbeiter. Keiner älter als dreißig. Sie schleppten den Jungen aufs Revier. Ich schlüpfte hinter ihnen hinein. Durch die Korridore gingen lautlos breitschultrige, rotgesichtige Männer. Auf einer Holzbank, eingeklemmt zwischen zwei Wachposten, saß der Gefangene. Sein Gesicht war blutüberströmt, unbedeutend, gezeichnet.

Die Kommissare wirkten nun sachlich, gesammelt, bedächtig. Einer trat an mich heran und sagte gradheraus:

»Hast du hier was verloren? Verschwinde!«

Alle Türen schlugen zu. Das Revier schloß sich ab von der Welt. Stille trat ein. Hinter der Tür klang entfernt der Lärm verhaltener Hast. Mir näherte sich ein grauhaariger Wachposten.

»Geh, Genosse, bring dich nicht ins Unglück! Der wird ja doch fertiggemacht. Siehst ja, alles zugesperrt.« Dann fügte er hinzu: »Den Hund erschlagen ist wenig, soll er ein andermal nicht abhauen.«

Wenige Schritte vom Revier entfernt funkelte eine Flucht hellerleuchteter Kaffeehausfenster. Von dort kam Soldatenmusik. Mir war traurig ums Herz. Ich ging hinein. Der Anblick des Saales verblüffte mich. Den Raum überströmte das ungewöhnliche Licht starker Lampen – strahlendes Licht, weiß, grell. Mir flimmerte es vor Augen vom Spiel der Farben. Blaue Uniformen, rote, weiße – sie bildeten ein schillerndes Gewebe. In der Lichterflut gleißte das Gold der Epauletten, Knöpfe, Kokarden, schimmerten hellblonde junge Köpfe, funkelte starr das Schwarz blankgeriebener Stiefel. Alle Tische waren von deutschen Soldaten besetzt. Sie rauchten lange, schwarze Zigaretten, blickten nachdenklich und heiter den blauen Rauchringen nach, tranken viel Milchkaffee. Freigehalten wurden sie von einem gerührten, aufgeschwemmten alten Deutschen. Er bestellte bei der Kapelle ein ums andere Mal Strauß-Walzer und Mendelssohns »Lieder ohne Worte«. Die kräftigen Soldatenschultern bewegten sich im Takt der Musik, die hellen Augen blitzten verwegen und selbstbewußt. Die Soldaten brillierten voreinander, zupften sich zurecht, schauten in den Spiegel. Die schwarzen Zigaretten und die goldbestickten Uniformen hatten sie unlängst aus Deutschland erhalten. Unter den kaffeetrinkenden Deutschen gab es die verschiedensten Typen: verschlossene und gesprächige, hübsche und ungeschlachte, lachende und schweigsame, aber sie alle trugen den Stempel der Jugend, des Denkens und des Lächelns, eines stillen und sieghaften Lächelns.

Unser nördliches, verstummtes Rom war diese Nacht majestätisch und traurig. Zum erstenmal in diesem Jahr brannten die Lampen nicht. Die weißen Nächte hatten begonnen.

Die Granitstraßen verharrten im Milchnebel der Geisternacht, waren leer. Dunkle Frauensilhouetten schimmerten undeutlich an hochgelegenen freien Straßenkreuzungen. Der gewaltige Isaak verkündete einen unteilbaren, unvergänglichen, Stein gewordenen, leichten Gedanken. Im blauen Dämmerleuchten war das feine Granitmuster der Brücke zu sehen. Die Newa, von ihren unverrückbaren Ufern gefangen, liebkoste kalt den Feuerschimmer in ihrem dunklen, glatten Wasser.

Es schwiegen die Brücken, die Paläste und Denkmäler, umstrickt von roten Bändern und verwundet von Gerüsten, die vorbereitet waren zur Vernichtung. Nirgends ein Mensch. Der Lärm war verebbt. Aus dem dünnen Nebel schoß grimmig die Flamme eines Autos hervor und verschwand spurlos.

Um die vergoldeten Turmspitzen wob die Nacht ihr Äthertuch. In der stummen Leere lag ein Gedanke – federleicht und schonungslos.

(1918)

Maxim Gorki / Maxim Peschkow

Aus dem Briefwechsel

an seinen Vater Maxim Gorki

[Mitte Mai 1919]

Lieber Freund!
Man verschweigt uns nicht, wie es um Piter steht, und schließt eine »zeitweilige« Aufgabe nicht aus.

Ich persönlich halte das ebenfalls nicht für unmöglich und mache mir schreckliche Sorgen um Dich.

Wenn sie Piter einnehmen, wird Deine Lage entsetzlich. Erstens bist Du für die Weißen nicht der Schriftsteller Gorki, sondern ein Bolschewik, und sie können sich an Dir schadlos halten, weil alle Eure Genossen Piter verlassen.

Zweitens werden sie Dich todsicher als *Geisel* nehmen. Das wäre schrecklich. Überhaupt ist es höchst unklug, in Piter zu bleiben, wenn folgende Möglichkeit besteht: die Wohnung unter den Schutz des dänischen oder schweizerischen Konsuls zu stellen und einen neutralen Bekannten einziehen zu lassen, selbst aber nach Moskau überzusiedeln.

Ich meine, das ist der einzige Ausweg.

Mein Lieber, begreife doch, Du tust das nicht nur für uns, sondern auch für die Republik.

Ich erwarte Deine telefonische Antwort und hoffe, daß Du meinen Rat befolgst.

Ich küsse Dich innig, mein Lieber, und bin gewiß, Dich bald hier zu sehen.

Wenn Du nicht kommst, so werde ich am selben Tag, an dem Piter genommen wird, zu Dir fahren.

Ich küsse Dich noch einmal und *warte*.

Benachrichtige mich von Deiner Entscheidung, wenn möglich, per Telefon oder Telegramm.

Dein Sohn M. P.

Quittiere dem Überbringer des Briefes den Empfang.

M. P.

Komm. Mutter und ich mieten eine Datscha außerhalb der Stadt an der Milchfarm. Dort kannst Du Dich ausruhen, satt essen und erholen.

M. P.

Maxim Gorki an seinen Sohn

[Mitte Mai 1919]

Mein lieber Freund, ich drücke Dir fest die Hand und bin von Deinem besorgten Brief tief gerührt, Du bist ein prächtiger Mensch, und – allen Ernstes – ich habe Hochachtung vor Dir. Glaub mir, es kommt nicht oft vor, daß der Vater vor dem Sohn Hochachtung empfindet. Aber Du machst Dir unnötig Sorgen um mich, ich meine, man wird mich nicht anrühren. Ich kann und darf nicht fort von hier; denk darüber nach, und Du wirst mir zustimmen, daß ich recht habe [...], ich kann die Menschen hier nicht im Stich lassen, die mit mir zusammen arbeiten und nicht jenen Schutz genießen, den mir meine Reputation und einige Verdienste gegenüber dem Land gewähren.

Und schließlich muß ich hier bleiben als die Hefe in einem zusammengefallenen Teig, damit er wieder aufgeht. Nein, lieber Freund, ich fahre nirgendwohin fort von hier, das ist mir unmöglich. Und ich will es auch nicht. Für alles, was ich jemals getan habe, bin ich bereit, mich vor wem auch immer zu verantworten.

Du aber komm nicht hierher, auf keinen Fall! Bleib in Moskau, arbeite, so gut Du kannst, ohne Deinem Gewissen Zwang anzutun, bleib innerlich frei und – paß auf Mutter auf. Sag ihr, sie soll sich meinetwegen keine Sorgen machen, ich halte das für unnütz.

Ich will Dir nicht verhehlen, daß der Verlust Petersburgs von gewaltiger Bedeutung sein kann und daß es schrecklicher Anstrengungen bedürfen wird, es zurückzuerobern; manchmal glaube ich, daß auch Moskau nicht mehr lange unversehrt bleibt. Aber das alles kann meinen Entschluß nicht ändern, mein Lieber.

Du aber bleib in Moskau und geh kein großes Risiko ein. Ich will, daß Du lange lebst. Mein Vater war ein guter Mensch, und es ist sehr schade, daß er früh verstorben ist, ich glaube, er hätte viel Gutes tun können. Ich bin auch nicht schlecht. Ich möchte, daß auch Du Dein Leben gut und nicht nutzlos gelebt hast. [...]

Viktor Sklowskij

Petersburg während der Blockade

In Moskau sah ich eine Unmenge Raben. Zum erstenmal erschreckten sie mich auf dem Platz am Ochotnyj Rjad. Auf blaurotem Pferdefleisch, das zu irgendeinem Lebensmittelladen transportiert wurde, saßen schwarze Raben mit graublauer Brust. Das Pferdefleisch und die Raben hatten einen ähnlichen Ton. Die Raben paßten zu den schrecklich aussehenden Pferdeköpfen, denen man das Fell abgezogen hatte. Ein ausgeweidetes Pferd ist nicht schön. Niemand störte sich an den Raben, und sie störten sich auch an niemand und gingen so ruhig über das Fleisch wie Krähen über ein Saatfeld.

Es war Frühjahr und ziemlich warm. Ich ging nach Hause in die Ostoženka, wo ich damals wohnte. In der Luft fand offenbar der ›Tag des Raben‹ statt. Über der Erlöserkathedrale bildeten die Raben ein ganzes Netz aus Spiralen, als wollten sie Moskau einkreisen. Sie flogen in so dichten Schwärmen, daß ich mir wie ein Fußsoldat vorkam, der von einer Kavallerieattacke überrannt wird. Einige Raben (aber immer noch viele) schwirrten wie die Mücken um die Kuppel der Kathedrale. Das sah ekelhaft aus. Die Raben lärmten, schrien, keiften und krächzten in der Luft über der Stadt, die noch immer halb in schmutzigem Schnee versunken lag. Sie bildeten immer neue Formationen. Dann ließen sich einige Rabenregimenter auf ein Haus mit elf Schornsteinen gegenüber der Kathedrale nieder. Das Dach war schwarz. Ich weiß nicht, welche Absichten die Raben verfolgten, aber irgendeine Absicht hatten sie. Vielleicht war das auch nur eine Demonstration.

Nachts schlafen die Moskauer Raben auf den Bäumen des Prečistenskij-Boulevard am Arbat. Die Bäume sind so dicht mit ihnen bevölkert, daß es aussieht, als seien im Herbst die Blätter nicht von den Zweigen gefallen, sondern nur schwarz geworden. Die Raben sitzen schweigend und organisiert da.

In Petersburg sieht man keine Raben.

Petersburg stirbt schlicht und undramatisch.

Ich will von Petersburg schreiben, damit man erfährt, wie wir hungerten, wie viele Opfer die Revolution forderte, wie viele Anstrengungen sie jeder einzelne Schritt kostete.

Wer kann sich vorstellen, was hinter den knappen Zeitungsformeln steht, wer weiß etwas vom Leben der großen Stadt am Ende der Petersburger Periode der Geschichte und am Anfang einer neuen, unbekannten Epoche?

Ich schreibe im März, zu Anfang des Frühlings des Jahres 1920. Vieles ist schon vorbei. Das Schwerste scheint bereits der Erinnerung anzugehören. Jetzt bin ich sogar satt, aber ich habe den Hunger nicht vergessen. Den Hunger, der uns ringsum bewacht.

Straßenbahnen gibt es in Petersburg nur wenige, aber sie fahren, vor allem in die Vororte. Die Wagen sind überfüllt. Hinten hängen sich Kinder an, besonders an den Bahnhöfen, Kinder mit Schlitten und auf Schlittschuhen, manchmal ganze Schlangen.

Die Post wird mit der Straßenbahn befördert. Sonntags zieht die Straßenbahn Loren mit Schmutz und Müll von den provisorischen Schuttabladeplätzen weg, die man auf den Straßen eingerichtet hat. Ein solcher Abfallhaufen ist an der Ecke des Nevskij-Prospekt und des Litejnyj.

Petersburg ist schmutzig, weil es sehr müde ist. Warum muß es schmutzig sein, könnte man fragen, denn es leben ja nur wenige Menschen in der Stadt, ungefähr siebenhunderttausend. Papier, kleine Abfälle, alles wird in eisernen Kanonenöfchen verheizt, die man hier ›Buržujka‹ nennt. Petersburg macht wenig Schmutz, es ist zu arm dazu. Aber es ist schmutzig (mit Maßen und weniger als Moskau), schmutzig und doch nicht schmutzig, wie ein schwacher Kranker, der ans Bett gefesselt ist und alles unter sich gehen läßt.

Im Winter waren fast alle Klosetts eingefroren. Das war weit schlimmer als der Hunger. Ja, zuerst froren die Wasserleitungen ein, man konnte sich nicht mehr waschen. Im Talmud steht, wenn das Wasser nicht zum Trinken und zum Waschen reicht, sollte man lieber nicht trinken, sondern sich waschen, aber wir wuschen uns nicht. Dann froren die Klosetts ein. Wie das geschah, davon wird die Geschichte berichten. Die Blockade und die Revolution hatten den Transport zerschlagen, es gab kein Holz mehr, und das Wasser fror ein.

Wir alle, fast ganz Petersburg, trugen Wasser die Treppen hinauf und Unrat hinunter, wir waren jeden Tag mit Eimern unterwegs, hinauf und hinunter. Wie schwer ist es, ohne Klosett zu leben! Einer meiner Freunde, ein Professor, sagte einmal zu mir, als wir steif gefroren zusammen durch eine Straße gingen: »Weißt du, ich beneide die Hunde, sie brauchen sich wenigstens nicht zu schämen.« Überall in der Stadt lag Kot, in den Höfen, in den Toreinfahrten, beinahe bis an die Dächer.

Das sah schlecht aus, manchmal aber auch irgendwie frech. Manche machten auch ihre Witze über den Kot.

Ich schreibe von einem schrecklichen Jahr und von einer Stadt während der Blockade. Hesekiel und Jeremia buken Fladen auf Dung, um Jerusalem zu zeigen, was bei der Belagerung mit ihm geschehen würde.

An Wochentagen wurden die Fladen auf menschlichen Exkrementen gebacken, an Feiertagen auf Pferdemist.

Die Menschen urinierten viel in diesem Jahr, schamlos, weit schamloser, als ich es beschreiben kann, am hellichten Tag, mitten auf dem Nevskij-Prospekt, überall. Sie urinierten, ohne aus dem Geschirr ihrer kleinen Schlitten zu treten, ohne das Joch mit dem Strick, an dem diese Schlitten gezogen werden, von der Schulter zu nehmen.

Alles war Ruin und Hoffnungslosigkeit. Um überhaupt zu leben, mußte man kämpfen, jeden Tag kämpfen, nach einem Grad Wärme Schlange stehen, sich die Hände mit Asche scheuern, wenn man sie reinigen wollte.

Dann fiel die Laus über die Stadt her – aus Schwermut.

Ein paar Worte von Wärmegraden.

Wir lebten von einem Tag zum anderen und gingen ohne Brennholz in den Winter. Holz auf Bezugschein zu bekommen war sehr schwierig: man mußte zweimal in der Kälte anstehen, in zwei feindseligen Schlangen, und die Holzration reichte nicht einmal für die Küche.

Womit haben wir geheizt? Ein paar übriggebliebene Vertreter der Bourgeoisie, die jetzt mit Sacharin und anderem unwägbaren Zeug handelten, heizten mit Holz. Wir anderen brannten alles Mögliche. Ich verheizte meine Möbel, meine Staffelei, Bücherregale und Bücher, Bücher ohne Zahl. Wenn meine Arme und Beine aus Holz gewesen wären, im Frühjahr hätte ich ohne sie dagestanden.

Einer meiner Freunde verbrannte nichts als Bücher. Seine Frau saß neben dem qualmenden eisernen Öfchen und steckte eine Zeitschrift nach der anderen hinein. Anderswo brannten Türen und Möbel aus den Wohnungen fremder Leute. Das war ein Fest der totalen Verbrennung. Holzhäuser wurden abgerissen und verheizt. Die großen Häuser verschlangen die kleinen. In den Häuserreihen an den Straßen klafften tiefe Lücken, sie sahen aus wie ein Gebiß mit herausgeschlagenen Zähnen. Die Häuser wurden nur teilweise und unsachgemäß abgebrochen, man vergaß die Kamine einzureißen, man schlug die Fensterscheiben ein und holte nur eine einzige Wand heraus, statt das Haus Stück für Stück auseinanderzunehmen. So entstanden künstliche Ruinen. Die Stadt verwandelte sich langsam in einen Stich von Piranesi.

Die Kälte drang in die Hausmauern ein und ging durch bis auf die Tapeten. Die Menschen schliefen in Mänteln und fast in Galoschen.

Alles versammelte sich in der Küche; in den verlassenen Zimmern bildeten sich Stalaktiten. Die Menschen rückten eng zusammen und drängten sich in der halbleeren Stadt wie Ölsardinen aneinander. Die Geistlichen in den Kirchen hielten den Gottesdienst in Handschuhen ab und trugen Pelzmäntel unter den Meßgewändern. Kranke Schulkinder erfroren. Der Polarkreis war Wirklichkeit geworden, er verlief ungefähr durch den Nevskij-Prospekt. Und da wurden die Gräber der alten Häuser geöffnet: am Nevskij wurde eine Reihe von Gebäuden umgebaut, die Menschen rissen die Gerüste ab und verheizten sie, und die alten toten Mauern kamen wieder zum Vorschein.

Neubauten ließ man erst gar nicht zur Welt kommen: man riß auch hier die Gerüste ab.

Ja, ich vergaß zu sagen, daß die Männer fast völlig impotent und die Frauen unfruchtbar geworden waren.

Das alles kam nicht auf einmal; die Wellen des Hungers wurden bald schwächer, bald schlugen sie uns über dem Kopf zusammen.

Wenn der Druck ein bestimmtes Maß nicht übersteigt, ändern die Gegenstände ihre Form auf verschiedene Weise, doch wenn der Druck ungeheuer groß wird, ist kein Unterschied mehr zwischen der Stärke eines Stohhalms und der Stärke von Eisen, und alles nimmt dieselbe Form an.

In Petersburg war der Druck außerordentlich stark. Die Petersburger hatten das gleiche Schicksal und erlebten alles wie Epidemien. Es gab Monate der Gummisohle, als alle Geschäfte weiße Schilder mit Blau oder Rot hatten und Gummiplatten verkauften; es gab Monate der Kommissionsgeschäfte, in denen jedermann seine Sachen in verschiedenen Läden mit sonderbaren Namen wie ›Poko-ko‹ verkaufte; es gab einen Monat fallender Pferde, als jeden Tag und in jeder Straße erschöpfte Pferde hilflos auf dem Pflaster lagen und nicht mehr die Kraft hatten, aufzustehen; es gab einen Monat des Sacharins, als in allen Läden nichts zu finden war außer kleinen Packungen Süßstoff.

Es gab einen Monat, in dem alle nur Kohl aßen – das war im Herbst, während der Offensive Judeničs. Es gab einen Monat, in dem alle Kartoffelschalen aßen, und davor aßen alle nur Kakaobutter.

Petersburg trottete wie eine Herde dahin, die Herde rannte bald hierhin, bald dorthin; Gesichter gab es keine, sie waren ausgelöscht. Doch jetzt ein Wort über die Pferde. In Petersburg ein Pferd zu sein ist schwer. Vor Hunger entkräftet, fällt es auf dem Pflaster hin und bemüht sich verzweifelt, mit Hufen ohne Stollen auf den glatten, runden Steinen einen Halt zu finden.

Wir hatten Mitleid mit unseren Pferden. Wenn eines stürzte, kamen die Leute von allen Seiten gelaufen – nicht vom Bürgersteig, Bürgersteige gab es nicht mehr, alle gingen auf dem Fahrdamm – und versuchten mit aller Kraft, ihm auf die Beine zu helfen, ohne sich vor der Krätze zu fürchten.

Aber ein gestürztes Pferd steht selten wieder auf. Es fällt und bleibt liegen. Man legt ihm Heu hin; am ersten Tag frißt es ein bißchen, dann liegt es unbeweglich daneben; es kann den Kopf nicht mehr heben. Und dann kommen die Hunde.

Die Hunde zerreißen kein totes Pferd. Sie sind ungeschickte Petersburger Hunde, die Kunst, Fleisch zu zerreißen, haben sie verlernt.

Zuerst schneiden die Menschen heimlich ein paar Stücke aus dem Kadaver heraus, und dann verbeißen sich die entzückten Hunde in das Fleisch. An Stellen, wo man vorher keinen Pferdekadaver gesehen hat, entdeckt man manchmal einen Pferdeschwanz oder andere Teile eines Pferdes. Und wenn ein totes Pferd zur Talgsiederei gefahren wird, hängt sein Kopf von dem Karren herunter, und von den schlafenden, hängenden Lippen scheint Speichel zu triefen. Die Pferdeknochen (ein Rückgrat und Rippen), die den ganzen Winter am Ende der Jamskaja lagen, erinnerten mich an Karawanenstraßen: dort liegen die Knochen noch dichter. Den Katzen ging es noch schlechter. Ich habe keine Katzen auf Kadavern gesehen, aber als ich einmal zu einem Bekannten ging, sah ich eine Katze vor seiner Tür. Sie stand da und wartete. Sie sah mager, aber korrekt aus. Ich weiß nicht, welche Beziehungen sie zu dem Hause hatte, vor dessen Tür sie stand. Als ich nach einer knappen Stunde wieder herauskam, lag die Katze auf der Seite, ganz ruhig, aber tot.

Auch die Katzen sterben ruhig in Petersburg.

Jetzt von den Hunden. Ich werde kein Hundeleben beschreiben, denn ich bin nicht aufmerksam genug dazu. Ich erinnere mich nur an bettelnde Hunde. Der eine stand an der Ecke der Simeonovskaja und der Mochovaja, der andere an der Kirche in der Pantelejmonovskaja, der dritte an der Ecke des Grečeskij und der Bassejnaja. Zwei Foxterrier und ein Pudel (der Pudel an der Bassejnaja). Sie machten Männchen oder standen da und bellten einfach. Die Leute kamen und brachten ihnen Futter. Sie standen monatelang da, dann waren sie plötzlich verschwunden.

Kehren wir zu den Menschen zurück. Wie schwer es ist, einen Schlitten mit Brennholz oder einen Schlitten mit Möbeln zu ziehen, besonders dann, wenn der Schnee taut oder die Kufen keine Eisenbeschläge haben. Oder sich auf dem schlüpfrigen Eis abzuquälen und im Fallen von starken, kräftigen Hufen mit Stollen zu träumen.

Ich werde nie das melancholische Knarren der Schlittenkufen vergessen. Die Menschen starben schlicht und häufig. Im Speisesaal des ›Hauses der Schriftsteller‹, wo an den Wänden Leute saßen und schliefen, die ihre durch Kälte und Dunkelheit zum Chaos gewordenen Wohnungen verlassen hatten, waren an der Wand immer zwei, drei Namen von Verstorbenen angeschlagen. Irgendwer nannte dies das ›Tagesgericht‹.

Wenn ein Mensch gestorben ist, muß man ihn begraben. Eisige Kälte auf der Straße. Man nimmt einen Schlitten, ruft einen Bekannten oder Verwandten, holt einen Sarg – man kann auch einen leihen – und schleppt den Verstorbenen auf den Friedhof. Ich habe auch folgendes gesehen: Ein Mann zieht den Schlitten, winzig kleine Kinder schieben ihn und weinen. Was dann auf dem Friedhof geschah, weiß ich nicht, ich bin zu gleichgültig.

Aus den Krankenhäusern wurden die Toten in Särgen oder in Säcken wie ein Stapel Holz weggefahren: unten drei quer, oben zwei längs. Es war niemand da, der die Leichen streckte – sie wurden zusammengekrümmt begraben.

Hunger. Wir hatten uns an den Hunger gewöhnt wie ein Lahmer an seine Krankheit.

Morgens Hunger und heißes Wasser. Mittags Familienstreit wegen des Essens. Abends Hunger. Wir hungerten ergeben. Hungrige sprachen mit Hungrigen vom Hunger. Es war schwer, jemand beim Essen zuzusehen. Ich habe gesehen, wie einer Fisch aß und wie ein anderer, der ihn besuchen kam, heimlich die Gräten und die Köpfe vom Tellerrand nahm und aufaß. Beide taten, als sei das nichts Besonderes, als müßte es so sein. Das Essen nährte nicht mehr. Wenn man etwas hatte, aß man, wurde aber nicht satt.

Wir aßen sonderbare Dinge: gefrorene Kartoffeln und verfaulte Steckrüben und Heringe, denen man Kopf und Schwanz abschneiden mußte, damit sie nicht so stanken. Wir brieten mit Leinölfirnis, der mit Mennige gekocht war. Wir aßen ungeschälten Hafer und weiches, halbverwestes Pferdefleisch. Brot gab es wenig. Zuest war es schrecklich, mit Spreu gemischt, und erinnerte an eine Art Brikett aus Strohhalmen, dann wurde es besser und weicher. Wir aßen es mit Bewußtsein.

Hunger und Gelbsucht. Wir lebten im Hunger, wie der Fisch im Wasser, wie der Vogel in der Luft.

Eine meiner Bekannten heiratete den Koch einer Kommune, eine andere einen Chauffeur, der mit gestohlenem Petroleum handelte. Er hatte ihr aus Mitleid Brot und hohe Schnürstiefel gegeben. Wenn es einen Sklavenmarkt gegeben hätte, auf dem man sich für Brot hätte verkaufen können, dann hätte er besser floriert als sämtliche Sacharinläden.

Rings um die Stadt war das Land. Früher hatte die Stadt alles aus dem Land herausgeholt und war auf seine Kosten größer und schöner geworden. Jetzt löste sich die Stadt im Land auf wie ein Stück Seife im Wasser. Die Menschen verließen die Stadt; der Krämer und der Friseur erinnerten sich wieder an das Land und kehrten ins Dorf zurück, auch qualifizierte Fabrikarbeiter und viele andere: wer irgend konnte, ging aufs Land. Dann begann das Land die Stadt auszuziehen. Für Brot und Kartoffeln verlangte es Portieren, für Fett Porzellan. Die umgekehrten Hamsterer, kräftige, ernste Leute, Besitzer eines eigenen Hofes und Bewahrer der eigenen Haut, transportierten in ihren Säcken alles aus der Stadt ab: Gold, Grammophone, Heiligenbilder und Kleider, alles, außer Büchern.

Wie waren wir angezogen? Die bei Schiebern gekaufte Frauenkleidung sah folgendermaßen aus: Filzstiefel, Sweater, warme Mütze und Katzenpelz. Wie unsere Frauen gekleidet waren, weiß ich nicht. Ich habe sie nicht angesehen, es tat mir zu weh. Wir waren gekleidet wie die Eskimos. Wir trugen Filzstiefel, wenn wir welche hatten, Halbpelze oder einfach Mäntel, die von einem Riemen zusammengehalten wurden, wickelten uns Tücher um den Kopf, trugen alte Militärhosen, trugen alles, bis es zerfiel. Ich erinnere mich noch an irgendwelche Überreste einer Soldatenuniform. An den bloßen oder mit Lappen umwickelten Füßen hatten wir

Stoffschuhe oder Galoschen. Wie durch ein Wunder waren viele Menschen nicht ohne Schuhwerk, und so sind viele wie durch ein Wunder nicht gestorben. Die alten Vorräte der Stadt gingen zwar zur Neige, waren aber noch nicht vollständig erschöpft. An den Händen trugen wir selbstgemachte Fausthandschuhe. Wenn man einen solchen Handschuh an die linke Hand zog, sah es aus, als gehörte er an die rechte, zog man ihn an die rechte, dann war er von der linken.

Wir wuschen uns selten, und auch dann taten es nur die Kräftigsten.

Manchmal glaubte man, es ging nicht mehr weiter... Nachts erfroren die Menschen fast in ihren Wohnungen. Und viele hatten tiefe Wunden. Ohne Fett heilen die Wunden nicht, jede kleine Schramme beginnt zu eitern. Alle hatten die Hände mit schmutzigen Lappen verbunden. Wir hatten nichts, die Wunden zu heilen und gesund zu werden. Und die Stadt, die große Stadt, lebte trotz allem weiter. Sie lebte durch ihre urbane Seele, durch die Seele vieler Menschen, wie ein Häufchen Kohlen, das im Regen weiterbrennt. Aus unseren dunklen Wohnungen (o diese Finsternis, der Ruß der kleinen Nachtlampen und das Warten auf das Licht!) gingen wir ins Theater. Hungrige Schauspieler standen auf der Bühne. Hungrige Schriftsteller schrieben. Die Gelehrten arbeiteten.

Wir versammelten uns und saßen in Mänteln an einem kleinen eisernen Ofen, in dem Bücher brannten. Wir hatten offene Wunden an den Beinen: infolge des Fettmangels platzten die Gefäße. Und wir sprachen von Rhythmus und Sprachform – und manchmal auch vom Frühling, den zu erleben so schwierig schien.

So machten es viele, so machten es die alten Professoren in ihren typhusverseuchten Wohnungen. Es war, als arbeiteten wir nicht mit dem Gehirn, sondern mit dem Rückenmark. Die Newa floß unter ihrer dicken Eisdecke weiter, und wir arbeiteten.

Ich verstehe alle, die im Vorgelände von Petersburg kämpften und es entsetzten. Die völlig erschöpfte Stadt glühte wie ein Fieberkranker, sie litt an einer großen Krankheit – an der Revolution. Dieses sterbende Petersburg wurde nicht provinziell, die von dorther kamen, wurden von seiner Glut verzehrt. Nur wenige wußten, daß sie glühten, aber sie glühten.

Das alte Leben ist zu Ende, und wir sind in einer Wüste. Ich weiß nicht, wohin ich gehe, aber zurück will ich nicht. Ich habe das Erlebte schätzen gelernt. Die alte Familie ist tot. Wir lieben unsere alten Sachen nicht mehr, wir haben unsere alten Orte vergessen. Eine Rückkehr ist zu schwierig.

Die Stadt ist leer. Die Straßen scheinen so breit, als seien sie über die Ufer getreten. Aber die Stadt lebt immer noch, sie brennt wie ein Feuer oder wie eine Wunde am Körper des ländlichen Rußland.

Das rote Feuer der Revolution ist das letzte, was von der russischen Stadt übriggeblieben ist.

(1920)

Ossip Mandelstam

Dort oben, grauenvoll

Dort oben, grauenvoll, ein Licht irrt da umher,
und dieser Stern, er leuchtet, leidet.
Ein transparenter Stern, ein Licht irrt da umher,
dein Bruder, Petersburg, verscheidet.

Dort oben, grauenvoll, dort brennt des Lebens Traum,
ein grüner Stern, er leuchtet, leidet.
Bist du dem Himmel Bruder und dem Meeresschaum –
dein Bruder, Petersburg, verscheidet.

Ein geisterhaftes Schiff, dort oben, grauenvoll,
es jagt, die Flügel ausgebreitet –
ein grüner Stern, in seiner Armut wundervoll,
dein Bruder, Petersburg, verscheidet.

Der klare Frühling brach, schwarz leuchtet die Newa,
es schmilzt des Lebens Wachs, es leidet,
du Stern, wohl – Petersburg, die Stadt, der du so nah,
dein Bruder, Petersburg, verscheidet.

(1920)

Anna Ostroumowa-Lebedewa: Die Moika an der Sängerbrücke

Jewgenij Samjatin

Mamaj

Am Abend und in der Nacht gibt es in Petersburg keine Häuser mehr, sondern nur noch sechsstöckige steinerne Schiffe. Jedes dieser sechsstöckigen Schiffe fährt als einsame Welt für sich durch steinerne Wellen neben anderen, ebenso einsamen sechsstöckigen Welten. Und jedes Schiff leuchtet in dem aufgewühlten steinernen Straßenozean Petersburgs mit den unzähligen Lichtern seiner Kajüten. In den Kajüten gibt es natürlich keine Wohnungsinhaber, sondern nur Passagiere. Wie auf einem Schiff sind alle miteinander bekannt und auch nicht bekannt; alle gehören jedoch zusammen als Bürger einer im nächtlichen Ozean belagerten sechsstöckigen Republik.

Die Passagiere des steinernen Schiffes Nr. 40 fuhren abends durch den Teil des Petersburger Ozeans, der nach dem Stadtplan Lachtastraße genannt wird. Der frühere Portier Osip – heute der Bürger Malafeew – stand an der Treppe des Haupteingangs und blickte durch seine Brille in das Dunkel, denn die Wellen spülten nach und nach die Passagiere seines Schiffes heran. Naß und mit Schnee bestäubt zog er einen nach dem anderen aus dem Dunkel, und nachdem er seine Brille auf der Nase zurechtgerückt hatte, begrüßte er jeden mit dem ihm nach seiner Meinung zustehenden Grad von Ehrerbietung. Irgendwie durch einen komplizierten Mechanismus geregelt, hing dieser Grad mit dem Sitz seiner Brille zusammen.

Die Brille war wie bei einem strengen Lehrer auf die Nasenspitze gerutscht, denn es erschien Peter Petrowitsch Mamaj:

»Peter Petrowitsch, Ihre Gattin erwartet Sie dringend zum Abendessen. Die Frau Gemahlin ist schon bei mir gewesen, ganz verzweifelt. Warum kommen Sie auch so spät?«

Dann saß die Brille wie zur Verteidigung fest auf dem Nasenrükken: Der langnasige Mieter der Wohnung Nr. 25 war im Auto vorgefahren. Dieser Langnasige bedeutete ein Problem: mit »Herr« konnte man ihn nicht anreden, mit »Genosse« wollte es sich auch nicht recht schicken. Denn das würde aussehen als ob...

»Ach, Herr Genosse Mylnik! Ein Wetter ist das heute, Herr Genosse Mylnik, wirklich unangenehm.«

Endlich wurde die Brille ganz nach oben auf die Stirn geschoben. An Bord des Schiffes erschien Jelisej Jeliseitsch.

»Gott sei Dank, Sie sind gut zurück; sogar im Pelz – man hat Sie nicht beraubt. Erlauben Sie! Ich werde ihn etwas abschütteln.«

Jelisej Jeliseitsch war der Kapitän des Schiffes, der Hausbevollmächtigte. Jelisej Jeliseitsch glich einer jener düster blickenden Atlasfiguren, die gebeugt mit leidender Miene schon siebzig Jahre das Gesims der Eremitage entlang der Millionnaja-Straße tragen.

Heute war offensichtlich das Gesims schwerer denn je. Jelisej Jeliseitsch stöhnte:

»Laufen Sie schnell durch die Wohnungen und rufen Sie alle zu einer Versammlung in den Klub.«

»Lieber Gott, Jelisej Jeliseitsch, gibt es wieder etwas... Unangenehmes?«

Doch eine Antwort erübrigte sich; man brauchte nur auf die leidend gefurchte Stirn, auf die wie von schweren Gewichten heruntergedrückten Schultern des Kapitäns zu sehen. Geschickt wie ein Virtuose rückte der Bürger Malafeew seine Brille zurecht, und dann gab er im ganzen Haus Alarm. Sein Pochen an den Türen wirkte wie die Posaune des Erzengels: Umarmungen erstarrten, Streitigkeiten wurden zu schwebenden Rauchwölkchen wie nach dem Abschuß einer Kanone, ein Löffel mit Suppe blieb auf dem Weg zum Mund in der Luft hängen.

Die Suppe aß Peter Petrowitsch Mamaj, oder genauer, er wurde von seiner Gattin mit strenger Miene gefüttert. Hochaufgerichtet und ehrfurchtgebietend im Sessel sitzend, liebevoll, gnädig, vollbusig, einem Buddha ähnlich, fütterte sie das kleine Menschlein vor ihr mit der Suppe, die sie eigenhändig bereitet hatte.

»Iß schneller, Peterchen, die Suppe wird kalt. Wie oft habe ich dir schon gesagt, daß ich kein Buch beim Essen sehen will.«

»Schon gut, Alenka, ich werde gleich... Aber du mußt verstehen, das ist die sechste Ausgabe von Bogdanowitschs *Duschenka*. Sie ist im Franzosenwinter 1812 fast vollständig verbrannt; man wußte bisher nur von drei Exemplaren. Diest aber ist das vierte, verstehst du? Ich habe es gestern auf dem Zagorodnyj-Prospekt gefunden.«

Der Mamaj des Jahres 1917 kämpfte um – Bücher. Als zehjähriger, zaushaariger Junge hatte er sich für Religion interessiert und sich über Schreibfedern gefreut. Damals fütterte ihn die Mutter. Als vierzigjähriger glatzköpfiger Junge war er Angestellter einer Versicherungsgesellschaft und freute sich über Bücher. Nun fütterte ihn die Gattin.

Ein Löffel Suppe wurde dem Buddha als Opfergabe dargebracht, und schon wieder vergaß das geschäftige Menschlein seine Vorsehung mit dem Ehering, strich liebevoll tastend über jeden Buchstaben des Buchtitels: »Genauer Nachdruck der ersten Ausgabe. Mit Genehmigung der Zensur«.

»Aber Peterchen, was ist nur mit dir. Ich rede mit dir, doch über deinem Buch hörst du nichts. Bist du taub? Es klopft.«

Mit einem Sprung war Peter Petrowitsch im Korridor. Eine Nasenspitze mit einer Brille darauf wurde sichtbar. »Jelisej Jeliseitsch haben befohlen, daß sich alle Mieter im Klub versammeln. Sofort!«

»Eben habe ich mich mit meinem Buch hingesetzt. Was ist denn los?« Dem glatzköpfigen Knaben saßen die Tränen im Hals.

»Wie soll ich das wissen? Aber kommen Sie schnell!« Die Kajütentür wurde zugeschlagen, die Brille setzte ihren Weg fort...

Offensichtlich stimmte etwas mit dem Schiff nicht. War es vom richtigen Kurs abgekommen, oder hatte der Schiffsboden ein unsichtbares Loch, durch das sich der schreckliche Ozean in das Innere ergießen würde? Irgendwo oben trommelte man rechts und links an den Kajütentüren; irgendwo auf den halbdunklen, schlecht erleuchteten Treppenabsätzen wurde mit gedämpften Stimmen geflüstert. Man hörte das Klappern eiliger, die Treppe herunterlaufender Sohlen, die alle dem Kajütengemeinschaftsraum, dem Klub des Hauses, zustrebten.

Gewittrige Tabakwolken verhüllten den Himmel aus Stuck. Spannungsgeladene Stille, kaum ein Flüstern. Jelisej Jeliseitsch läutete seine Rednerglocke, zog gebeugt seine Stirn in Falten, dann war es in der Stille, als höre man seine Schultern knirschen – er hob das Gesims der unsichtbaren Eremitage auf – und dann brach es von oben auf die Zuhörer herein:

»Meine Herrschaften! Ich habe zuverlässige Nachricht, heute nacht wird eine Haussuchung stattfinden.«

Lärm, das Rücken von Stühlen; hochschießende Köpfe, Finger mit Ringen, Buckel, Bänder, Bärte. Auf den gebeugten Atlas prasselte aus den Tabakwolken ein Guß von Fragen:

»Aber erlauben Sie. Wir müssen...«

»Wie? Auch das Papiergeld?«

»Jelisej Jeliseitsch, ich schlage vor, daß wir das Haustor...«

»In die Bücher, das ist das sicherste, in die Bücher...«

Gebeugt ertrug Jelisej Jeliseitsch den Guß mit steinerner Ruhe. Ohne den Kopf zu wenden (aber vielleicht ließ er sich gar nicht wenden), sagte er zu Osip:

»Osip, wer hat heute Wache?«

Während alle den Atem anhielten, glitt Osips Finger langsam auf dem an der Wand hängenden Plan entlang; es war, als bewege er sich nicht zwischen Buchstaben, sondern als rücke er die schweren Bücherschränke Mamajs!

»Heute ist M an der Reihe, also die Bürger Mamaj und Malafeew.«

»In Ordnung. Nehmen Sie Revolver mit, und im Fall, daß eine Durchsuchung ohne Befehl...«

Das zu Stein gewordene Schiff Nr. 40 kämpfte sich auf der Lachtastraße durch den Sturm. An die erleuchteten Kajütenfenster tanzten, pfiffen, prasselten Schneeböen. Irgendwo gab es ein unsichtbares Leck, und man konnte nicht wissen, würde sich das Schiff zum morgendlichen Hafen durchschlagen oder würde es auf Grund gehen? In dem sich schnell leerenden Kajütengemeinschaftsraum drängten sich die Passagiere um den steinern ruhigen Kapitän:

»Jelisej Jeliseitsch, vielleicht in die Taschen? Man wird doch nicht in den Taschen...«

»Jelisej Jeliseitsch, wenn ich es in die Toilette hänge als – Klosettpapier?«

Die Passagiere huschten von Kajüte zu Kajüte. Dort tat sich Seltsames: man lag auf dem Fußboden, man stöberte unter dem Schrank, blickte verstohlen wie ein Kirchendieb in die Gipsbüste Leo Tolstojs, nahm die Großmutter aus dem Rahmen, die fünfzig Jahre lang ungestört lächelnd an der Wand gehangen hatte.

Das sterbliche Menschlein Mamaj stand Angesicht zu Angesicht seinem Buddha gegenüber, den Blick vor dem Allwissenden, Allesdurchdringenden niederschlagend. Seine Arme hingen herab, als gehörten sie gar nicht zu ihm, als brauche er sie nicht, so wie die Pinguine ihre Flügelchen nicht brauchen. Diese Arme störten ihn schon vierzig Jahre, und wenn sie ihn jetzt nicht gestört hätten, wäre ihm viel leichter gewesen zu sagen, was gesagt werden mußte. So schien das Bekenntnis schrecklich, kaum auszudenken:

»Ich weiß nicht; du hast vor etwas Angst. Sogar deine Nase ist weiß geworden. W-a-s sollen wir haben? Was für Tausende?«

Gott weiß, wenn der Mamaj aus dem Jahr 1300 und soundsoviel ebensolche, ihm nicht zugehörigen Arme gehabt hätte, ein ebensolches Geheimnis und eine ebensolche Gattin, dann hätte er vielleicht ebenso gehandelt wie der Mamaj des Jahres 1917. Irgendwo in der gewittrigen Stille nagte in ihrem Winkel eine Maus; dorthin rettete sich der Mamaj des Jahres 1917 mit seinem Blick, er verkroch, verbarrikadierte sich förmlich in dem Mauseloch. Dann sagte er:

»Ich habe... das heißt, wir haben – Viertausendzweihundert.«

»Wa-as, du hast so viel Geld, woher denn in Gottes Namen?«

»Ich, ich habe die ganze Zeit... ich habe dabei jedes Mal Angst gehabt...«

»Das heißt, du hast gestohlen, mich betrogen! Und ich, ich Unglückliche, ich dachte, daß mein Peterchen...«

»Es war doch – für Bücher!«

»Ja, ich weiß, Bücher, die Röcke anhaben. Sei still!«

Der zehnjährige Mamaj hatte in seinem Leben nur ein einziges Mal Prügel von der Mutter bekommen. Das geschah, als er den

Hahn des eben aufgestellten Samowars aufdrehte, das kochende Wasser herausfloß und das Metall schmolz, so daß der Hahn nur noch traurig daran herunterhing. Nun, das zweite Mal in seinem Leben war es Mamaj, als habe die Mutter wieder seinen Kopf unter den Arm geklemmt, als seien die Hosen schon heruntergezogen und...

Doch plötzlich wußte Mamaj so wie der kleine Junge von damals, wie er um den traurig herunterhängenden Hahn, das heißt um die Viertausendzweihundert, herumkommen könnte. Mit kläglicher Stimme sagte er:

»Ich bin heute an der Reihe mit der Wache bis um vier Uhr morgens. Mit dem Revolver. Und Jelisej Jeliseitsch hat gesagt, wenn jemand ohne amtlichen Auftrag...«

Im gleichen Augenblick stand nicht mehr der funkensprühende Buddha, sondern die vollbusige, barmherzige Mutter vor ihm.

»Lieber Gott, sind die denn verrückt geworden? Das verdanken wir diesem Jelisej Jeliseitsch... Sieh mich an – bilde dir nur nicht ein...«

»Ich habe ihn ja nur in der Tasche. Ich kann doch gar nicht schießen. Nicht mal einer Fliege...«

Das stimmte. Wenn Mamaj eine Fliege in das Glas geriet, nahm er sie vorsichtig heraus, blies sie an, bis sie trocken war, und ließ sie frei – nun fliege. Nein, es war nicht der Revolver, der ihn ängstigte, es waren die Viertausendzweihundert.

Jetzt sprach wieder der Buddha:

»Mit dir bin ich gestraft. Wohin willst du denn das gestohlene Geld – ja, sei still – das gestohlene Geld verstecken?«

Ja, wohin? In die Bücher, die Überschuhe im Korridor, in das Toilettenpapier, das Einlegefutter in Mamajs Mütze, in den Behang mit dem blauen Ritter an der Wand im Schlafzimmer, in den halbgeöffneten, vom Schnee noch feuchten Regenschirm, in einen achtlos auf den Tisch geworfenen Briefumschlag mit einer Marke darauf und der sorgfältig geschriebenen Adresse des nicht existierenden Genossen Goldebaew... Nein, das war gefährlich... Endlich, um Mitternacht, hatte man ein raffiniertes Versteck ausgeklügelt: sie würden überall suchen – nur nicht auf der Türschwelle; gerade dort war ein Quadrat des Parketts lose. Mit dem Papiermesser, mit dem Mamaj gewöhnlich Bücher aufschnitt, hob er sorgfältig das Quadrat heraus. Die gestohlenen Viertausendzweihundert (nein, bitte sehr, reden wir nicht mehr davon) wurden in ein gewachstes Papier aus einer Biskuitpackung gewickelt – unter der Schwelle könnte es ja feucht sein – und dann vorsichtig unter das Quadrat geschoben.

Das Schiff Nr. 40 vibrierte in höchster Spannung, bewegte sich flüsternd nur auf Zehenspitzen. Seine Fenster glänzten fiebrig im dunklen Straßenozean, vorsichtig wurden in der fünften, zweiten, dritten Etage die Vorhänge beiseite geschoben, in den erleuchteten Fenstern erschienen dunkle Schatten. Draußen war es stockfinster. Nichts Verdächtiges regte sich. Schließlich standen zwei auf dem Hof Wache. Wenn es anfinge, würden sie schon Alarm geben...

Es war die dritte Stunde. Auf dem Hof tiefe Stille. Um die Laterne am Tor schwebten weiße Fliegen. Unaufhörlich fielen sie, wirbelten, vergingen wirbelnd an der Laterne oder sanken nach unten auf die Erde.

Dort stand der Bürger Malafeew. Mit der Brille auf der Nasenspitze begann er zu philosophieren:

»Ich bin ein einfacher, ruhiger Mensch. In dieser schlechten Welt zu leben, fällt mir schwer. Einmal bin ich nach Ostakow in die Heimat gefahren. Als ich dort ankam, herrschte die solidarische Verbrüderung der Völker, das heißt, alle gingen wie Wölfe aufeinander los. Das konnte ich nicht mitansehen, denn ich bin ein friedlicher Mensch.«

Doch dieser friedliebende Mensch hielt einen Revolver, dessen sechs Patronen sechs Tode einschlossen, in der Hand.

»Wie war das im japanischen Krieg, Osip? Haben Sie da getötet?«

»Nun, im Krieg – im Krieg natürlich.«

»Aber wie? Mit dem Bajonett?«

»Ja, so. Es ist wie bei einer Melone. Erst geht es schwer – die Schale, aber dann ist es nichts, dann geht es ganz leicht.«

Mamaj rieselte es bei dem Wort »Melone« kalt über den Rücken.

»Wenn jetzt..., wenn man mich jetzt... nein, ich könnte es nicht, niemals...«

»Warten Sie nur ab. Wenn es schlimm kommt, dann werden auch Sie...«

Stille. Nur die weißen Fliegen im Licht der Laterne. Dann plötzlich in der Ferne ein Flintenschuß wie das Knallen einer langen Peitsche. Und wieder Stille. Nur die Fliegen. Gott sei Dank, es ist vier Uhr. Heute kommen sie nicht mehr. Gleich wird die Ablösung da sein – und dann zurück in die Kajüte und schlafen…

Der Ritter im blaukarierten Gewand, der im Schlafzimmer der Mamajs an der Wand hing, zückte gerade sein blaues Schwert – und erstarrte im Schwung der Bewegung: vor ihm vollzog sich ein Menschenopfer.

Auf weißen Leinenwolken ruhte Frau Mamaj, alles umfangend, breitbrüstig wie ein Buddha. Auf ihrem Antlitz las man: heute beendete ich die Schöpfung der Welt, und siehe, es ist alles sehr gut, selbst dieser kleine Mensch vor mir mit seinen gestohlenen Viertausendzweihundert. Das Menschlein aber stand vor dem Bett wie ein Todgeweihter, verfroren, mit einer roten Kältenase, die kurzen Pinguinflügelchen hingen wie leblos an ihm herab.

»Nun, komm schon!«

Der blaue Ritter schloß vor Schrecken die Augen. Ihm war deutlich: der kleine Mensch vor ihm würde sich bekreuzigen, und dann, mit dem Kopf zuerst wie ins Wasser – platsch, hinein ins Bett.

Das Schiff Nr. 40 war glücklich durch den Sturm gesteuert und erreichte unversehrt den morgendlichen Hafen. Geschäftig suchten die Passagiere ihre Aktenmappen zusammen und eilten mit kleinen Proviantkörben vorbei an der Brille Osips zum Ufer. Das Schiff lag im Hafen, aber nur bis zum Abend. Dann mußte es wieder auf den Ozean hinaus.

Gebeugt schleppte Jelisej Jeliseitsch das Gesims der unsichtbaren Eremitage an Osip vorüber, und wiederum brach es über Osip herein:

»Heute abend findet die Haussuchung ganz bestimmt statt. Benachrichtigen Sie lieber gleich alle Mieter.«

Aber bis zur Nacht galt es noch einen ganzen Tag zu leben. In der seltsam veränderten, unkenntlich gewordenen Stadt Petrograd irrten die Passagiere verloren umher. Irgendwie erinnerte die Stadt – dann aber auch wieder nicht – an das alte *Petersburg*, von dem sie nun schon vor einem Jahr ausgefahren waren und zu dem sie wohl niemals zurückkehren würden. Seltsame, in der Nacht erstarrte Wellen aus steinhartem Schnee: Berge und Gruben. Seltsame Krieger eines unbekannten Stammes in Lumpen, mit Flinten an Bindfäden über der Schulter. Seltsam die ausländische Sitte, da, wo man zu

Besuch war, zu übernachten, denn nachts auf den Straßen herrschte Raub und Plünderung wie bei Walter Scott. Auf dem Zagorodnyj-Prospekt gab es Stellen, wo Blutstropfen den Schnee aufgetaut hatten... Nein, das war nicht Petersburg!

Verloren wanderte Mamaj auf dem ihm unbekannten Zagorodnyj-Prospekt umher. Wieder störten ihn die Pinguinflügel. Sein Kopf hing herunter wie einst der Hahn an dem zerschmolzenen Samowar. Unter dem linken abgetretenen Absatz hatte sich ein Klumpen Schnee geballt; er ging nur mit Mühe vorwärts.

Aber plötzlich warf er den Kopf hoch, wippte kokett mit den Beinen; auf seinen Wangen zeigten sich rote Flecken, denn: aus dem Schaufenster lächelte ihn jemand an...

»He, Schlafmütze, aus dem Weg!« Ihm entgegen, gewaltsam sich Platz schaffend, drängten weißglänzende Zahnreihen in roten Gesichtern, die sich mit riesigen Säcken vorwärtsschoben.

Mamaj sprang zur Seite, doch er wandte die Augen nicht von dem Fenster; sobald die Rotgesichtigen vorüber waren, stand er wieder davor: denn von dort lächelte...

Ja, ihretwegen würde jeder stehlen, betrügen, alles tun. Aus dem Fenster lächelte verführerisch, wollüstig aufgetan eine Darstellung aus der Zeit Katharinas: *Beschreibung der Schönheiten Sankt-Pieterburgs.* Mit der berechneten Lässigkeit gerissener Frauen ließ sie in ihr Inneres sehen, in die warme Höhlung zwischen zwei straff aufgerichteten bläulich marmorn schimmernden – Seiten.

Mamaj war verliebt wie ein Zwanzigjähriger. Jeden Tag ging er auf den Zagorodnyj-Prospekt vor das Schaufenster und sang mit den Augen Lieder ohne Worte. Nachts konnte er nicht schlafen; er belog sich selbst, wenn er sich sagte, daß er nicht schlafen könne, weil irgendwo unter dem Fußboden eine Maus nagte. Wenn er morgens ausging, fühlte er mit Behagen das Schwanken des losen Quadrats auf der Schwelle unter seinem Fuß, denn unter dem Quadrat war sein Glück verborgen, ganz nah und doch auch fern. Aber nun, da alles mit den Viertausendzweihundert offenbar war, was wurde nun damit?

Am vierten Tag nahm Mamaj sein Herz wie einen angstvoll flatternden Sperling in beide Hände und trat durch die Tür des bewußten Ladens auf dem Zagorodnyj-Prospekt. Hinter dem Ladentisch stand ein graubärtiger Schwarzmeerrusse mit dichten Brauen, in dessen Gefangenschaft *sie* schmachtete. In Mamaj wurde der kriegerische Vorfahre wach: tapfer ging er auf den Schwarzmeerrussen zu.

»Ach, Herr Mamaj, Sie waren lange nicht hier... ich habe etwas für Sie zurückgelegt.«

Mamaj drückte seine Faust noch fester um den flatternden Sperling und befühlte, Aufmerksamkeit vortäuschend, verschiedene Bücher, doch im Grunde war nur in seinem Rücken Leben. Denn hinter ihm, im Schaufenster lächelte *sie*. Er wählte eine schon vergilbte Nummer des *Teleskops*, handelte lange um den Preis, winkte schließlich ab. Dann, wie ein Fuchs die Bücherregale umkreisend, wand er sich schließlich bis zum Schaufenster vor und sagte scheinbar ganz nebenbei:

»Was kostet wohl diese Beschreibung hier?«

Halt. Schon wollte der Spatz in seiner Faust wegfliegen. Er mußte ihn festhalten. Der Schwarzmeerrusse wühlte in seinem Bart:

»Nun, weil Sie es sind. Hundertfünfzig.«

»Hm. Nun gut. (Hurra, Glockenläuten, Kanonendonner.) In Ordnung. Morgen komme ich mit dem Geld und nehme das Buch mit.«

Das Schrecklichste stand noch bevor: das Parkettquadrat auf der Schwelle. In der Nacht wurde es Mamaj siedendheiß; ich muß, ich darf nicht, ich kann, es ist undenkbar, ich kann, ich darf nicht, ich muß...

Die allwissende, gnädig dräuende Vorsehung mit dem Ehering trank Tee.

»Nun iß doch, Peterchen. Was ist denn mit dir? Hast du wieder nicht geschlafen?«

»Ja, die Mäu... die Mäuse, ich weiß nicht...«

»Nun sag es schon, druckse nicht so herum!«

»Ich druckse ja gar nicht.«

Endlich war das Glas Tee ausgetrunken; es war kein Glas, nein, es war ein Vierzigeimerfaß ohne Boden. Buddha ging in die Küche. Dort wartete die Köchin mit den Opfergaben. Mamaj war in seinem Arbeitszimmer allein.

Er vibrierte wie eine Uhr, die gerade zwölf schlagen will. Dann holte er tief Luft, lauschte noch einmal, schlich auf den Zehenspitzen zu seinem Schreibtisch. Dort lag das Papiermesser zum Aufschneiden der Bücher. Wie im Fieber kauerte der kleine Gnom auf der Schwelle. Auf seiner Glatze standen eisige Schweißtropfen. Mit dem Papiermesser stieß er unter das Quadrat des Parketts, bohrte es hoch, und – ein entsetzter Aufschrei. Buddha kam aus der Küche gedonnert und erblickte zu seinen Füßen – ein Glatze, glänzend wie ein Kürbis, darunter einen zusammengekauerten Gnom mit einem Messer und darunter winzige Fetzchen von Papier.

Die Viertausend... die Maus... Dort, dort ist sie.

Grausam, erbarmungslos wie der Mamaj des Jahres 1300 und soundsoviel sprang der Mamaj des Jahres 1917 von allen Vieren hoch und stürzte mit dem Schwert in die Ecke an der Tür, denn dort saß zitternd die Maus, die er unter dem Parkett aufgestört hatte. Blutrünstig, voller Rachgier durchbohrte er die Feindin mit dem Schwert – wie eine Melone: erst geht es schwer – die Schale, aber dann ist es ganz leicht – das Weiche. Stopp. Das war schon Parkett. Schluß, aus.

(1920)

Igor Sewerjanin

Abgesang auf Petrograd

Weit hinter Narva stirbt verlassen,
von Blut bespritzt wie ein Pirat,
langsam erstickt von seinem nassen
und zähen Schlamme Petrograd.

Von bösem Alpdruck irr besessen,
lebend'ger Leichnam, nackt und bloß –
empfange, was dir zugemessen,
erfüll dein vorbestimmtes Los!

Nicht hilft dir mehr mit Bittgebeten
ein goldgewandeter Liturg,
du träumst nicht mehr von einer späten
Erneuerung, Sankt Petersburg.

Mstislaw Dobushinski: Isaaks-Kathedrale im Schneesturm

Vorbei die Zeiten der Paraden,
der müßigen Paläste Glanz,
du taumelst, ledig aller Gnaden,
in einem grausen Totentanz.

Nicht mehr mit Drohungen versehrst du
die Opfer, die dir dargebracht:
Mit Pest und Hunger nur vermehrst du
noch einzig deine leere Macht.

Du bist verdammt zum letzten Harme,
ein Schoner ohne Steuerrad –
so sink dem Morast in die Arme,
der dich gebar, verfluchte Stadt!

Zerfall in Trümmer und entwerde
im mütterlichen Element –
für neues Glück auf Rußlands Erde
dien' dein Granit als Fundament!

(1921)

Ossip Mandelstam

In Petersburg

In Petersburg werden wir uns wieder versammeln,
Wie als hätten wir die Sonne dort zu Grabe getragen,
Und das glückselge, sinnlose Wort werden wir stammeln,
Wie als wärs zum ersten Mal.
Schwarzer Samt, Nacht des Sowjet,
Im Samt der Leere, im All
Singen immerfort liebe Augen glückselger Frauen,
Immerfort blühen dort Blumen, ohne jedes Grauen.

Gleich einer wilden Katze buckelt die Metropole,
Ein Milizionär auf der Brücke steht,
Vorbei in der Finsternis rasend Gejohle,
Ein Motor nur, wie ein Kuckucksruf bebt.
Nachtpassierschein brauch ich keinen,
Ich fürcht mich nicht vor dem Posten auf Wacht,
Für das glückselge, sinnlose Wort werd ich weinen,
Heillos und einsam in sowjetischer Nacht.

Von der Bühne her hör ich noch Laute
Und ein mädchenhaftes »Ach« –
Ein grandioses Bukett unsterblicher Rosen
Seh ich Cypris dort lächelnd in ihren Armen kosen.
Gelangweilt wärmen wir uns derweil am Feuer,
Vielleicht daß Jahrhunderte so vergehn,
Und die lieben Hände glückselger Frauen
Seh ich leichte Asche einsammeln gehn.

Irgendwo im Parkett rote Blumen, ganze Beete,
Prächtig mit Chiffonièren geschmückt die Logen,
Eine Puppe, aufziehbar, ich glaub ein Offizier;
Finstre Seelen und Pharisäer, ab in die Kojen...
Sei's drum, löscht doch unsere Kerzen,
Im schwarzen Samt, in der Leere des Alls,
Singen immerfort üppig die Schultern glückselger Frauen,
Die Sonne der Nacht jedoch – nie wirst du sie schauen, niemals.

(1920)

IV.
Am Ende: Sowjetstadt Leningrad

Lasar Lissitzki: Lenintribüne

Marietta Schaginjan

Mess Mend oder Die Yankees in Leningrad

Sie flogen indes durch die majestätischen Straßen von Leningrad. Sie ähnelten in keiner Weise den Abbildungen in den New Yorker Zeitungen. Palastartige Häuser erhoben sich in langen Reihen am Granit des Wassers und spiegelten sich in der grünen Newa. Zahlreiche Autos und Motorräder sausten auf und nieder, Motorboote flogen durch die Kanäle, die Geschäfte waren offen, die Fenster voller Waren, die Fußgänger jagten mit verblüffender Schnelligkeit an ihnen vorüber, wobei es den Amerikanern auffiel, daß sie alle ungewöhnlich groß waren. Kaum hatten Wassilow und seine Frau den Blick voneinander gewandt, als sie diese merkwürdige Erscheinung gewahr wurden: sie wandten sich an ihren Begleiter:

»Teurer Sir... d.h. Genosse!«

Der Mann in der militärischen Jacke lächelte.

»Ich heiße Eugen Barfuß, bin Professor unserer Ersten Universität für Praktische Ökonomie.«

»Genosse Barfuß, – wie kommt es, daß diese Menschen so schnell laufen können?«

»Ihre Frage gehört zu meiner Spezialität!« antwortete Barfuß, »wir wären längst zugrunde gegangen, teure Genossen, wenn wir nicht einige Erfindungen verwertet hätten. Sehen Sie dort das rote Gebäude?«

Sie jagten jetzt auf einen großen Platz, auf dem ein riesiges, rotes Gebäude, umgeben von einer prachtvollen Kolonade, emporragte. Wassilow und seine Frau blickten nach der bezeichneten Richtung.

»Das ist die Universität für praktische Ökonomie«, fuhr Barfuß fort, »die befähigsten Vertreter unseres Volkes erlernen hier die Möglichkeit, unser Land ohne Hilfe des ausländischen Kapitals, ohne Technik, ohne Geld, ohne das nötige Material auf das schnellste wieder herzustellen. Zu diesem Zwecke haben wir die Relativitätstheorie von Einstein verwertet.«

»Aber auf welche Weise?« rief Wassilow erstaunt aus.

»Auf dem Wege ihrer Ergänzung. Wir haben zwischen dem Raum- und Zeitablauf die engste Wechselbeziehung festgestellt und die Zahlenformel dafür gefunden. Wir haben einen Zirkel geschaffen, der den Zeitwinkel zu messen vermag – einen Meßapparat für die Bewegung im Raum. Das setzt uns in die Lage, Zeit und Kräfte in bisher ungeahnter Weise zu sparen.«

»Und die Fußgänger?«

»Die Anwendung dieses Prinzips auf die Fortbewegung des Menschen führte zu der Notwendigkeit, von kleinen Stelzen Gebrauch zu machen. Dadurch wird der Winkel des Schrittsektors vergrößert. Damit aber die Dynamik des Körpers dadurch nicht gestört wird, legt sich der Fußgänger eine Art leichtes Geschirr um, durch das der Schwerpunkt auf den Punkt etwas unterhalb der Brust verlegt wird.«

Wassilow kam nicht dazu, sich vollkommen klarzumachen, welcher Art die Erfindung war, die die Leningrader Einwohner so schnellfüßig machte, denn seine Aufmerksamkeit richtete sich auf etwas anderes.

Sie flogen gerade auf dem Granitufer der Mojka dahin. Rechts und links von dem Flußlauf erhoben sich seltsame Pyramiden, die an der Spitze mit großen Porzellangefäßen verziert waren, was sie riesigen Leuchtern ähnlich machte. Von den Pyramiden zog sich ein Netz von endlosen Drähten über die ganze Stadt hin.

»Was ist denn das?« rief Wassilow aus.

»Das sind die Elektroempfänger von großer Stärke«, antwortete Genosse Barfuß. »Sie sehen jetzt unseren Stolz. Dank diesen Empfängern sind wir imstande, den ganzen Luftraum über der Stadt bis über tausend Meter Höhe in einem Augenblick zu elektrisieren, wodurch wir von einer feindlichen Luftflotte unangreifbar werden. Als wir die Nachricht erhielten, daß die Franzosen außerordentlich wirksame Giftstoffe erfunden hätten, machten wir uns an die Technik. Aber unser Ziel ist nicht der Angriff, sondern die Verteidigung. Es ist uns gelungen, den ungeheuren Luftraum über allen unseren Städten und Industriezentralen zu elektrifizieren. Unsere Grenzen sind durch Tausende von elektrischen Batterien geschützt, wodurch wir in den Stand gesetzt sind, jede beliebige Armee mit Hilfe eines einzigen Monteurs unserer Petrograder Aero-Elektro-Station zurückzuschlagen.

Wassilow fühlte sich in diesem Augenblick als Arthur Rockefeller:

»Ja!« stieß er begeistert aus, »das muß man sagen: eine tüchtige

Arbeit leisten sie hier in Rußland. Aber sagen Sie mir nun, wozu brauchen Sie dann einen solchen einfachen Durchschnittsingenieur wie ich es bin?«

Über Barfuß' Gesicht glitt ein Lächeln:

»Teurer Genosse Wassilow, wir haben Sie dringend nötig, denn die Sache ist die...«

Er neigte sich zu Wassilows Ohr und beendete lächelnd seinen Satz:

»daß wir fast gar keine Durchschnittsmenschen haben. Die Epoche hat übermenschliche Anforderungen an uns gestellt, und jeder von uns hat aufgehört, ein Durchschnittsmensch zu sein. Und wer es nicht aufgehört hat zu sein, der ist gestorben. Sie werden jetzt begreifen, wie sehr wir Sie brauchen!«

Nicht ohne in seiner Eitelkeit verletzt zu sein, biß sich Wassilow auf die Lippen. In diesem Augenblick bremste das Auto vor einem prachtvollen Palais in der Moika-Straße. Genosse Barfuß reichte ihm die Hand und sagte:

»In diesem Haus ist Ihnen ein Zimmer zugewiesen worden. Erholen Sie sich ein wenig, in zwei Stunden wird man Ihnen ein Motorrad für die erste Fahrt zu Ihrer Arbeitsstelle geben.«

Der Chauffeur reichte ihm die beiden Koffer, und Wassilow nahm sie zerstreut in Empfang. Sie schritten zum Eingang, stiegen die Treppe hinauf und erreichten, von den Hinweisen aller ihnen Begegnenden geleitet, endlich ihr Zimmer. Es war ein sehr gemütliches Schlafzimmer mit zwei Betten, einem Ofen in der Ecke, zwei Schreibtischen, zwei Bücherschränken, zwei Fenstern und zwei Aufschriften an den Wänden.

»Spart Zeit! Tretet der Zeit-Liga bei!«

»Ein erstaunliches Land«, murmelte Wassilow, die Koffer niederstellend.

»Ein erstaunliches Land!« flüsterte Katja Wassilowa. Sie sahen einander an, und es fiel ihnen plötzlich ein, daß sie während der ganzen Stunde, die sie unterwegs waren, weder an sich noch an die Rache gedacht, die sie hierher geführt hatte.

(1924)

Daniil Charms

Schauen wir durchs Fenster

Schauen wir durchs Fenster: dort sehen wir Schienen, die in die eine und in die andere Richtung führen. In den Schienen fahren Straßenbahnen. In den Straßenbahnen sitzen Menschen und zählen an den Fingern ab, wieviel Fuß sie gefahren sind, denn der Fahrpreis wird nach Fuß bemessen. Jetzt schauen wir durchs Fernrohr: dort bemerken wir ein kleines Plättchen, mal hell, mal dunkel. Herrschaften, das ist kein Plättchen, sondern eine Kugel.

Zu dieser Zeit standen auf dem Wandbrett drei Gegenstände: eine Karaffe, ein Feuerball und ein Mensch mit dunkelblauer Krawatte.

Die Karaffe sagte: Herrschaften, schauen wir doch auf das beutsche Land.

– Wohin? – fiel der Feuerball zu Boden.

– Auf die Kugel, die im Fernrohr zu sehen ist, – *sagte die Karaffe.* – Diese Kugel ist die Erde.

Alle drei verfielen in Schweigen, und niemand ging an ihnen vorüber, noch ritt oder flog jemand vorüber.

Die Karaffe sagte:

– O Em! O Me! O Mensch! Sage mir, wie lebt es sich bei euch? Was macht man so bei euch?

Der Mensch sagte, indem er den Mund öffnete:

– Ich bin ein Mensch von der Erde. Ihr wißt das alle. Ich bin kein Beutscher. Ich bin Nachbar der Beutschen – ich bin Russe.

– Ich heiße Grigorjev. Wollt ihr, daß ich euch alles erzähle?

Aus dem Wasser kamen drei Bauern, stampften mit den Füßen auf und riefen:

– Bitte! Bitte!

Der Mensch begann:

– Ich komme also in die Kooperative und sage: »Geben Sie mir diese Büchse Sprotten.« Und man sagt mir: »Sprotten gibt es nicht, das sind leere Büchsen.« Ich sage zu ihnen: »Und wozu müßt ihr uns für dumm verkaufen?« Da bekomme ich zur Antwort: »Das ist nicht unsere Schuld.« – »Wessen denn dann?« – »Schuld ist der Mangel an Lebensmitteln, weil die Krigisen alles Hornvieh weggetrieben haben.« – »Und Gemüse?« – fragte ich – »Gibt es auch keins. Ausverkauft.«

Schweige, Grigorjev.

Der Mensch schloß seine Erzählung:

Ich Grigorjev also schwieg
seitdem trage ich ein Fernrohr
schaue in die Röhre schaue
seh der Zukunft Schornstein rauchen.

Aus

[März] 1930

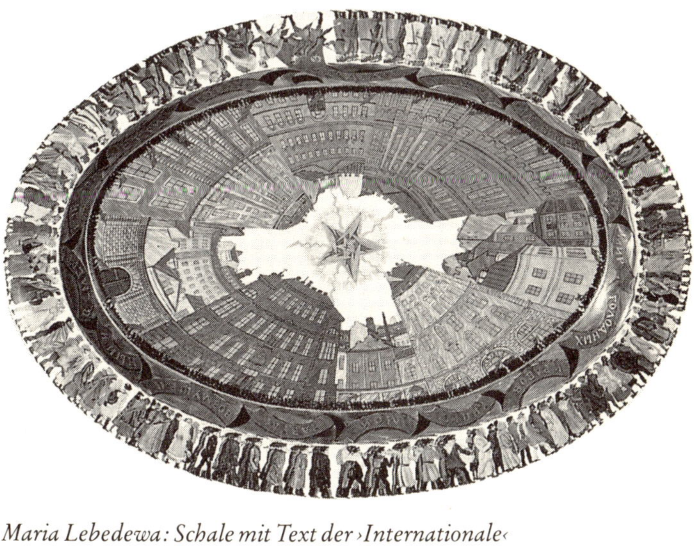

Maria Lebedewa: Schale mit Text der ›Internationale‹

Ossip Mandelstam

Leningrad

Zurück in der Stadt, in Tränen geschaut,
bis zu Schmerzen und kindlicher Krankheit vertraut.

Du bist wieder zurück – also schlucke nur schnell
jenes Fischfett der Lampen am Fluß, die noch hell!

Und sieh den Dezember, bevor er erlischt,
wo dem Unheil des Teeres das Eigelb gemischt.

Petersburg! Noch ein Weilchen lebe ich still,
da bei dir alle Nummern, die ich anrufen will.

Petersburg! Paar Adressen besitze ich hier,
finde Stimmen, die nun schon im Totenrevier.

Und ich wohne im Dunkeln, im Hinterhaus,
den Klingelknopf reißt wie Fleisch man heraus.

Teure Gäste erwarte ich nachts bei mir,
an den Fesseln rühr' ich, den Ketten der Tür.

(1930)

Michail Sostschenko

Die Geschichte vom unruhigen alten Mann

Bei uns in Leningrad entschlummerte ein altes Männlein in lethargischem Schlaf. Ein Jahr zuvor war er an Hühnerplinz erkrankt, wissen Sie. Aber dann hatte er sich wieder erholt. Und war sogar immer in die Küche gegangen, um mit den Mietern über kulturelle Fragen zu streiten.

Aber neulich war er, ehe man sich's versah, überraschend entschlummert.

Er war also nachts in lethargischem Schlaf entschlummert. Morgens wacht er auf und sieht, daß mit ihm irgendwas nicht stimmt. Das heißt, besser gesagt, seine Verwandten sehen, daß ein lebloser Körper daliegt und keinerlei Lebenszeichen gibt. Auch sein Puls schlägt nicht, und das Brüstlein hebt sich nicht, und der Atemhauch trübt den Spiegel nicht, als letzterer vor sein Mündchen gehalten wird.

Nun bilden sich natürlich alle ein, daß das alte Männlein friedlich verschieden ist, und treffen natürlich schleunigst diverse Verfügungen.

Sie treffen die Verfügungen in Eile, da die ganze Familie in einem kleinen Zimmer wohnt. Und ringsum ist eine Gemeinschaftswohnung. Und man hat nicht mal was, wohin man – entschuldigen Sie! – das alte Männlein stellen kann, so eng ist es. Da hat man's zwangsweise eilig.

Es ist aber zu erwähnen, daß dieser entschlummerte Opa mit seinen Verwandten zusammenlebte. Also Mann, Frau, Kind und Kindermädchen. Und obendrein war er sozusagen der Vater oder, einfacher gesagt, der Papa der Frau, also ihr Papa. Ein ehemaliger Werktätiger. Alles, wie sich's gehört. Lebt von Pension.

Und das Kindermädchen ist ein Mädel von sechzehn Jahren, das zur Unterstützung dieser Familie engagiert worden ist, da alle beide, der Mann und die Frau, das heißt die Tochter ihres Papas oder, einfacher gesagt, des Vaters, in der Produktion arbeiten.

Sie arbeiten also und sehen nun gegen Morgen so ein trauriges Mißverständnis – der Papa ist verschieden.

Na, natürlich Betrübnis und Verwirrung der Gefühle: da das Zimmer klein ist und sich daselbst ein überflüssiges Element befindet.

Jetzt liegt nun dieses überflüssige Element im Zimmer, es liegt so ein säuberliches, nettes altes Männlein da, ein interessantes altes Männlein. Es liegt so hübsch frisch da wie ein verwelktes Vergißmeinnicht, wie ein angebissenes Krimäpfelchen.

Es liegt da und weiß nichts und will nichts und verlangt nur, daß man ihm den letzten Dienst erweist.

Es verlangt, daß man es schleunigst in irgendwas kleidet, ihm das letzte Lebewohl sagt und es schleunigst irgendwo einbuddelt.

Es verlangt, daß dies schleunigst geschehe, da man immerhin nur ein Zimmer hat und sowieso Gedränge herrscht. Und da das Kind maunzt. Und das Kindermädchen Angst hat, mit toten Leuten in einem Zimmer zu wohnen. Na, so ein dummes Mädel, das Lust hat, immerfort zu leben, und denkt, das Leben sei endlos. Sie hat Angst, Leichen zu sehen. Sie ist eine dumme Gans.

Der Mann, dieses Haupt der Familie, rennt nun schleunigst zum Bezirksbestattungsbüro. Und kommt sehr bald zurück.

»So«, sagt er, »alles in Ordnung. Bloß mit den Pferden hat's einen kleinen Haken. Den Leichenwagen«, sagt er, »könnten sie mir sofort geben, aber die Pferde können sie mir vor vier Tagen nicht versprechen.«

Die Frau sagt: »Das hab ich mir gleich gedacht. Du hast dir bei Lebzeiten meines Vaters dauernd mit ihm in den Haaren gelegen, und jetzt kannst du ihm nicht den Gefallen tun und ihm Pferde verschaffen.«

Der Mann sagt: »Geh doch zum Teufel! Ich bin kein Reiter, ich halte mir keine Pferde. Mir macht's selber kein Vergnügen«, sagt er, »so lange zu warten. Ich hab schon wirklich höchstes Interesse dran«, sagt er, »immerfort deinen Papa zu sehen.«

Jetzt finden diverse Familienszenen statt. Das Kind, das nicht gewohnt ist, nichtlebende Leute zu sehen, kriegt's mit der Angst und brüllt aus vollem Halse.

Und das Kindermädchen weigert sich, bei einer Familie zu arbeiten, in deren Zimmer ein Toter wohnt.

Aber man beredet sie, den Beruf nicht aufzugeben, und verspricht ihr, den Tod im Zimmer schleunigst zu liquidieren.

Nun eilt die gnädige Frau, ermüdet von diesen Dingen, selbst zum Büro, kehrt aber bald bleich wie Linnen zurück.

»Pferde«, sagt sie, »versprechen sie nicht so bald. Wenn mein Mann, dieser Schafskopf, der noch am Leben ist, sich hätte eintragen lassen, als er dort war, dann hätten wir sie in drei Tagen gehabt. Aber die Kutsche«, sagt sie, »könnten sie tatsächlich sofort hergeben.«

Und dabei zieht sie schleunigst ihr Kind an, nimmt das brüllende Kindermädchen und fährt in diesem Aufzug nach Sestrorezk, wo sie bei Bekannten wohnen will.

»Das Kind«, sagt sie, »gilt mir mehr. Ich kann ihm nicht von kleinauf solche nebelhaften Bilder vorsetzen. Und du mach meinetwegen, was du willst.«

Der Mann sagt: »Ich bleibe auch nicht hier bei ihm«, sagt er. »Wie Sie wünschen. Das ist nicht mein Alter. Ich war ihm bei Lebzeiten nicht besonders gewogen«, sagt er, »aber jetzt«, sagt er, »ist's mir ganz besonders zuwider, mit ihm zusammenzuwohnen. Entweder«, sagt er, »stell ich ihn in den Korridor, oder ich ziehe zu meinem Bruder. Und er mag inzwischen hier auf die Pferde warten.«

Nun reist die Familie nach Sestrorezk, aber der Mann, dieses Haupt der Familie, flieht zu seinem Bruder.

Aber beim Bruder hat gerade die ganze Familie Diphtheritis, und sie wollen ihn um keinen Preis ins Zimmer lassen.

Als er nun wieder zurückgekehrt war, legte er das entschlummerte Männlein auf einen schmalen Spieltisch und stellte diesen Apparat in den Korridor neben das Bad. Und er selber schloß sich in seinem Zimmer ein und antwortete zwei Tage lang auf kein Klopfen und kein Geschrei.

Jetzt findet in der Gemeinschaftswohnung das übliche Theater, kompletter Wahnsinn und Tohuwabohu statt.

Die Bewohner erheben Lärm und Geheul.

Die Frauen und Kinder gehen überhaupt nirgends mehr hin und sagen, sie könnten nicht vorbeigehen, ohne einen Schreck zu kriegen.

Jetzt nehmen die Männer mit Windeseile diesen Apparat und stellen ihn in den Vorraum, was natürlich bei den die Wohnung Betretenden im höchsten Grade Panik und Verwirrung hervorruft.

Der Konsumleiter, der im Eckzimmer wohnt, erklärte, es kämen aus irgendeinem Grunde oft weibliche Bekannte zu ihm und er könne die nervliche Gesundheit derselben nicht aufs Spiel setzen.

Eiligst wurde die Hausverwaltung herbeordert, die keinerlei Rationalisierung in diese Angelegenheit bringen konnte.

Es wurde der Vorschlag gemacht, diesen Apparat auf den Hof zu stellen. Aber der Hausverwalter erklärte: »Das kann eine ungesunde Verwirrung unter jenen Mietern hervorrufen, die noch unter den Lebenden weilen«, sagt er, »und vor allen Dingen eine Nichtzahlung der Miete, mit der man sowieso im Rückstande ist.«

Nun ertönten Schreie und Drohungen an die Adresse des Besitzers des alten Männleins, der sich in seinem Zimmer eingeriegelt hatte und jetzt diverse alte Greisenbastschuhe und verbliebene wertlose Habe verbrannte.

Es wurde beschlossen, die Tür gewaltsam zu öffnen und diesen Apparat im Zimmer unterzubringen.

Nun wurde geschrien und am Tisch gerückt, worauf der Verstorbene ganz sacht aufseufzte und anfing, sich zu bewegen.

Nach einer kleinen Panik und Verwirrung paßten sich die Mieter der neuen Situation an.

Sie stürzten mit neuer Kraft zum Zimmer hin. Sie begannen, an die Tür zu pochen und zu schreien, der Alte lebe und wolle ins Zimmer.

Jedoch der Eingeschlossene gab lange Zeit keine Antwort. Und sagte erst nach einer Stunde: »Laßt eure Schwindelmanöver. Ich weiß schon, ihr wollt mich auf den Arm nehmen.«

Nach langem Hin und Her bat der Besitzer des Alten, dieser letztere solle seine Stimme erheben.

Der Alte, der sich nicht durch Phantasie auszeichnete, sagte mit dünner Stimme: »Hoho...«

Diese erhobene Stimme erkannte der Eingeschlossene wiederum nicht als echt an. Schließlich guckte er durchs Schlüsselloch, nachdem er vorsorglich gebeten hatte, den Alten gegenüberzustellen.

Den hingestellten Alten wollte er lange nicht als lebend anerkennen und sagte, die Mieter bewegten ihm selber die Arme und Beine.

Der Alte, der nun außer sich geriet, begann zu krakeelen und grausam zu fluchen, wie er es bei Lebzeiten getan hatte, worauf die Tür sich öffnete und der Alte im Triumph ins Zimmer geführt wurde.

Nachdem er mit seinem Verwandten über dies und jenes herumgeschimpft hatte, bemerkte der lebendig gewordene Alte auf einmal, daß seine Habe verschwunden war und zum Teil im Ofen glimmte. Und es war kein Harmonikabett mehr da, auf dem er eben noch zu sterben geruht hatte.

Da legte sich der Alte mit aller Unverfrorenheit, die diesem Lebensalter eigen ist, aus eigener Machtvollkommenheit auf das gemeinsame Bett und befahl, ihm zu essen zu bringen. Er begann zu essen und Milch zu trinken und sagte, ohne Ansehung dessen, daß es seine Verwandten seien, würde er gegen sie Klage einreichen wegen Plünderung der Habe.

Bald kam aus Sestrorezk seine Frau, das heißt die Tochter dieses verstorbenen Papas. Es gab Schreie der Freude und des Schreckens. Das kleine Kind, das noch nicht in Einzelheiten der Biologie eingedrungen war, verhielt sich zur Auferstehung ziemlich tolerant. Aber das Kindermädchen, diese dumme Gans von sechzehn Jahren, trug erneut Anzeichen von Unlust, bei dieser Familie zu arbeiten, zur Schau, da immerfort jemand bald stürbe, bald auferstünde.

Am neunten Tag kam plötzlich ein weißer Leichenwagen mit Fackeln angefahren, vor den ein schwarzes Pferd mit Scheuklappen gespannt war.

Der Mann, dieses Haupt der Familie, der nervös aus dem Fenster geschaut hatte, um Vergessenheit zu finden, sah diese Ankunft als erster:

Er sagt: »Hier, Papachen, endlich sind die Pferde nach Ihnen gekommen.«

Der Alte begann zu spucken und zu sagen, er führe nirgends mehr hin.

Er machte das Klappfenster auf und spuckte auf die Straße und schrie mit schwacher Stimme, der Kutscher solle schleunigst davonfahren und lebenden Menschen kein Dorn im Auge sein.

Der Kutscher in weißem Rock und gelbem Zylinder stieg, ohne auf den Sarg zu warten, die Treppe hinauf und begann ordinär zu fluchen und verlangte, man solle ihm wenigstens das geben, weswegen er gekommen sei, und ihn nicht auf der feuchten Straße warten lassen.

Er sagt: »Ich verstehe das niedrige Niveau der in diesem Hause Lebenden nicht. Es ist allgemein bekannt, das Pferde ein Verlustgeschäft sind. Nein«, sagt er, »in dieses Haus komme ich nie wieder.«

Die versammelten Mieter, im Verein mit dem wieder lebendig gewordenen alten Männlein, expedierten den Kutscher vor die Wohnungstür und schmissen ihn samt Rock und Zylinder die Treppe hinunter.

Der Kutscher wollte lange nicht wegfahren und verlangte, sie sollten ihm wenigstens irgendeine Fahrorder unterschreiben. Ohne das könne er nirgends hinfahren.

Der wieder lebendig gewordene Alte spuckte durchs Klappfenster und drohte dem Kutscher mit der Faust, und es entspann sich zwischen ihnen ein wüstes Geschimpfe hin und her.

Schließlich fuhr der Kutscher, heiser vom Schreien, erschöpft und geschlagen davon, worauf das Leben in gewohnten Bahnen dahinfloß.

Vierzehn Tage später ist das alte Männlein, das sich am offenen Klappfenster erkältet hatte, erkrankt und richtig gestorben.

Zuerst glaubte niemand daran, man dachte, der Alte spiele wieder Theater, aber der herbeigerufene Arzt beruhigte alle und sagte, diesmal gehe es ohne Betrug zu.

Jetzt fand eine vollendete Panik und Verwirrung unter den Mietern der Gemeinschaftswohnung statt.

Viele Mieter schlossen ihr Zimmer ab und fuhren vorübergehend sonstwohin.

Die Frau, das heißt, einfacher gesagt, die Tochter ihres Papas, hatte Angst, wieder ins Bestattungsbüro zu gehen, und fuhr abermals mit dem Kind und dem heulenden Kindermädchen nach Sestrorezk.

Der Mann, dieses Haupt der Familie, wollte sich schon im Haus der Erholung etablieren, aber diesmal kam der Leichenwagen überraschend am nächsten Tag. Und alles endete durchaus zufriedenstellend.

So daß es sich hier eher um eine Unpünktlichkeit in der Arbeit mit Leichenwagen als um eine Dauerverspätung handelte. Sie wiederholte sich nicht jedesmal, sondern war zufällig oder was. Wie es heißt: Immer kann's nicht klappen.

Na, es war ein Unglück, ein Mißverständnis.

Aber jetzt ist alles wieder in die Reihe gekommen. Und sie bedienen einen so, daß es eine wahre Pracht ist. Es kann nicht besser sein.

(1934)

Ossip Mandelstam

Hilf mir, Herr

Hilf mir, Herr, nur durch diese Nacht:
Meine Angst – ums Leben, wie um Deinen Knecht.
Petersburg: ein Sarg. In Särgen lebt man schlecht.

(Januar 1931)

Daniil Charms

Morgen

Ja, heute habe ich von einem Hund geträumt.

Er leckte an einem Stein, lief dann zum Fluß hinunter und schaute ins Wasser.

Hat er dort etwas gesehen?

Warum schaut er ins Wasser?

Ich steckte mir eine Zigarette an. Und hatte nur noch zwei.

Ich rauche sie auf, dann habe ich keine mehr.

Und Geld auch keins.

Wo werde ich heute essen?

Zum Frühstück kann ich Tee trinken: ich habe noch Zucker und ein Brötchen. Aber keine Zigaretten mehr. Und wo ich essen kann, weiß ich auch nicht.

Ich muß schnell aufstehen. Es ist schon halb drei.

Ich rauchte die zweite Zigarette und dachte darüber nach, wie ich heute zu einem Essen kommen würde.

Foma ißt um sieben Uhr im Haus der Presse. Wenn ich punkt sieben Uhr ins Haus der Presse gehe, Foma dort treffe und sage: »Hör zu, Foma, ich möchte, daß du mich heute zum Essen einlädst. Ich hätte heute Geld bekommen sollen, aber auf der Sparkasse war es noch nicht eingegangen.« Vielleicht kann ich den Professor um einen Zehner bitten. Aber der Professor wird sagen: »Ich schulde Ihnen Geld, und Sie wollen sich bei mir etwas borgen. Aber ich habe im Augenblick keine zehn. Ich kann Ihnen nur drei geben.« Oder nein, der Professor wird sagen: »Ich habe gerade nicht eine Kopeke.« Oder nein, der Professor wird es nicht so sagen, sondern so: »Hier haben Sie einen Rubel, mehr gebe ich Ihnen nicht. Gehen Sie und kaufen Sie sich Streichhölzer.«

Ich rauchte die Zigarette zu Ende und zog mich an.

Wolodja hat angerufen. Tatjana Aleksandrovna habe von mir gesagt, sie wisse jetzt, was an mir von Gott komme, und was von einem Dummkopf.

Ich zog die Stiefel an. Vom rechten Stiefel platzt der Absatz ab.

Heute ist Sonntag.

Ich gehe den Litejnyj entlang, an den Buchhandlungen vorbei. Gestern hatte ich um ein Wunder gebeten. Ja, ja, wenn jetzt ein Wunder geschähe.

Da fängt es an zu regnen, halb Regen, halb Schnee. Ich bleibe vor einer Buchhandlung stehen und schaue mir das Schaufenster an. Ich lese zehn Buchtitel und vergesse sie sofort wieder.

Ich greife in die Tasche nach den Zigaretten, aber mir fällt ein, daß ich keine mehr habe.

Ich setze ein überhebliches Gesicht auf und gehe schnell in Richtung Nevskij, mit dem Stock aufstoßend.

Das Haus Ecke Nevskij wird in einer widerwärtig gelben Farbe gestrichen. Ich muß weiter. Die Entgegenkommenden rempeln mich an. Sie sind alle erst vor kurzem von den Dörfern gekommen und wissen noch nicht, wie man auf der Straße geht. Sehr schwierig, ihre schmutzigen Kleider und Gesichter zu unterscheiden.

Sie trampeln überallhin, schreien und drängeln.

Wenn sie sich aus Versehen anrempeln, sagen sie nicht »Verzeihung«, sondern brüllen sich Schimpfwörter zu.

Auf dem Newskij ist auf den Trottoirs ein schreckliches Gewimmel. Auf der Straße ist es ziemlich ruhig. Ab und an fährt ein Lastwagen vorbei, oder ein schmutzstarrender Leichtkraftwagen.

Die Straßenbahnen sind überfüllt. Die Leute hängen auf den Trittbrettern. In den Waggons wird unablässig geschimpft. Jeder sagt zu jedem »du«. Wenn sich das Türchen öffnet, strömt aus dem Wageninnern auf die Plattform ein warmer, stinkiger Geruch. Die Leute springen während der Fahrt auf und ab. Aber sie können es noch nicht und springen mit dem Hintern zuerst auf. Oft stürzt jemand ab und fliegt unter Heulen und Fluchen vor die Straßenbahnräder. Die Milizionäre pfeifen auf ihren Trillerpfeifen, halten die Straßenbahnen an und bestrafen diejenigen, die während der Fahrt abgesprungen sind. Doch sowie die Straßenbahn wieder anfährt, kommen neue Leute und springen während der Fahrt auf und ab, immer gegen die Fahrtrichtung.

Heute bin ich um zwei Uhr aufgewacht. Ich habe bis drei im Bett gelegen, außerstande aufzustehen. Ich habe meinen Traum durchdacht: warum der Hund in den Fluß geschaut und was er dort geschen hat. Ich redete mir ein, es sei sehr wichtig: einen Traum bis zu Ende zu durchdenken. Aber ich konnte mich nicht erinnern, was ich weiter in meinem Traum gesehen hatte.

Gestern abend hatte ich am Tisch gesessen und viel geraucht. Vor mir lag das Papier, zum Schreiben. Aber ich wußte nicht, was ich schreiben sollte. Ich wußte nicht einmal, ob es ein Gedicht oder eine Erzählung oder eine Erörterung werden sollte. Ich habe nichts geschrieben und mich schlafen gelegt. Aber ich habe nicht lange geschlafen. Ich wollte herausfinden, was ich schreiben sollte. Ich zählte in Gedanken sämtliche Gattungen der Wortkunst auf, fand aber meine Gattung nicht heraus. Es hätte ein einziges Wort sein können, aber vielleicht hätte ich ein ganzes Buch schreiben sollen. Ich bat Gott um ein Wunder, damit mir endlich klar würde, was ich schreiben sollte. Aber ich bekam Appetit auf eine Zigarette. Ich hatte insgesamt noch vier Zigaretten. Es wäre gut, wenigstens zwei, nein, drei für morgen aufzuheben.

Ich setzte mich auf das Bett und steckte mir eine Zigarette an.

Ich bat Gott um irgendein Wunder.

Ja, ja, ein Wunder mußte es sein. Egal, was für eins.

Ich zündete die Lampe an und blickte mich um. Alles war wie früher.

Aber in meinem Zimmer hätte sich auch nichts verändern sollen.

Verändern sollte sich etwas in mir.

Ich sah auf die Uhr. Drei Uhr und sieben Minuten. Schlafen würde ich also bis mindestens halb zwölf. Höchste Zeit zum Schlafen!

Ich löschte die Lampe und legte mich hin.

Nein, ich mußte mich auf die linke Seite legen.

Ich legte mich auf die linke Seite und versuchte einzuschlafen.

Ich schaue durchs Fenster und sehe, wie der Hauswart die Straße fegt.

Ich stehe neben dem Hauswart und sage zu ihm, daß man, bevor man etwas schreibt, die Wörter wissen muß, die man schreiben soll.

Über mein Bein hüpft ein Floh.

Ich liege mit geschlossenen Augen, das Gesicht im Kopfkissen und bemühe mich einzuschlafen. Aber ich spüre den Floh hüpfen und verfolge ihn. Wenn ich mich bewege, flieht mich der Schlaf.

Aber jetzt muß ich den Arm heben und mit dem Finger die Stirn berühren. Ich hebe den Arm und berühre mit dem Finger die Stirn. Und weg ist der Schlaf.

Ich möchte mich auf die rechte Seite drehen, aber ich muß auf der linken liegen.

Jetzt läuft der Floh mir über den Rücken. Jetzt beißt er.

Ich sage: oh, oh.

Mit geschlossenen Augen sehe ich, wie der Floh über das Bettuch hüpft, sich in einer Falte verkriecht und still dort sitzt wie ein Hündchen.

Ich sehe mein ganzes Zimmer, aber nicht von der Seite, nicht von oben, sondern das ganze Zimmer von allen Seiten auf einmal. Alle Gegenstände sind orange.

Ich kann nicht einschlafen. Ich versuche, an nichts zu denken. Mir fällt ein, daß das unmöglich ist, und ich versuche, meine Gedanken nicht anzuspannen. Sollen sie denken, an was sie wollen. Und so denke ich an einen riesengroßen Löffel und erinnere mich an die Fabel von dem Tataren, der im Traum Brei sah, aber den Löffel vergessen hatte. Und dann sah er einen Löffel, vergaß aber... Vergaß... Vergaß... Vergessen... Jetzt habe ich vergessen, woran ich gedacht habe. Schlafe ich nicht schon? Um das zu überprüfen, öffne ich ein Auge.

Jetzt bin ich aufgewacht. Wie schade, ich war doch schon eingeschlafen und hatte vergessen, daß das so nötig war. Ich muß versuchen wieder einzuschlafen. Solche Anstrengungen, und alle umsonst. Ich gähnte. Es wurde mir langweilig, einzuschlafen.

Ich sehe den Ofen vor mir. In der Dunkelheit sieht er dunkelgrün aus. Ich schließe die Augen. Sehe aber weiter den Ofen. Er ist vollkommen dunkelgrün. Auch alle anderen Gegenstände im Zimmer sind dunkelgrün. Meine Augen sind geschlossen, aber ich klappe mit den Augendeckeln, ohne die Augen zu öffnen.

Der Mensch klappt mit den Augendeckeln auch mit geschlossenen Augen, – denke ich. – Nur, wenn er schläft, tut er das nicht.

Ich sehe mein Zimmer und sehe mich im Bett liegen. Ich bin zugedeckt bis fast über den Kopf. Kaum das Gesicht schaut noch heraus.

Im Zimmer hat alles einen grauen Ton.

Das ist keine Farbe, sondern nur ein Farbschema. Die Sachen sind grundiert für die Farben. Aber die Farben weggenommen. Aber auch wenn die Tischdecke auf dem Tisch grau aussieht, sieht man doch, daß sie in Wirklichkeit blau ist, und dieser Bleistift ist, auch wenn er grau ist, in Wirklichkeit gelb.

– Ich bin eingeschlafen, – höre ich eine Stimme.

(26. Oktober 1931)

Wenjamin Kawerin

Das doppelte Porträt (Herbst 1937)

Die Stadt war von irgendeinem krankhaften Gefühl des Unvermeidlichen, der Erwartung erfüllt. Die einen hatten Angst und taten so, als ob sie keine hätten; andere hatten sie in dem Bewußtsein, daß absolut alle in Angst leben; die dritten in der Vorstellung, sie seien tapferer als andere; die vierten in der Täuschung, es sei nützlich und sogar notwendig, Angst zu haben. Ich machte bei einem alten Freund einen Besuch, einem ernsthaften Gelehrten, der sich mit der Geschichte des russischen Lebens im vorigen Jahrhundert beschäftigte. Er war erbost – ruhig.

»Schau«, sagte er und führte mich zum Fenster, von dem aus sich der übliche Blick auf die Wand des Nachbarhauses öffnete.

»Siehst du?«

Der enge Alt-Petersburger Hof war leer. An das geflickte Dach eines Schuppens war ein hohes, hölzernes Häuschen mit einer Stiege und einer langen Stange geklebt. Ein Taubenschlag? Doch auch das Häuschen war leblos, leer.

»Ich sehe nichts.«

»Schau richtig hin.«

Und ich sah nicht den Hof, sondern die Luft des Hofes, einen fein verteilten, unsichtbar leichten Aschenstaub, der in einem schmalen, steinernen Schacht stand.

»Was ist das?«

Er lachte auf.

»Sie verbrennen das Gedächtnis«, sagte er, »seit langem und jede Nacht.«

Und er sprach vom Untergang der Briefe, Photographien und Dokumente, in denen sich mit unwiederholbarer Eigenart das Privatleben spiegele, von den Splittern der Zeit, die wertvoll seien, denn aus ihnen setze sich die Geschichte eines Volkes zusammen.

»Ich werde wahnsinnig«, sagte er, »wenn ich daran denke, daß jede Nacht Tausende von Menschen ihre Tagebücher ins Feuer werfen.«

Es schien, als ob diese Tage seit langem in Vergessenheit geraten, im Gedächtnis verblaßt wären, der leere Hof, der Brandgeruch, die weggeflogenen Tauben, die leichte Asche in den Strahlen der herbstlichen Sonne!

(1967)

Nikolai Lebschin: Die Moika im Herbst

Daniil Charms

An der Quaimauer

An der Quaimauer unseres Flusses hatte sich eine sehr große Menschenmenge gesammelt. In den Fluß gefallen war der Regimentskommandeur Sepunov. Er verschluckte sich in einem fort, sprang bis zum Bauch aus dem Wasser, schrie und versank wieder im Wasser. Er schlug mit den Armen nach allen Seiten und schrie wieder um Hilfe.

Die Menge stand am Ufer und schaute mit finsterer Miene zu.

– Er geht unter, – sagte Kuzma.

– Klar geht er unter, – bestätigte ein Mann mit einer Schirmmütze. Und tatsächlich, der Regimentskommandeur ging unter.

Die Menge begann sich zu verlaufen.

Anna Achmatowa

Die Vögel des Tods im Zenit

Die Vögel des Tods im Zenit.
Wo kommt, Leningrad, der dir hilft?

Und kein Lärm jetzt – es atmet, schwer,
Noch am Leben, lauschts. Hört:

Auf dem baltischen Seegrund nachts
Stöhnen seine Söhne im Schlaf,

Tief aus seiner Erde nach Brot
Brüllts zum siebenten Himmel hoch...

Doch der Himmel versteint, gnadenlos.
Aus den Fenstern blickt ER: Der Tod.

28. September 1941 (Flugzeug)

OKW

Geheime Weisung Nr. I a 1601/41 (Die Zukunft der Stadt Petersburg)

I. Der Führer ist entschlossen, die Stadt Petersburg vom Erdboden verschwinden zu lassen. Es besteht nach der Niederwerfung Sowjetrusslands keinerlei Interesse an dem Fortbestand dieser Großsiedlung. Auch Finnland hat gleicherweise kein Interesse an dem Weiterbestehen der Stadt unmittelbar an seiner neuen Grenze bekundet.

II. Die ursprünglichen Forderungen der Marine auf Schonung der Werft-, Hafen- und sonstigen marinewichtigen Anlagen sind dem OKW bekannt, ihre Erfüllung jedoch angesichts der Grundlinie des Vorgehens gegen Petersburg nicht möglich.

III. Es ist beabsichtigt, die Stadt eng einzuschliessen und durch Beschuss mit Artillerie aller Kaliber und laufendem Lufteinsatz dem Erdboden gleichzumachen.

Sich aus der Lage in der Stadt ergebende Bitten um Übergabe werden abgeschlagen werden, da das Problem des Verbleibens und der Ernährung der Bevölkerung von uns nicht gelöst werden kann und soll. Ein Interesse an der Erhaltung auch nur eines Teiles dieser großstädtischen Bevölkerung besteht in diesem Existenzkrieg unsererseits nicht...

(23. Sept. 1941)

Lydia Ginzburg

Aufzeichnungen eines Blockade-Menschen

Ein neues Verhältnis zu den Häusern entwickelte sich. Die Menschen begannen über die Häuser zu reden, über sie nachzudenken; das Haus wurde für sie zur Maßeinheit der Stadt und trat somit an die Stelle der aus undifferenzierten Fassaden bestehenden Straßeneinheit. Unaufmerksame Menschen begriffen plötzlich, woraus ihre Stadt bestand: Sie setzte sich zusammen aus einzelnen Parzellen unvergleichlicher Leningrader Schönheit, aus erstaunlichen Komplexen von Stein und Himmel, Wasser und Laub, und im übrigen aus Häusern aus der zweiten Hälfte des neunzehnten Jahrhunderts und einer gewissen Portion vorrevolutionärer Moderne zusammen mit den Kästen der ersten Jahre nach der Revolution. Die einfallslose Architektur der zweiten Hälfte des vorigen Jahrhunderts, mit ihrer Abneigung gegen Linien und Flächen, gegen glatte Oberflächen und unbesetzten Raum, die sie dazu verleitete, jeden freien Platz mit irgendeiner sinnlosen Stuckfigur vollzustopfen. Jetzt sahen wir kahlgewordene Häuser mit feuchten, rostigen Streifen minderwertiger, herabgelaufener Farbe. In den schweren Herbsttagen schien diese rostige Feuchtigkeit von innen nach außen zu sickern. Die Tage versprachen nichts Gutes.

Es kam eine neue Beziehung zu den Häusern auf. Jedes Haus war jetzt Schutz und Drohung zugleich. Die Menschen zählten die Stockwerke, und es war ein doppeltes Zählen: wieviel Stockwerke würden sie schützen und wieviel würden auf sie einstürzen? Wir nahmen Kenntnis vom Umfang, von den Proportionen, vom Material der Häuser. Das Wahrnehmen vom Haus gewann einen analytischen Charakter; es spaltete sich auf in Gewölbe, Bedachungen, Treppenhäuser. »Treppenhaus« – das klang technisch und ein bißchen unheimlich. Wenn sie die dunklen Treppen ihrer Behausungen herabstiegen, schauten sich die Menschen die bisher unbekannten Vorsprünge und mit Gerümpel vollgestellten Nischen genau an: jetzt waren das Schutzräume. Wäre es besser, im Fall eines Falles, sich hier an die linke oder die rechte Wand zu schmiegen? Dann und wann versuchte ein Mensch, sich das Unvorstellbare vorzustellen: Diese Vorsprünge und Stufen, die hoch oben hingen, könnten tatsächlich jeden Augenblick herunterkrachen, einem auf den Kopf, auf die Brust fallen. Ein Treppenhaus erdrückt einen Brustkorb... »Brustkorb« – das klingt auch technisch und ein bißchen unheimlich.*

Wenn das Haus analytisch wahrgenommen wird, dann ist die Wahrnehmung der Stadt, im Gegenteil, synthetisch. Die Stadt ist nicht mehr eine Reihe flüchtiger Kombinationen von Straßen, Häu-

* Hier gibt es ein nicht übersetzbares Wortspiel mit ›lestničnaja *kletka*‹ – Treppenhaus – und ›grudnaja *kletka*‹ – Brustkorb.

sern und Bussen. Die Stadt ist eine synthetische Realität. Sie ist es, die Stadt selbst, die kämpft und leidet und die Mörder zurückschlägt. Dies ist der allgemeine materielle Begriff. Jetzt nehmen wir die Stadt wie aus einem Flugzeug, wie auf der Karte wahr. Sie ist eine gegenständliche Einheit, durch eine sichtbare Grenze eingegrenzt. Die Schlagbäume der Stadt schließen die Grenze, die Tore teilen die Grenze auf (die Stadt, wie jegliche menschliche Behausung, hat auch ihre Türen). Der Feind will die Tore einrennen, die Tore und Schlagbäume lassen den Feind nicht heran.

Wir haben die vom zeitgenössischen Menschen längst vergessene Realität der Entfernungen in der Stadt zurückgewonnen, eine Realität, die von Straßenbahnen, Omnibussen und Taxis aufgefressen worden war. Der Umriß der Stadt ist wieder zum Vorschein gekommen, die Inseln, die Arme der Newa, das übersichtliche System der Stadtteile sind alle wieder sichtbar geworden, da im Winter – ohne Straßenbahnen und Telephone – Freunde und Bekannte von der Wassiliewskij Insel, von der Wyborger oder Petrograder Seite monatelang lebten, ohne einander zu treffen, und sie starben, ohne voneinander etwas zu erfahren.

Die Stadtteile nahmen neue Eigenschaften an. Es gab Stadtteile, die unter Beschuß genommen wurden und solche, die beliebte Ziele für Bombenangriffe waren. Manchmal hieß eine Brücke überqueren in eine Zone veränderter Möglichkeiten einzutreten. Es gab grenznahe Stadtteile, die sich auf einen Angriff vorbereiteten. Auf diese Weise steigerte sich die Bedeutung von kleinen Entfernungen. Die Flüsse der Stadt wurden zu militärisch bedeutsamen Begebenheiten, ebenso die Brücken über die Flüsse und die dort aufgestellten Fliegerabwehrgeschütze. Die Flüsse trennten die Stadtteile mit deren besonderen Eigenschaften. Sie bildeten eine mögliche Grenze. So daß man sich einen Krieg in den Stadtteilen und zwischen den Stadtteilen vorstellen konnte.

Seit Anfang des Krieges wurde die Stadt mit ungewohnten Details überwuchert. Zuerst tauchten die kreuzförmigen Klebestreifen auf den Fenstern auf (damit das Glas nicht herausflog). Diese Maßnahme wurde der Bevölkerung bereits in den ersten Kriegstagen empfohlen. Angesichts der noch unbestimmten Ängste jener ersten Tage, als sich die neuen Lebensformen noch nicht verfestigt hatten, wirkte diese mechanische Beschäftigung beruhigend, sie lenkte von der bangen Leere der Zukunftserwartungen ab. Darin war allerdings auch etwas Merkwürdiges und Quälendes enthalten, wie zum Beispiel in einem blitzblanken Operationssaal, wo es noch keine Verwundeten gibt, wo sie aber unbedingt bald erwartet werden.

Manche Leute machten mit den Klebestreifen recht originelle Muster, und die sich ergebenden Reihen von bunt verklebten Fenstern sahen geradezu dekorativ aus. Aus der Ferne, an einem sonnigen Tag, machte das einen fröhlichen Eindruck. So ähnlich wie die geschnitzten Friese an den Hütten wohlhabender Bauern. Bloß änderte sich das alles bei schlechtem Wetter, wenn man die Klebestreifen der in Augenhöhe befindlichen Fenster genau anschaute. Das vergilbte, feucht gewordene Papier, die Klebeflecken, die dreckigen Zeitungslettern, die uneben abgerissenen Ränder – die Symbolik des Todes und der Zerstörung, die dabei war, sich zu festigen und an den kreuzförmigen Streifen klebenzubleiben.

Später begann man, die Fenster und Vitrinen mit Brettern zu vernageln – die einen, damit das Glas nicht zu Bruche ging, die anderen, weil das Glas bereits zerbrochen war. Manchmal nahm man dafür ganz neue, fast noch weiße Sperrholzbretter, manchmal krumme, ganz finstere Dinger. Ein vernageltes Fenster ist ein Zeichen für eine verlassene Behausung. Aber im Herbst waren die Häuser noch nicht leer; sie waren noch randvoll mit der in die Zange genommenen Dreimillionenbevölkerung Leningrads. In jenen Herbsttagen bekam das Zeichen der vernagelten Fenster eine entsetzliche umgekehrte Bedeutung – es wurde zum Zeichen der bei lebendigen Leib Begrabenen und in der schrecklichen Enge Krepierenden, es enthielt die Beerdigungs-Symbolik der Bretter, das Gefühl, im Keller eingemauert zu sein und die Last der auf die Menschen einstürzenden oberen Stockwerke.

Es gab in der Stadt eine eigenartige bunte Mischung ausdrucksvoller Einzelheiten, die für sich allein genommen verschieden waren, aber zusammen eine Einheit bildeten. Durch die muffig-feuchten Mauern lugten Fenster, die mit frischem Sperrholz bedeckt, mit krummen Brettern vernagelt, mit blauem Einwickelpapier, mit bunten Blättern, mit Zeitungspapier verklebt waren, oder mit Ziegelsteinen zugemauert. Manchmal in ein und demselben Fenster vereinten sich Teile aus Sperrholz, Ziegel und mit Papier beklebtem

Glas. Die Zeichen schwankten und vermischten sich; ohne daß sie eine feste Form angenommen hätten, verflüchtigten sich die drükkenden Assoziationen. Nachher wurde das alles gleichgültig. Die Fenster wurden von Eis bedeckt. Die Menschen auf der Straße schauten nicht mehr auf die Häuser. Sie schauten unter ihre eigenen Füße, da die Gehwege eisig geworden waren und die Menschen Angst hatten, vor lauter Schwäche und Glätte auszurutschen. Besondere Angst hatten sie davor, mit einer gefüllten Suppenschüssel auszurutschen.

(1989)

Daniil Andrejew

Nichts ist uns fremd geblieben

Nichts ist uns fremd geblieben...
Doch wo in unserer Sprache sind die Worte
für das, was geschah in jenem irrsinnigen Winter des Krieges,
Als die Eremitage im Bombenhagel bebte...
Häuser im Frost erstarrten, das Eis die Leitungen sprengte.
Die Ration: einhundert Gramm... auf dem Newski Leichen,
Als Menschen sich von Menschenleichen nährten...
Nichts ist uns fremd geblieben...

(1944)

Anna Achmatowa

Und ihr, Freunde

Und ihr, Freunde vom letzten Aufgebot!
Mir blieb das Leben, daß ich euch bewein.
Und nicht als Trauerbaum still überm Tod,
Sondern um eure Namen in die Welt zu schrein.
Doch wem hier Namen!
Wie's auch kommt, ihr seid mit uns.

Solomon Judowin: Leningrader Straßen während des Winters 1941/42

Auf die Knie, alle!
Licht fällt ein blutrot.
Und wieder gehn im Rauch die Leningrader
In Reihe und Glied: Der Ruhm kennt keine Toten.

August 1942
Djurmen

Anna Achmatowa

Pro domo mea

...Und die zwei Fenster im Michailowskoje-Schloß, die genauso geblieben sind wie 1801, und immer denkt man, sie ermorden da Pawel immer wieder, und die Semjonow-Kasernen und der Semjonow-Platz, wo Dostojewski seinen Tod erwartete, und das Fontanny Haus – eine ganze Symphonie der Schrecken... »Die Linden Scheremetjews, und die Hausgeister rufen sich zu.« Der Sommergarten... Der erste – duftend, unbeweglich in der Julisonne, und der zweite – 1924 unter Wasser, und wieder ein Sommergarten, von stinkenden Gräben zerrissen (1941), und das Marsfeld – Paradeplatz, wo 1915 nachts die Eingezogenen gedrillt wurden (Trommelwirbel), und das Marsfeld – ein schon umgegrabener, verlassener Gemüsegarten (1921), »unter einer Wolke Rabenflügel«, und das Tor, durch das die Narodowolzen zur Hinrichtung geführt wurden. Nahe auch das mächtige Haus von Murusi (Ecke Litejny-Prospekt), wo ich Gumiljow zum letzten Mal sah (an dem Tag, als mich Juri Annenkow zeichnete). Das alles ist mein Leningrad.

Die Stadt

Die »rote Schönheit« Petersburgs ist den Malern der *Welt der Kunst* aufgegangen, die übrigens auch die Mahagoni-Möbel entdeckten. Ich erinnere mich an ein sehr frühes Petersburg – die neunziger Jahre. Eigentlich ist es das Petersburg Dostojewskis. Ein Petersburg vor den Straßenbahnen, ein Petersburg der Pferde, Pferdebahnen, krachend und knirschend, ein Petersburg der Dampfboote, von

Kopf bis Fuß mit Ladenschildern vollgehängt, die die Architektur der Häuser erbarmungslos zudeckten. Nach dem stillen, duftenden Zarskoje Selo wirkte es besonders scharf und würzig. Im Inneren des Kaufhofs Schwärme von Tauben, in den Ecknischen der Bogengänge große Ikonen mit vergoldeten Beschlägen und ewige Lämpchen. Die Newa voller Schiffe. Viel ausländische Rede auf den Straßen.

Die Häuser vorwiegend rot gestrichen (wie der Winterpalast), purpur, rosa und nichts von diesem Beige und Grau, das jetzt so trostlos in die Winterdämpfe oder die Leningrader Abenddämmerung übergeht.

Damals gab es noch viele prächtige Holzhäuser (Adelshäuser) am Kamenny-Ostrow-Prospekt und um den Bahnhof nach Zarskoje Selo. 1919 hat man sie zu Brennholz zerlegt. Noch feiner waren die zweistöckigen Villen aus dem 18. Jahrhundert, manchmal von großen Baumeistern errichtet. »Ihr Schicksal war beklagenswert« – in den zwanziger Jahren wurden sie aufgestockt. Dafür gab es im Petersburg der neunziger Jahre fast kein Grün. Als meine Mutter mich 1927 zum letzten Mal besuchte, kam sie bei den Erinnerungen an die Narodnaja Wolja unwillkürlich nicht nur auf das Petersburg der neunziger, sondern auch der siebziger Jahre (ihre Jugendzeit), sie staunte und staunte über das viele Grün. Und das war erst der Anfang! Im 19. Jahrhundert herrschten Granit und Wasser.

Verwundert las ich heute in *Swesda* (Artikel von Lew Uspenski), daß Maria Fjodorowna in einer goldenen Kutsche auszufahren pflegte. So ein Unsinn! Es gab goldene Kutschen, aber sie kamen nur bei ganz feierlichen Anlässen in Betracht, also Krönung, Eheschließung, Taufe, Antrittsbesuch eines Botschafters. Wenn Maria Fjodorowna ausfuhr, trug lediglich der Kutscher auf der Brust eine andere Medaille. Seltsam, daß man schon nach vierzig Jahren solchen Stuß verbreitet. Was erst in hundert Jahren?

Weiter über die Stadt

Du traust deinen Augen nicht, wenn du liest, auf den Treppen von Petersburg habe es immer nach Kaffee gerochen. Häufig fand man da hohe Spiegel, manchmal Teppiche. In keinem Petersburger Haus hat es auf der Treppe je nach etwas anderem gerochen als nach dem

Parfum der Damen oder den Zigarren der Herren. Der Genosse hat wahrscheinlich den sogenannten »schwarzen Eingang« im Auge (der jetzt meist der einzige ist) – dort mochte es tatsächlich nach allem möglichen riechen, denn dahinaus gingen die Türen aller Küchen. Zur Butterwoche zum Beispiel nach Plinsen, zu den Großen Fasten nach Pilzen und Öl, im Mai nach dem Stint aus der Newa. Wenn sie etwas stark Riechendes kochten, rissen die Köchinnen die Tür zum Hinterausgang auf, »um den Dunst abzulassen« (wie es wirklich hieß), dennoch rochen aber alle Hintereingänge meistens nach Katze.

Die Laute auf den Höfen von Petersburg. Vor allem der Laut von dem Brennholz, wenn es in den Keller geworfen wurde. Die Leierkastenmänner (»Sing, kleine Lerche, sing«), die Scherenschleifer (»Schärfe Messer, Scheren...«), die Trödler (»Chalat, Chalat«) – immer Tataren. Die Kesselflicker. »Wyborger Brezeln«. Dumpfes Dröhnen auf den Höfen, Brunnen-Dröhnen.

Der Rauchflor über den Häusern. Die holländischen Öfen von Petersburg. Die Petersburger Kamine – ein Anschlag mit untauglichen Mitteln. Die Petersburger Brände bei starken Frösten. Der Ton der Glocken, gedämpft durch die Laute der Stadt. Der Trommelwirbel, der immer so sehr an Hinrichtung gemahnt. Die Schlitten, mit voller Wucht gegen die Prellsteine auf den gekrümmten Brücken rasend, die jetzt ihre Krümmung fast völlig verloren haben. Der letzte Zweig auf den Inseln erinnerte mich immer an japanische Holzschnitte. Das von lauter Eiszäpfchen behangene Maul des Pferdes berührte einen fast an der Schulter. Dafür der Geruch von feuchtem Fell bei Regen im Einspänner unter dem hochgeklappten Dach. Ich habe fast den ganzen *Rosenkranz* unter diesen Umständen gedichtet, zu Hause schrieb ich die fertigen Gedichte nur noch auf...

Zarskoje Selo in den zwanziger Jahren, das war etwas Unvorstellbares. Alle Zäune waren zu Brennholz gemacht worden. Über den offenen Schächten der Wasserleitung standen rostige Betten aus den Lazaretten des Ersten Weltkriegs, die Straßen waren von Gras bewachsen, Hähne aller Couleur spazierten umher und krähten, und die Ziegen nannte man, wer weiß warum, alle Tamara. Über dem Eingang zu dem einst wundervollen Haus des Grafen Stenbock-Fermor prangte ein riesiges Schild: »Beschälstation«, aber auf der Schirokaja-Straße roch es im Herbst immer noch so herb nach den

Eichen, den Zeugen meiner Kindheit, und die Krähen auf den Kirchenkreuzen krächzten noch dasselbe, was ich gehört habe, als ich durch die Anlagen an der Kathedrale ins Lyzeum ging, und die Statuen in den Parks von Zarskoje Selo blickten wie in den Jahren zuvor. In den abgerissenen, furchterregenden Gestalten erkannte ich manchmal die Bewohner von Zarskoje Selo.

(1940–1962)

Jossif Brodsky

Haltestelle in der Wüste

In Leningrad sind jetzt so wenig Griechen,
daß eine griechisch-orthodoxe Kirche
man abriß, um an ihre Stelle einen
Konzertsaal hinzusetzen. Solch ein Bau
hat heute etwas Hoffnungsloses. Dabei
muß ein Konzertsaal mit viertausend Plätzen
so hoffnungslos nicht sein: er ist ein Tempel,
ein Heiligtum der Kunst. Wer kann dafür,
daß die vokale Meisterschaft mehr Menschen
um sich vereint als mürbe Glaubensbanner?
Nur schade, daß wir jetzt von weitem nicht
mehr die gewohnte Kuppel sehen werden,
nur einen häßlich abgeflachten Umriß.
Doch hängt der Mensch nicht von der Häßlichkeit
der Proportionen ab, vielmehr weit öfter von
den Proportionen fader Häßlichkeit.

Ich weiß noch gut, wie man die Kirche abriß.
In jenem Frühling war ich oft bei einer
tatarischen Familie zu Gast,
die in der Nähe wohnte, wo vom Fenster
der Blick zur alten Griechenkirche schweifte.
Zu Anfang war tatarisches Gespräch;
doch drängte bald ein ratterndes Geräusch

sich ein, das unsre Rede erst nur zu
begleiten schien, dann rasch sie übertönte.
Im Kirchengärtchen stand ein Riesenbagger
mit einer Eisenbirne vorn am Kran.
Und klaglos gab die Kirchenmauer nach.
Nicht nachzugeben wär auch lächerlich
für eine so massiv bedrohte Mauer.
Es mochte außerdem der Bagger meinen,
sie sei ein unbeseelter Gegenstand
und also, in gewissem Maße, selber
ihm gleich. Gilt in der unbeseelten Welt
es doch als ungehörig, sich zu wehren.
Dann fuhren dort die Kipplastwagen vor,
Bulldozer... Irgendwann an jenem Abend,
sehr spät schon, saß ich auf den Apsistrümmern.
Es gähnte durch die Löcher des Altars
die Nacht. Ich schaute durch die offenen Wunden
den Straßenbahnen nach, wie sie entschwanden
entlang der Kette bleicher Straßenlampen.
Und das, was man in Kirchen sonst nicht findet,
sah ich nun durch das Prisma dieser Kirche.

Dereinst, wenn wir nicht mehr am Leben sind,
genauer: nach uns, wird, wo unser Raum war,
ein Ding, ein Wesen solcher Art entstehen,
daß jeder, der uns kannte, sich entsetzt.
Doch die uns kannten wird's dann kaum mehr geben.
Die Hunde halten die Erinnerung wach
und heben noch am alten Ort das Bein.
Schon lange ist die Mauer abgerissen,
doch in den Hundeträumen steht sie noch.
Und diese Träume löschen, was real ist.
Vielleicht auch hält die Erde den Geruch:
Asphalt kann Hundenasen nicht bezwingen.
Was kümmert sie das häßliche Gebäude!
Für sie steht hier die Kirche und nichts andres.
Denn das, was für die Menschen offensichtlich,
das ist den Hunden restlos einerlei.

Und eben das nennt man wohl »Hundetreue«.
Und wenn im Ernst ich jemals sprechen sollte
vom Staffellauf der Generationen,
so glaubte ich allein an diese Staffel.
Vielmehr: an jeden, der den Duft noch wahrnimmt.

Wladimir Schistko: Kosmonauten Avenue

Jetzt sind in Leningrad nur noch so wenig Griechen –
wie's überhaupt, außer in Griechenland,
nur wen'ge gibt –, zu wenig jedenfalls,
zu retten das Gebäude ihres Glaubens.
Nunmehr an das zu glauben, was wir bauen,
verlangt von ihnen keiner. Eines ist
es – allem Anschein nach –, ein Volk zu taufen,
das Kreuz zu tragen – etwas gänzlich andres.
Sie hatten eine einzge, klare Pflicht.
Sie waren nicht imstand, sie zu erfüllen.
Das ungepflügte Feld wuchs zu mit Unkraut.
»Du, Sämann, halte deinen Pflug bereit –
wir sagen dir, wann Zeit zu ernten ist.«
Sie hielten ihre Pflugschar nicht bereit.

Heut nacht schau in das dunkle Fenster ich
und denke nach: Wie weit sind wir gekommen?
Und was ist ferner uns: der Hellenismus,
der orthodoxe Glaube? Was ist nah uns?
Was haben wir in Zukunft zu erwarten?
Harrt unser jetzt nicht eine andre Ära?
Und wenn's so ist, was ist dann unsre Pflicht?
Und welche Opfer müssen wir ihr bringen?

(1966)

Wsewolod Nekrassow

Leningrader Gedichte

Petersburg Petersburg
Petrograd Petrograd
Leningrad Leningrad

wirklich

ich freu mich auch
alle freuen sich

sofort   marsch marsch marsch

Motorschiff Motorschiff
Tenderlok Tenderlok
Telegraph
Telefon
Futurist Futurist
Apparat Apparat
Titelblatt Titelblatt
Butterbrot Butterbrot
Labardan Labardan

Wasserstoff Sauerstoff
Schokolade Marmelade

und das Volk
das Volk

Avantgarde Avantgarde
Durcheinander Durcheinander
Paradox paradox

eine
Frucht

ein
Produkt

selbst
Objekt

selbst Subjekt

ein
Paradeeingang

<table>
<tr>
<td>und Mandelstam
Mandelstam
und Pasternak Pasternak

einfach so
Pasternak Mandelstam
Spartak Dinamo</td>
<td>

ein Paradeeingang

– Ъ – ъ!…

Sankt

Petersburg</td>
<td>ja Bruder
Petrograd
aber der Bruder
Arbat
ist kein rechter
Bruder mehr
was soll das noch
für ein Bruder
sein
da steckt man die
Nase nicht rein

ist alles egal

ein einziger</td>
</tr>
</table>

und sogar so Hartes Schrecken
Mandelstam und Pasternak
Zeichen und doch alles
Meyerhold und Mosselprom ganz egal
Alexander

Blok

(Anm. d. Übers.: Die Buchstaben »hartes Zeichen« Ъ und »weiches Zeichen« ъ betreffen im Russischen die Aussprache des ihnen vorangehenden Konsonanten. In der vorrevolutionären Orthographie folgte nach jedem mit einem harten Konsonanten endenden Wort, etwa »Petersburg« und »Blok«, das »harte Zeichen«.)

Sergej Stratanowskij

Umgehungskanal

Und dort aus der Fischereizentrale,
Und der der Bäckerei, stehen
Stumme, trübe Seelen
Und dort im Kanal steht
Der Himmel der Industrie.
Und der Schmerz, er wird immer länger, immer dumpfer,
Und dabei war er einst einer wie...
Fabrikrauch haust im Kanal,
Er dämmert schwach, dämmert schwach, der Tag im Herbst,
Und eine Schrift: SALZZENTRALE
Schreitet übers Wasser,
Und mir scheint: Ich bin nicht ich,
Inmitten der Fabriken und Spitäler,
In Konsumläden mit Gesichtern aus Stein,
Bin ich zum Schweigen geworden,
Bin Abfall des Seins. *(1969)*

Boris Groys

Petersburg / Petrograd / Leningrad. Eine Stadt und ihre Namen

Es ist schwer, über eine Stadt zu schreiben, die keinen Namen hat. Die auf heutigen Landkarten gewöhnlich als »Leningrad« bezeichnete Stadt ist eine solche. Selbst wer sich wenig Gedanken macht über die besondere politische Bedeutung ihres offiziellen Namens, spürt fast immer ein gewisses Unbehagen, wenn er ihn notgedrungen benutzt: zu unvereinbar ist er mit dem Charakter der Stadt und mit ihrer Geschichte. Dennoch ist etwa die Wortverbindung »Leningrader Blockade« tief verwurzelt im Bewußtsein selbst derer, die den Zweiten Weltkrieg nicht unmittelbar erlebt haben. Es wäre absurd, etwa »Petersburger Blockade« zu sagen, um die geläufigste unter den alten Bezeichnungen der Stadt zu wählen, und das nicht nur, weil es ein Anachronismus wäre, sondern auch, weil man das »Petersburg« der russischen Kultur mit starken Winden assoziiert, mit Überschwemmungen, dem Meeresraum, der nach außen gerichteten imperialen Größe, und keinesfalls mit einer Land-Blockade. Eine solche Blockade wurde kulturell erst möglich, als Petersburg schon dem Festland, Moskau, unterworfen und schon zu Leningrad geworden war.

Streng genommen existierte übrigens auch die gewohnte Bezeichnung »Petersburg« zu keinem Zeitpunkt der Geschichte. Von ihrem Gründungstag bis zum Ersten Weltkrieg hieß die Stadt »Sankt-Petersburg«, sie war die Stadt des Hl. Peter und nicht einfach eine nach ihrem Gründer, dem Zaren Peter dem Großen, benannte. Natürlich war der Name des Zaren für die Namenswahl ausschlaggebend, nicht weniger wichtig war jedoch, daß Sankt-Petersburg, als Stadt des Hl. Petrus, eine Herausforderung an Rom und den Heiligen Stuhl darstellte. Die russisch-orthodoxen Zaren (von lat. »caesar«) betrachteten sich traditionell – über das orthodoxe Ost-Rom oder Byzanz – als die Erben des Römischen Reiches; nach seiner Proklamation zum Imperator unterstrich Peter der Große die Abkunft seines Throns vom altrömischen noch stärker. Rom selbst hatte für die Russen, da es der katholischen Irrlehre verfallen war, seine historischen Vorrechte verloren. »Moskau ist das Dritte Rom, ein Viertes wird es nicht geben«, hatte es geheißen; Sankt-Petersburg jedoch wurde zum »Vierten Rom« und stellte sich damit dem wahren und endgültigen Dritten Rom entgegen, was Peter dem Großen im russischen Volk vielfach den Ruf des Antichristen eintrug. Auf der anderen Seite ließ sich natürlich mit den Ideologen des erneuerten Imperiums postulieren, Sankt-Petersburg werde das realisieren, was Moskau nur versprochen hatte, und Peter stünde somit zu Recht für den Beginn der wahren russischen Geschichte.

Die gesamte Geschichte Sankt-Petersburgs steht im Spannungsfeld dieser beiden möglichen Lesarten seines ursprünglichen Namens, zwischen denen sich zu entscheiden unmöglich ist. Als Hauptstadt des militärisch erfolgreichen Russischen Reiches und Symbol einer neuen russischen Bedrohung für Europa konnte Sankt-Petersburg selbst, schon dank seines extrem unrussischen und für das russische Ohr vollkommen ungewohnten Namens, nicht anders empfunden werden als eine Art europäische Kolonie in Rußland, als Symbol der Versklavung des russischen Volkes durch Ausländer. Die äußere Gestalt Sankt-Petersburgs war und bleibt extrem westlich, allerdings schon damals eben in dieser extremen Westlichkeit vollkommen russisch: nur in Rußland, ungebremst von jeglicher historischen Tradition, ist eine solche radikale Umsetzung des westlichen Formalismus und Rationalismus möglich. Die Traditionen des hergebrachten russischen Lebens hatte Peter selbst bis ins Detail ausgemerzt, und die historisch entstandene Lebensweise Europas konnte und wollte er natürlich nicht übernehmen; so wurde Sankt-Petersburg zum Denkmal einer militanten europäischen Aufklärungs-Ideologie, wie sie in keinem europäischen Land je hätte entstehen können. Der westliche Rationalismus verwandelte sich hier in ein russisches Phantasma und wurde mit der Radikalität eines Traums umgesetzt. Darum wurde Petersburg immer zu Recht als phantastische Stadt empfunden und beschrieben, obwohl seine Erbauer an der vollkommen zielgerichteten Ästhetik des westlichen Rationalismus und eines stehenden Heeres orientiert waren.

Die Petrinischen Reformen sind eine Art unikaler Akt der Selbstkolonialisierung des russischen Volkes: dessen einer Teil simulierte gewissermaßen die Ausländer in ihrer schrecklichsten und drohendsten Gestalt und machte sich daran, so radikal und konsequent alles Russische zu verfolgen und alles für die damalige Zeit Modernste und Westlichste zu verbreiten, wie es die wirklichen Ausländer, hätten sie Rußland tatsächlich erobert, wohl kaum getan hätten. Allerdings rettete sich Rußland durch diese Roßkur vor der realen Kolonisation, es kam dem Westen in technicher und militärischer Hinsicht zuvor. Sankt-Petersburg und die Petersburger Staatlichkeit sind Symbole dieser Selbstkolonialisierung, und darum war das Verhältnis Rußlands zu ihm immer ebenso gespalten wie sein eigenes Verhältnis zu Rußland: Sankt-Petersburg war die Hauptstadt des russischen Ruhms und der russischen Macht, doch zugleich auch Zeichen der permanenten kulturellen Versklavung und psychologischen Erniedrigung der Russen.

Sankt Petersburg ist ein einziges kulturelles Zitat, und das Leben der Menschen, die es bevölkern, war immer ununterbrochenes Zitieren eines bestimmten – ziemlich fiktiven – westlichen Musters. Als solches Zitat entstand Sankt-Petersburg zwar in einem bestimmten historischen Moment, doch zugleich außerhistorisch – von Anfang an und alle Etappen historischen Wachsens überspringend als große Stadt. Darum empfindet man Sankt-Petersburg gewöhnlich als »unorganisch«, als gigantische Kulisse, die aus Zitaten irgendwelcher, möglicherweise wirklicher historischer Städte besteht und angesiedelt ist in einem spezifischen außerhistorischen, irrealen, illusionären Raum. Alles, was in der Geschichte entsteht, stirbt auch in der Geschichte und durchläuft bestimmte Etappen organischen Wachsens und Alterns: Sankt-Petersburg aber, als außer- und post-historisches Zitat, hatte von Anfang an gewissermaßen keine Geburt und war folglich verurteilt zu einer geisterhaften Unsterblichkeit jenseits von Leben und Tod – wie die zeitgenössische Kunst, die gleich fürs Museum gemacht wird und sich die permanente Bewahrung eben durch ihre Totgeborenheit sichert.

Der Umstand, daß Sankt-Petersburg auf Sümpfen erbaut wurde und gewissermaßen ständig von Überschwemmungen bedroht ist, und auch sein Klima mit dem ständig schlechten Wetter und dem sonderbaren geisterhaften Licht schufen und schaffen zusätzlich den Effekt eines geradezu geographischem Fehlens des Ortes selbst, an dem die Stadt steht. Sankt-Petersburg erscheint als jene Stadt, die

Goethes Faust – bekanntlich beseelt vom neueuropäischen faustischen Geist – erbaut und deren wichtigste handelnde Personen die Lemuren sind. Das Wissen um die Tausende von Opfern beim Bau Sankt-Petersburgs zwingt zudem, die Stadt als Kathedrale eines in den Jahrhunderten verirrten blutigen heidnischen Kultes zu denken.

Diese Einzigartigkeit der Stadt für die russische und selbst die gesamteuropäische Kulturgeschichte beförderte die Entstehung eines eigenen Petersburg-Mythos, der sich in der Literatur der russischen Romantik realisierte. Als in den ersten Jahrzehnten des 19. Jahrhunderts die russische Intelligenz unter dem Einfluß der deutschen Romantik die rationalistisch-universalistische Gesinnung der Aufklärung zugunsten einer Suche nach ihrer russischen kulturellen Identät aufgab, avancierte Petersburg – eben hier verliert sich das »Sankt« zumindest in der Literatur – zum zentralen literarischen Helden einiger Generationen von russischen Dichtern und Schriftstellern. In diesem Mythos figuriert Sankt-Petersburg als furchterregendes Phantom, als geometrisches Ungeheuer, als Produkt eines Nachtmahrs, ein aus Sumpf-Miasmen Geborenes, das sich bei Tageslicht zerstreuen muß. Petersburg hält das russische Denken in seinem Bann – im Bann des unendlichen Zitierens aus einer fremden Kultur. Es müßte verschwinden, oder im Boden versinken, oder sich auflösen in den unendlichen russischen Räumen, damit die von ihm bedeckte russische Erde wieder bloßgelegt würde, damit die Russen wieder Russen würden. Die durch militärische Siege und die »wachsende Aufklärung« erzeugte Euphorie hatte sich verflüchtigt, und was blieb, war nur die Realität der »Petersburger guten Gesellschaft«, der »Petersburger Bürokratie«, des »Petersburger Beamten«. Petersburg erschien in Rußland plötzlich als überflüssige Stadt. Die mannhafte Geste Peters, die die weibliche Seele Rußlands versklavte und sie der Geometrie des westlichen Denkens unterwarf, erschien nun als tödliche Gewalt. Petersburg wird zur Dekoration der Leiden, doch auch der triumphalen Auftritte des »Ewigweiblichen« oder Rußlands als der »Schönen Dame« – Thema der russischen Literatur von Puschkin und Gogol über Dostojewski und Wl. Solowjow bis hin zu Andrej Belyjs »Petersburg« und der Poesie Aleksandr Bloks.

Diese grundlegenden Themen des Petersburg-Mythos erhalten

sich bis zum Beginn des 20. Jahrhunderts, doch wird der russischen Intelligenz mit der Zeit immer bewußter, daß ihre Suche nach den eigenen nationalen Wurzeln selbst nicht mehr ist als ein Zitieren der westeuropäischen Romantik, das nur im ziemlich engen Kontext der Petersburger Zitatkultur Sinn hat, doch keinerlei Bezug zur Realität des riesigen Landes rundum. Der russische Intelligenzler begreift sich dadurch immer stärker als Petersburger, als wandelndes Zitat, als für sein Land genauso überflüssig wie seine gesamte Stadt. Der Mythos Rußland erweist sich immer mehr als integraler Bestandteil des Petersburg-Mythos, und nicht umgekehrt. Die Intelligenz wird zur »Petersburger Intelligenz«: sie erkennt ihre innere Kontur in der Petersburger Architektur, und die »Schöne Dame« Rußland erweist sich immer öfter als die delikate Petersburger Prostituierte oder Halbweltdame. Gegen Ende des 19. Jahrhunderts lernt die russische künstlerische Intelligenz die Ästhetik des Zitats immer stärker schätzen und lieben, sie gefällt sich selbst immer besser, und Petersburg gefällt ihr immer besser: die Malerei der »Welt der Kunst« und die neue Petersburger Poesie arbeiten an der Ästhetisierung der Stadt, und anstelle der Sammlungen zur »Physiologie Petersburgs« erscheint nun ein Buch mit dem Titel »Die Seele Petersburgs«.

Wie lange prophezeit und nicht anders zu erwarten – in diesem Moment der Versöhnung der russischen Kultur mit Petersburg verschwindet es. Und es verschwindet wirklich wie ein Phantom – vollkommen unbemerkt und sozusagen unter der Hand. Was von ihm bleibt, sind nur Bücher mit einem Erscheinungsort, der angegeben ist als S-Pb, oder SPb, – eine Abkürzung, die eher an das künftige KPdSU(B), GPU etc. gemahnt. Die langerwartete Apokalypse der Revolution berührt Petersburg nun gar nicht: als sich die Revolution ereignet, ist Petersburg schon nicht mehr da – die Stadt heißt zu jener Zeit »Petrograd«; um germanophile Assoziationen zu vermeiden, war der Name der russischen Hauptstadt während des Ersten Weltkriegs russifiziert worden. Was bleibt, ist eine »Petersburger Aristokratie«, eine »Petersburger Intelligenz«, doch keine »Petersburger Revolution«; dafür gibt es die »Petrograder Revolution«, den Petrograder »Revolutionären Kriegsrat«, die »Petrograder Bolschewiki«. Und es gibt das theoretische Subjekt der Revolution, das »Proletariat von Piter« – so genannt nach der populären Bezeichnung für die Stadt, mit der der Name ihres Gründers Peter einen betont ausländischen Klang gewinnt. Diese Verbindung zweier durch und durch ausländisch klingender Wörter, das »Proletariat von Piter«, markiert eine neue Etappe der Selbstokkupation des Landes: wieder übernimmt es die progressivste westliche Ideologie seiner Zeit, um den aufs Neue festgestellten militärischen Rückstand hinter dem Westen zu überwinden, d. h. es beginnt eine neue Periode des radikalen Kampfes gegen die eigenen nationalen, religiösen, politischen und kulturellen Traditionen als der Quelle der militärisch-politischen Mißerfolge. Die feierlich verkündete und, wie man hoffte, Erneuerung bringende apokalyptische Katastrophe verbindet sich mit den ebenfalls ausländisch klingenden Namen »Marx« (der an das russische »mrak«, Finsternis, erinnert) und »Engels« (offensichtlich der apokalyptische Engel).

Die kurze Spanne, in der Petrograd Petrograd hieß, fällt zusammen mit einer Zeit maximaler Einstellung auf die Europäisierung oder sogar eher Amerikanisierung des Landes. Energie und Tragödie der Revolution erhalten so einen klaren Abschluß. Die Umbenennung in »Leningrad« leitet eine neue Etappe der Selbstisolierung vom Westen ein, eine neue Moskauer Periode in der russischen Geschichte. Schon das Wort »Leningrad« klingt vollkommen russisch. Der Namensteil »Peter«, der auf den steinernen (lat. ›petrus‹ – ›Stein‹), granitenen Untergrund der neuen Zivilisation verwies, ist abgelöst durch »len« (russisch ›Faulheit‹), den Hinweis auf eine Zukunft des faulen Provinzialismus, auf eine asiatische, sibirische Existenz. Das Pseudonym Wladimir Uljanows, »Lenin«, verdankt sich dem Namen eines sibirischen Flusses, »Lena«, zugleich ein weiblicher Vorname (übrigens kommt auch der Familienname Uljanow von einem weiblichen Vornamen, »Uljana«); auch dies markiert die Abwendung vom männlichen Prinzip, das früher der Stadt zugrundelag und sich auch im Familiennamen der Zarenfamilie zeigte, »Romanow«, u. a. Verweis auf Rom und auf einen »Roman«, mit allen entsprechenden, in der russischen Literatur immer wieder aufgegriffenen Assoziationen. Leningrad unterwirft sich jetzt Moskau und dem dort regierenden Stalin, der zwar in seinem Namen den Hinweis auf Metall (Stahl) hat, doch ist Metall natürlich weiblicher als Stein, denn es unterliegt dem Guß und der Formung: trotz seines Schnurrbarts hat Stalin etwas Kapriziöses und Weibliches, wie auch die übrigen damaligen Vertreter der Parteispitze mit ihren vollen, willenlosen Gesichtern. Die Feminisierung der russischen Staatlichkeit im Zusammenhang mit ihrer Übersiedlung nach Moskau ist auch daran ablesbar, daß die Sowjetmacht, ihre offizielle Bezeichnung lautet »Sowjetskaja Wlast«, im Volk gewöhnlich als »Sofja Wlassewna« (weiblicher Vor- und Vatername) interpretiert wird; die »Petrograder Bolschewiki« wurden abgelöst von den »Moskauer Kommunisten« (›Kommuna‹ ist offensichtlich ein weiblicher Vorname) etc. etc. Ingesamt, so kann man wohl sagen, hat sich das weibliche, russische das in Sankt-Petersburg symbolisierte männliche Prinzip der Europäisierung wieder unterworfen.

Zumindest beginnt die zentrale Moskauer Macht mit der Umbenennung der Stadt einen erbarmungslosen Kampf mit ihrem Petersburger und Petrograder Erbe – einen Kampf für die endgültige Verwandlung Leningrads in ein gewöhnliches Gebietszentrum. Die Intelligenz, die selbst offizielle Personen weiterhin die von Petersburg nennen, wird bedrängt und verfolgt. Trotzdem bleibt Leningrad bis zum Beginn des Zweiten Weltkriegs eine Stadt mit einer eigenen, ungewöhnlich entwickelten künstlerischen Subkultur, die noch Ende der 20er und in den 30er Jahren sowohl die Philosophie des späten russischen Formalismus als auch einen Bachtin hervorbringt, die Dichtung der Oberiuten und die Prosa Dobytschins und Waginows, um nur die bekanntesten Namen zu nennen. In Leningrad lebten damals noch Theoretiker und Künstler der Avantgarde, einige von ihnen überlebten den Krieg und sogar, dann bereits zu Objekten der Verehrung seitens der nachstalinschen jungen Intelligenz geworden, bis in die 60er Jahre hinein. Allerdings war die kulturelle Selbstbehauptung dieser Petersburger Subkultur in Leningrad nur mit den Mitteln der Ironie möglich, und diese nutzte sie ausgiebig: das Zitieren hatte seine utopische Energie verloren und sich in ein dekonstruierendes Spiel verwandelt.

Nicht weniger zielstrebig ging das regierende Moskau auch gegen die Relikte des revolutionären Petrograd vor: die Leningrader Parteiorganisation wurde ununterbrochen gesäubert und mit neuen Leuten aufgefüllt, um die Erinnerung an die noch frische Revolution auszurotten. Die neue Moskauer Staatsgewalt fürchtete sich panisch vor allem, was an die revolutionäre Gegengesetzlichkeit des eigenen Entstehens gemahnte, und sah in Leningrad die ständige

Drohung einer neuen, nun gegen sie selbst gerichteten Revolution. Daher war in der sowjetischen Zeit die Politik der Behörden in Leningrad wohl repressiver als irgendwo im Land. Diese Verdrängung unangenehmer Kindheitseindrücke durch den Mord am Vater, das heißt am Zaren, und die Inbesitznahme der Mutter, d. h. Rußlands – die Extremform des Ödipuskomplexes – zwang die stalinsche Führung, sich als den direkten Erben der Moskauer Dynastie auszugeben und die Petersburger Periode der russischen Geschichte quasi für inexistent zu erklären. Wenn Stalin der Vergleich mit Peter dem Großen zunächst durchaus schmeichelte, so gerät doch bald der Gründer des Moskauer Zarentums, Iwan der Schreckliche, zur zentralen Figur der russischen Geschichte, und die Newa wird nicht länger – wie etwa in dem bekannten Film von Sergej Eisenstein – mit Peter und Petersburg assoziiert, sondern mit Aleksandr Newski und der Verteidigung gegen die Deutschen nicht mittels ihnen abgeschauter Militärtechnik, sondern kraft ursprünglich russischer Beherztheit.

Doch auch der Stalinismus ging vorüber, und die Lage in Leningrad, wie auch im ganzen Land, beruhigte sich. Von dieser langen Zeit, die bis in unsere Tage hineinreicht, wird wohl nur ein Begriff bleiben, der mit dem Namen der Stadt verbunden ist, und das ist eben die zweite und inoffizielle Leningrader Kultur – ein dem Autor als ihrem langjährigen, ziemlich aktiven Teilhaber auch aus eigener Erfahrung gut bekanntes Phänomen. Im Laufe all dieser Jahrzehnte hatten die zahlreichen Hochschulen der Stadt jedes Jahr Tausende von mehr oder weniger gebildeten Leuten ausgestoßen, und diese fanden keinen Platz in der Ökonomie einer Stadt, die infolge der zielgerichteten Politik des Zentrums stagnierte. Den Ort zu wechseln hätte den möglichen Verlust der Leningrader polizeilichen Meldung bedeutet, d. h. des Wohnrechts in der Stadt, die sich in kultureller Hinsicht von der restlichen Provinz unterschied wie Himmel und Erde. So sammelte sich in Leningrad nach und nach ein kolossales ungenutztes intellektuelles Potential: viele, die höhere Bildung hatten, arbeiteten als Wachleute in Betrieben und auf Parkplätzen, als Fahrstuhlführer oder Heizer, und auch wer einen formal angemesseneren Platz gefunden hatte, fühlte sich unbeschäftigt und überflüssig.

Der Lebensstandard der Leningrader Intelligenz war darum zumeist katastrophal niedrig. In Moskau, wo sich alle Organe der politischen, ökonomischen, kulturellen und sonstigen Verwaltung des riesigen Landes konzentrierten, gab es immer die Möglichkeit, etwas zu verdienen, eine Anstellung, eine offizielle Nische zu finden. Auch in der Provinz gab es bestimmte Chancen für die Intelligenz, da sie dort weniger stark vertreten war. In Leningrad war sie sehr zahlreich und wurde von niemandem gebraucht. So war auch, im Unterschied zu Moskau, die kulturelle Willkür durch nichts begrenzt – weder durch die Nähe von Botschaften und ausländischen Journalisten noch die Protektion durch Vertreter der Nomenklatura. Aus beliebigem Anlaß – besonders aus ideologischem – konnte man Arbeit und Mittel zur Existenz verlieren. Die so entstandene Masse ökonomisch überflüssiger, doch recht gut ausgebildeter Leute bildeten die soziologische Basis der Leningrader zweiten Kultur.

Die Ferne von der Nomenklatura hatte dabei auch ihre positiven Seiten. In Moskau füllt und überfüllt sich alles kulturell Populäre und Prestigeträchtige – Theater, Ausstellungen, Konzerte, Vorführungen westlicher Filme, modische Cafes – sofort mit den wohlversorgten und gelangweilten Kindern der vielen Privilegierten, ihren Zahnärzten, Fleischern, Friseuren, Schneidern etc. und auch allen möglichen Agenten des Schwarzmarktes, so daß ein normaler Mensch dort keinen Zugang findet. In Leningrad kostete all dies nicht viel Geld und erforderte keine kommerziellen Verbindungen. In den Cafes konnte man, wie im Paris der alten Romane, stundenlang bei einer einzigen Tasse Kaffee sitzen, auf allen kulturellen Veranstaltungen traf man fast nur die eigenen Leute. Man konnte auch ungestört die unendlich geraden und langen Leningrader Uferstraßen und Prospekte entlanggehen und auf ihnen keinerlei Sowjetmacht bemerken, sich vorstellen, man sei Bewohner anderer Zeiten und Länder. Bekanntlich hat Architektur erzieherische Funktion, und in Leningrad erzieht sie im Geiste dessen, was heute Postmoderne heißt.

Wenn Petersburg von Anfang an Zitat war, so war es das doch mit dem Ziel eines Sieges über das Original, mit dem Ziel der Herrschaft, mit der Erwartung eines historischen Triumphes und mit der Angst vor der historischen Katastrophe. Die Katastrophe trat ein, doch in einer anderen Stadt, in Petrograd, in dem alle Dinge und

Zitate von ihren Plätzen kamen, in der, wie das beispielsweise Viktor Sklowskij gut beschrieben hat, sich die Avantgarde-Ästhetik der Verfremdung vollständig realisierte. Auch Leningrad bleibt die Stadt des Zitats, doch es ist schon die Stadt nach der modernistischen Utopie und nach der avantgardistisch-modernistischen Katastrophe. Das Zitatspiel vollzieht sich in ihr ohne Hoffnung auf Rettung, doch auch ohne Angst vor der Zukunft, denn diese ist bereits eingetreten. Der Leningrader hat nicht mehr die Chance eines sogenannten realen Lebens, doch auch nicht die einer vollständigen Niederlage darin. Er lebt am Rande von Prozessen, die zwar sein Leben bestimmen, doch die er verachtet, die ihn nicht besonders interessieren und von denen er sich innerlich frei fühlt. Die Leningrader Kultur spielt mit Zitaten aus fremden Kulturen, doch zugleich ist sie zutiefst narzißtisch.

Genau hierin liegt das grundlegende Paradox des Zitierens: seine Objektivität und Genauigkeit sind immer illusorisch – tatsächlich entfesselt das Epigonale das Individuum weit stärker, als das die bewußte Sache nach dem eigenen Stil tut. Petersburg war epigonal, denn es wollte ein Zweites (Viertes) Rom sein, wollte Rom symbolisch und historisch fortführen. Zugleich wollte es die Meere beherrschen und ein neues Holland werden. Und ein neues Paris. Und ein neues Deutschland. Alles, nur nicht Rußland. Dies wurde als permanente Irritation erlebt und als permanenter Mißerfolg der Stadt, als leerer Anspruch. Erst allmählich verstand man die Neuheit und Originalität Petersburgs / Petrograds / Leningrads als einer Verkörperung des durch und durch russischen Traums vom idealen Europäertum, idealen Rationalismus und idealen übernationalen Imperialismus, eines Traums übrigens, dem es keineswegs an sadomasochistischen und neurotischen Zügen fehlte. Epigonentum ist oft höchst innovativ, doch dieses Neue wird oft erst post factum begriffen; erst retrospektiv verwandelt sich die unvermeidliche Unähnlichkeit mit dem Original von der mißglückten Nachahmung in einen selbständigen ästhetischen Wert. Sehr vieles an der Petersburger / Leningrader Kultur auch unseres Jahrhunderts hat diese Qualität der retrospektiven Neuheit, und die Leningrader inoffizielle Kultur praktizierte sie schon ziemlich bewußt; hier sei nur Jossif Brodski als ihr bekanntester Vertreter genannt.

Übrigens war es das hervorstechendste Merkmal der Leningrader inoffiziellen Kultur (eine offizielle existierte praktisch nicht), daß sie ganz radikal und unverhohlen an Expansion weder im eigenen Land noch im Ausland interessiert war: in programmatischer Selbstgenügsamkeit beschied sie sich mit den eigenen Samisdat-Zeitschriften, Seminaren, Ausstellungen, Konzerten. Man kann keineswegs sagen, ihre Vertreter seien über die restliche Welt nicht informiert gewesen – sie bemühten sich nur nicht sonderlich, diese über sich zu informieren. Diese Geschlossenheit der Leningrader Kultur und ihre narzißtische Verträumtheit machten sie denn auch zum Gegenstand ständigen Spotts seitens der Moskauer, die in ihr nur fruchtlose Nostalgie nach vergangener Größe sahen. In Wirklichkeit gab es keine solche Nostalgie: der Petersburg-Mythos war tot, doch Leningrad war geblieben. Und das bedeutete für alle, die darüber nachdachten, daß das apokalyptische Prophetentum und der modernistische Wille zur Macht ihre Naivität bereits offenbart hatten: darum fühlt sich die Leningrader Postmoderne der Petersburger Moderne überlegen.

Die Perestroika, die inzwischen auch Leningrad erfaßt hat, bedeutet übrigens nichts anderes als die Integration der geschlossenen sowjetischen Kultur in das internationale System der Massenmedien und eine entsprechende Kommerzialisierung. Die sowjetische Presse ist heute voll von verdeckten oder offenen Angriffen auf Lenin, und es wird niemanden wundern, wenn Leningrad aufs Neue seinen Namen ändert, um wieder einmal eine neue Etappe in der russischen Kultur zu markieren. Wenn sich der Rhythmus dieser Etappen tatsächlich den Gesetzmäßigkeiten der westlichen Moden unterwirft, ist zu erwarten, daß sich die Stadt bald in jeder Saison umbenennen wird. Solschenizyn hat bereits den russifizierenden Namen »Newgorod« vorgeschlagen, und wenn die Mode der russischen nationalen Wiedergeburt sich noch eine Weile hält, dann wird man diese Empfehlung vielleicht aufgreifen, und Leningrad wird seinen Eintritt in die neue Epoche des Informationsimperialismus damit besiegeln, daß es nach Rom und der marxistischen Internationale schließlich auch das verschwundene Rußland zitiert.

Die Namen Leningrads markieren – fast – sämtliche Schlüsselereignisse und -Phänomene der neuen russischen Geschichte, doch sie fügen sich nicht zu einem übergreifenden Namen für die Stadt: die »Petersburger Aristokratie« lebte nicht da, wo der »Petrograder

Revolutionäre Kriegsrat« regierte, und von der »Leningrader Blokkade« war sie nicht betroffen. Die Individualität einer Stadt definiert sich über ihren Namen. Die Stadt an der Newa hat keinen solchen Namen, und das entspricht ihrem Charakter, dem einer Bühne oder eines Zitats, das über dem Sumpf dampft, »über einem leeren Platz«. Doch selbstverständlich ist das Fehlen einer historischen Individualität historisch weit individueller als ihr Vorhandensein. Petersburg ist vielleicht die überflüssigste Stadt auf der ganzen Welt: denn es liegt an jenem Nullpunkt, wo all das durchgespielt wird, was an anderen Orten geschieht.

(1990)

Jossif Brodsky

Ich bin im baltischen Sumpfland geboren

Ich bin im baltischen Sumpfland geboren, bin groß geworden
dort, wo die zinkgrauen Wogen stets zu zweit anrollten
– Quelle all meiner Reime. Und Quelle der kläglichen Stimme,
die wie ein feuchtes Härchen sich kringelte zwischen ihnen;
falls überhaupt. Den Kopf auf die Elle gestützt, die Ohren-
muschel in der Hand, vernimmt man nicht das Rumoren
des Meers, sondern bloß ein Knirschen, ein Knacken von Läden
und Schreinen,
den zischenden Teetopf – wenn's hochkommt, hört man
Möwenschreie.
In diesen Ebenen, wo freie Sicht herrscht und keiner
sich verkriechen kann, bleiben die Herzen offener, reiner.
Bloß für den Ton ist der Raum stets ein Hemmnis. Dem Auge
reicht ein
Blick: ob das Echo zurückkommt – ihm kann es gleich sein.

(1975/76)

E. Pljuchin: Leningrad. Newa. Peter-Pauls-Festung

Nachlese aus der Ferne

> ...so wie vielleicht kein Ort ist, wo man so leicht und so glänzende Hoffnungen gibt, die das Unheil nur größer machen.
>
> JMR Lenz, St. Petersburg, März 1780

Städte haben nicht bloß eine eigene Geschichte, sie sprechen auch eine eigene Sprache. Ihre Straßen und Plätze, ihre Gebäude und Monumente, ihre Gewässer und Parkanlagen, nicht zuletzt ihre Geräusche und Gerüche, ihre Perspektiven, ihr Klima und all das, was sonst noch zu ihrer Atmosphäre beiträgt, sind mindestens ebenso beredt wie ihre Bewohner. Das ist bei Petersburg nicht anders als bei Rom, Paris, Berlin oder New York. Wo sich die Phantasie ihrer annimmt, da entstehen Mythen.

Wer sich in das heutige Leningrad begibt, den Kopf voller Literatur, der vermeint denn auch, sie noch zu hören, die Sprache Petersburgs. Auf den erschreckend weitläufigen Plätzen der Stadt sieht er, wie Passanten sich plötzlich in Schatten verwandeln; die Paläste und Villen, obgleich lange schon Sitz anonymer Institutionen, scheinen noch den Glanz rauschender Feste zu atmen, während aus den Hinterhöfen der Kasernen und Mietshäuser langes Elend und der Muff beengter Verhältnisse aufsteigt, – man spürt das starre Reglement der alten Residenzstadt und warum aus ihm Anarchie und Schlampigkeit erwuchsen; der Newskij-Prospekt, die einstige Pracht- und Flanierstraße Petersburg, erstickt wie eh und je im Verkehr und erlaubt doch die luftigsten Aussichten, – wenngleich kaum noch große Geschäfte; über der Newa ziehen in hellen Sommernächten jedes Jahr von neuem Wolkenschleier, deren in Rot spielende Dämmerungstöne auf keinem Farbspektrum zu finden sind; im Winter sollen auf ihrem Eis frostige Sterne tanzen, nach dem Takt der steil in den Himmel schießenden, goldglänzenden Nadel der Peter- und Paulskathedrale; über den Brücken der von unzähligen Kanälen durchzogenen Stadt schließlich, versunken in die aus Stein, Wasser und Metall komponierte Schönheit, geschieht es dann: urplötzlich wird man vom Herbst überrascht, kalte Winde verfangen sich in den Kleidern, schwerer Regen klatscht einem ins Gesicht und die Nässe dringt bis unter die Haut. Der kommende Winter macht einen schaudern.

Petersburg ist ein Mythos, und wer ihm lauscht, der sollte nicht vergessen, daß es nicht eigentlich die Stadt selbst, als vielmehr ihre Literatur ist, die ihn hervorgebracht hat und am Leben erhält. So jung Petersburg ist, nicht einmal dreihundert Jahre, wie kaum eine andere Stadt hat sie es vermocht, die Einbildungskraft ihrer Bewohner zu beflügeln. Ihr Pflaster hat, wie bereits Gogol feststellen mußte, die fatale Eigenschaft, die Prosa augenblicklich zu vertreiben und die Phantasie hervorzuzaubern. Nicht wenige meinen denn auch, daß die moderne russische Literatur ohne St. Petersburg als Sprungbrett einer freien Imagination gar nicht hätte entstehen können. Wie immer dem sei, von ihren Anfängen im 18. Jahrhundert bis heute hat die 1703 von Peter dem Großen gegründete Stadt an der Newa so viele Gerüchte und Gedichte, Anekdoten und Berichte, Prophetien, Essays und Bemerkungen auf sich gezogen, daß ihre Straßen, Plätze und Gebäude durchwirkt sind von einem dichten Gewebe mündlicher und schriftlicher Überlieferung. Ihm sind all die Erinnerungen und Betrachtungen, Reflexionen, Erzählungen und Gedichte entnommen, die in diesem Lesebuch zusammengetragen wurden, um die Geschichte und den Mythos der Stadt Petersburg neu zu erzählen.

Werfen wir einen Blick zurück auf die Anfänge. Als Giacomo Casanova in Erinnerung seines im Winter 1764 gestarteten Versuchs, am russischen Hof sein Glück zu machen – sich genötigt sah, ein abschließendes Urteil über den Charakter der gerade erst im Entstehen begriffenen, neuen Hauptstadt Rußlands zu fällen, beschlich den venezianischen Abenteurer und Libertin ein gewisses Unbehagen. Die Existenz Sankt Petersburgs erschien ihm im nachhinein immer noch unwahrscheinlich, irgendwie nebulös, unheimlich. Hoch im Norden gelegen, am Rande der zivilisierten Welt, an einem Ort, dessen sumpfig-morastiger Untergrund die denkbar schlechteste Voraussetzung für die Anlage einer Residenz abgab, war hier, im Delta der Newa – beinahe im Meer – eine Stadt entstanden, die die »Natur Lügen zu strafen« schien. »Alles«, so Casanova, »erschien mir, als hätte man es schon als Ruine erbaut. Man pflasterte die Straßen und wußte, daß man sie sechs Monate später erneut würde pflastern müssen. Mir bot sich der Anblick einer Stadt, die ein ungeduldiger Mann in aller Eile erbauen ließ; und tatsächlich brachte der Zar das in neun Monaten zustande. Aber diese neun Monate waren nur die Zeit der Geburtswehen; das Kind war vielleicht schon lange zuvor empfangen worden. Beim Anblick Petersburgs dachte ich an das Sprichwort: »Canis faestinans caecos edit catulos« (ein eiliger Hund gebärt blinde Welpen); doch einen Augenblick später sagte ich mir in Bewunderung des großen Planes und von Achtung durchdrungen: »Diu parturit leaena sed leonem« (lange kreißt die Löwin, doch gebiert sie einen Löwen). In hundert Jahren, so prophezeie ich, wird Petersburg prächtig sein, doch wenigstens zwei Klafter höher liegen; dann werden die großen Paläste nicht mehr wegen mangelnder Pfahlroste einstürzen.«

Casanova sollte recht behalten. Obgleich die Stadt bis heute vor Überschwemmungen nicht restlos gefeit ist, hatte sich die von Peter dem Großen hinterlassene Baustelle doch bereits zu Beginn des 19. Jahrhunderts in eine Metropole europäischen Zuschnitts verwandelt. Dank der städtebaulichen Maßnahmen Katharinas II. und ihrer Thronfolger Paul und Alexander I. waren die Seitenarme der Newa begradigt und ihre Ufer mit Granit eingekleidet worden, der sumpfige Untergrund war trockengelegt und befestigt, so daß auf ihm Paläste und Villen, Kasernen, Mietshäuser und Betriebe errichtet werden konnten, deren Pracht und Schönheit die Konkurrenz mit Bauten westeuropäischer Städte nicht zu scheuen brauchte.

Eine Vision war Wirklichkeit geworden. Gleichsam aus dem Nichts war eine Stadt entstanden, deren erhabene Kontur und unvergleichliche Atmosphäre allerorten Bewunderung hervorrief. Ein »Fenster nach Europa« war eröffnet, eine Versuchsanstalt geschaffen worden, aus der durch das Zusammenspiel von Wissenschaft und Technik, Handel und Industrie, Politik und Kunst ein neues Rußland hervorgehen sollte, ein moderner, nach Westen hin ausgerichteter Staat, berufen, das alte, in kontinentaler Abgeschlossenheit und orthodoxer Erstarrung dahinschlummernde Rußland zu wekken. Einen »Traum in mitternächt'gen Landen« hat Alexander Puschkin Petersburg denn auch genannt, und damit nicht sowohl den unwahrscheinlichen, bis heute irreal anmutenden Status der Stadt hervorgehoben als vielmehr auch ihren utopisch-modellhaften Charakter – die Funktion Petersburgs als einem Experimentierfeld der modernen russischen Geschichte.

Über die zukunftsweisenden Aufgaben sind die Opfer nicht vergessen worden, die der Bau gerade dieser Stadt gefordert hat. Zigtausende, die aus allen Teilen des russischen Reiches in die neue Hauptstadt beordert worden waren, starben elendig, – sei es, daß sie bei den anfänglich mit primitivsten Mitteln durchgeführten Arbeiten im unwegsamen Gelände vor Erschöpfung zusammenbrachen, sei es, daß sie vom Sumpffieber hinweggerafft wurden. Der Zar hatte eine Idee. Abseits des verhaßten Moskau sollte eine neue Residenz entstehen, eine Hauptstadt, wie sie die Welt noch nicht gesehen hatte, ein neues Amsterdam oder Venedig, ja ein Zweites (Viertes) Rom, nachdem Moskau, das sich in der Nachfolge Roms und Konstantinopels verstand, ihr messianisches Erbe verschludert hatte. Daß das Fundament der zaristischen Utopie mit Leichenbergen aufgefüllt werden mußte, bekümmerte Peter I. wenig. Er sprach von der Stadt nur als »mon paradis«. Nicht unwahrscheinlich, daß er glaubte, unter dem Patronat des Heiligen Petrus ließe sich wirklich eine Stadt errichten, die, einem Felsen gleich, zum Träger des von Gott versprochenen Neuen Jerusalem avanciere.

Das Volk wußte es anders. In seiner Überlieferung figurierte Sankt Petersburg umgekehrt als eine Erfindung des Teufels, eine Art Neues Babylon, – und die aus den Reihen der Altgläubigen nachwachsenden Narren in Christo prophezeiten ihr und ihrem Herrscher, dem Antichristen Peter, bereits unmittelbar nach der Grundsteinlegung ein baldiges und furchtbares Ende. Man lese nur Pilnjaks aus historischem Material collagiertes Porträt ›Seine Majestät Kneeb Piter Kommandor‹; in ihm ist die durch Peter den Großen geschaffene apokalyptische Situation Rußlands um 1720 ungleich prägnanter festgehalten als in den uns geläufigen Singspielen vom Zar und Zimmermann. St. Petersburg ist immer schon als eine hybride Konstruktion empfunden worden, wenigstens in Rußland, und das nicht allein, weil es den fundamentalistischen Machtanspruch Moskaus bestritt, sondern weil die Stadt künstlich und unter ungeheuren Opfern aus dem Sumpf gestampft wurde. Kein Wunder, daß eine finnische Legende besagt, Petersburg sei nicht wie andere Städte gebaut, vielmehr hoch oben in der Luft errichtet worden. Denn bei dem Versuch die Fundamente für einzelne Gebäude zu legen, seien die Steine immer wieder im feuchten Grund versunken. Erst als der Zar selbst Hand angelegt und die Stadt freischwebend zu einem großen Ganzen gefügt und auf die Erde herabgelassen habe, sei diese willig gewesen, Sankt Pieterburch zu tragen.

So obskur und grausam, undurchsichtig und verrückt die Anfänge Petersburgs auch sind, die Anlage und der Aufbau der Stadt gehorchten einem streng rationalen Kalkül. Keine Unternehmung, kein Handgriff, die nicht direkt oder indirekt auf einen Ukas, eine schriftliche Order Peters I. zurückzuführen wären. Durch den französischen Architekten Jean-Baptist Alexander Leblond war ein Plan und Aufriß des Ganzen entworfen worden, durch den sichergestellt werden sollte, daß die neue Hauptstadt ein einheitliches, nach geometrischen Gesichtspunkten geordnetes Gepräge erhielt. Durch die Köpfe der Planer geisterte der Traum des Rationalismus von der idealen Stadt. Anders als Moskau, das aus einem mehr oder weniger gegliederten Wirrwarr von Häusern, Straßen und Plätzen bestand, sollte Petersburg von schnurgeraden Prospekten durchzogen sein, die nach einem Rastersystem angelegt wurden. Statt der in Rußland üblichen, sich nur zu oft wild aneinanderreihenden Holzhäuser sollten die in Petersburg zu errichtenden Gebäude aus Stein und Ziegel gefertigt und an vorher festgelegten Standorten plaziert werden. Desweiteren sah der Plan vor, die Seitenarme der Newa so weit es eben ging in Kanäle zu verwandeln, um ihre Nutzung als Wasserwege zu optimieren. Für die einzelnen Stände und Gesellschaftsgruppen, für die Adligen, die Kaufleute, Beamte, Handwerker, Soldaten und Ausländer waren gesonderte Zonen und Quartiere vorgesehen, in denen sie sich niederzulassen hatten. Das wichtigste Regulativ aber war, daß dem einmal festgelegten Plan strikt zu folgen war. Über seine Einhaltung wie über die städtischen Angelegenheiten insgesamt wachte eine vom Zaren berufene ›Stadt-Kanzlei‹, deren Mitglieder sich aus der industriellen und kommerziellen Elite rekrutierten.

Obgleich Gegebenheiten vor Ort und andere unvorhergesehene Widrigkeiten das utopische Projekt Peters I. an mehr als an einem Punkt durchkreuzten und beim Bau immer wieder Korrekturen erzwangen, ist doch eine Stadt entstanden, der bis heute anzumerken ist, daß sie ähnlich wie New York nicht eigentlich spontan gewachsen, als vielmehr planmäßig, vom Reißbrett aus konstruiert worden ist. Ihre Bewunderer haben denn auch immer wieder die einheitliche Kontur des Ganzen, die unendlich weiten Perspektiven und den sublimen Charakter der architektonischen Ensembles betont, wenn es galt, die Anlage der Stadt gegen ihre Kritiker zu verteidigen. Deren Stimmen freilich sind Legion.

Bereits Diderot, der 1773 als Gast Katharinas II. in Petersburg weilte, sah sich durch den Fürsten Naryschkin mit der Frage konfrontiert, wie er denn als Philosoph über ein Tier denke, das sein Herz in den Fingernägeln und den Magen irgendwo am Ende der großen Zehe habe, ob er nicht auch meine, es sei Unfug, daß Rußland von seinem Nord-West-Zipfel aus regiert werde. Was immer Diderot geantwortet haben mag, weder er noch die unzähligen Lobgesänge, die vor allem im 18. und frühen 19. Jahrhundert auf das »Palmyra des Nordens« verfaßt worden sind, haben es vermocht, jene zum Verstummen zu bringen, für die die Existenz Petersburgs etwas Ungeheuerliches darstellte. Ob man, wie der Historiker Karamsin die neue Hauptstadt als den »glänzendsten Fehler Peter des Großen« aburteilte, oder aber ob man sie, wie auf Seiten der Slawophilen, geradezu als eine »große Vergewaltigung der Geschichte Rußlands« denunzierte, weil die mit Petersburg verbundene Ausrichtung nach Europa als eine Perversion urrussischer Werte angesehen wurde, die Stadt bildete, zumal im 19. Jahrhundert, als sie im Zenit imperialer Machtentfaltung stand, stets einen Stein des Anstoßes. Selbst den Westlern, für die doch das Projekt Peters I. das Versprechen auf eine umfassende Erneuerung Rußlands enthielt, erschien die Stadt selbst eher wie eine ›Raubtierhöhle‹, denn als das versprochene Paradies. Zu groß war die Diskrepanz zwischen der Vision eines neuen Rußland und den de facto vorherrschenden, auf Unterdrückung individueller Freiheiten ausgerichteten bürokratischen und administrativen Mechanismen, als daß die progressiv gesonnene Intelligenz in Petersburg etwas anderes hätte erblicken können als einen Ort der Despotie und Sklaverei, bestenfalls geeignet den Stachel der Revolte noch tiefer ins Fleisch des russischen Volkes zu senken.

Neben diesen ideologisch getönten Stimmen freilich gibt es andere, verhaltenere, nuanciertere. Weniger dezidiert in ihrem Urteil, suchen sie Petersburg nicht vorschnell zu publizistischen Zwecken als ein kulturelles Symbol zu vereinnahmen, nein: neugierig und sensibel, jeder Ideologie mißtrauend und in ihrer Wahrnehmung und in ihrer Reflexion weitestgehend auf sich gestellt, ringen sie um eine andere Sprache, um die – so scheint es wenigstens – Sprache der Stadt selbst. Und es sind eben diese Stimmen, die Stimmen eines Puschkin oder Mandelstam, eines Dostojewski oder Blok, eines Gogol, Belyj oder Charms, denen dieses Buch zuerst und vor allem gewidmet ist, deren Texte es versammelt, um aus ihrem Zusammenspiel Momentaufnahmen einer Metropole aufblitzen zu lassen, die schon immer mehr und anderes war als bloß Objekt im Wettstreit konkurrierender Ideologien.

»Petersburg als Ganzes ist die Unendlichkeit des Prospekts in die Potenz *n* erhoben.« Mit dieser Formel hat Andrej Belyj 1913 nicht nur an den utopischen Charakter des Petersburger Stadt-Projekts erinnert, zugleich hat er mit ihr auch indirekt all jenen eine Absage erteilt, die vermeinen, Petersburg ließe sich anders denn auf wahnwitzige Manier definieren. Wenn die Stadt Petersburg nicht einfach ein unendlich aussichtsreicher Prospekt ist, dieser Prospekt vielmehr – wie Belyj behauptet – unendlich (= *n*) mit sich selbst potenziert vorgestellt werden muß, dann stellt Petersburg ein Unding dar. Der Prospekt ist zu einer rein abstrakten Größe geworden, die Utopie gleicht einem absurden Spektakel. Die von unzähligen, geradlinigen Straßen durchzogene Topographie der Stadt, eigentlich gedacht, um die Funktionalität und Transparenz urbanen Zusammenlebens zu gewährleisten, hat sich denn auch in Belyjs Petersburg-Roman bereits in ein chaotisches und undurchsichtiges Labyrinth verwandelt. Die ungemein kunstvoll hergerichteten, wie Bühnenbilder auf die Illusionierung ihrer Betrachter abzielenden Architektur-Ensembles entpuppen sich, unendlich mit sich selbst potenziert, als ein gigantischer, bloß Verstörung stiftender Turmbau zu Babel. Der reich ausgestattete, mit allen Gütern der Erde versehene Prospekt Petersburg schließlich präsentiert sich bei Belyj als ein Musterkatalog, der aufgrund seines Umfangs und seiner Fülle so unüberschaubar-verworren ist, daß seine genuine Funktion, nämlich ein tragfähiges Modell für die Zukunft Rußlands bereitzustellen, unter der Masse sich kreuzender Perspektiven und konkurrierender Angebote zusammengebrochen scheint. Paradoxal gewendete Logik verkehrt, was als Definition auftritt, in ihr Gegenteil und entdeckt damit die Petersburg eigene negative Dialektik. Petersburg bei Belyj: eine Stadt, die in ihrer Totalität gar nicht definierbar ist, ein Delirium der Geometrie, der nackte Wahnsinn kalkulierender Vernunft. Unfaßbar und unbegreiflich, jeder Anschauung entzogen und dem Begriff sich verweigernd, existiert Petersburg, wenn überhaupt, dann als ein »Hirngespinst«, eine Art Nullpunkt der Geschichte, in dem sich alles ereignen kann, doch nichts Besonderes geschieht, phantastisch und real zugleich, ein Maskenball mit Totentanz, wie eine Fata Morgana über dem Sumpf.

Bis heute hält sich denn auch gerade bei den besten Köpfen Leningrads hartnäckig das Gerücht, Petersburg existiere gar nicht. Mag dieses Urteil auch exzentrisch klingen und bedingt sein durch den Kontrast, den die architektonisch wunderbar erhaltenen Gebäude Petersburgs in der Tristesse Leningrads aufreißen, in seinem Kern verweist es auf eine Erfahrung im Umgang mit der Stadt, die sich allen Wechselfällen der Geschichte zum Trotz als hartnäckig und konstant behauptet hat: die Wahrnehmung Petersburgs als einem merkwürdig irrealen Gebilde, gespenstisch und unheimlich, weil kulissenhaft-künstlicher Natur, »eine über den Abgrund geworfene glänzende Decke«, wie Mandelstam formulierte – Leben aus der Retorte, ein Laboratorium, das sich im Laufe des 19. Jahrhunderts zur Höllenmaschinerie auswächst:

Ein Umweg, wo Völker sich scheiden,
Wo die Erde, das Meer ersticken
Im Nebel der schärenden Wasser,
Unterm Dröhnen der Stahlfabriken.

Dies Land der Limane und Tümpel,
O dies Land trägt ein Schicksalsmal.
Die Küste dahin wölkt der Atem
Aus zwei Schlünden: Sumpf und Stahl...

So Iwan Konewskoi siebzehn Jahre vor der Oktoberrevolution, als die Stadt mit voller Wucht von der Industrialisierung erfaßt wurde.

Als die Revolution dann ausbrach und von Petersburg, ihrer

»Wiege«, wie eine Lawine über Rußland sich ausbreitete, hypnotisierte sie das ganze Land. »Sehen Sie sich um – Rußland erlebt jetzt ein Märchen. Märchen werden vom Volk geschafffen. Die Revolution wird vom Volk geschaffen; die Revolution hat wie ein Märchen begonnen. Der Hunger, der Tod, sind sie nicht wie im Märchen? Ist es nicht wie im Märchen, daß die Städte sterben, ins 17. Jahrhundert zurückfallen, und ist es nicht wie ein Märchen, daß die Fabriken auferstehen? Sehen Sie sich um – alles ist wie ein Märchen.«

Heute, mehr als 70 Jahre nach dem Triumph der Kommunisten und der Stillegung Petersburgs als Hauptstadt eines revolutionären Rußlands scheint die Stadt einerseits bloß mehr Mahnmal, »ein gigantischer Spiegel für einen einsamen Planeten«, wie Jossif Brodsky in seinem ›Führer durch eine umbenannte Stadt‹ schreibt. Andererseits aber dauert Petersburg, worauf Groys in diesem Band hinweist, über sein historisches Ende hinaus als ein unerschöpfliches Zeichenreservoir fort, eine Nische der Geschichte, in der artistisch alles das noch einmal durchgespielt wird, was andernorts gleichsam von selbst geschieht.

Überlassen wir die Beantwortung der Frage, was aus Petersburg wird, der Geschichte. Ob die Stadt als Museum und Nekropole der Moderne fortbestehen oder aber sich durch die neuerliche Öffnung zum Westen vollends in einen luxurierenden Laufsteg »postmoderner« Moden verwandeln wird, das läßt sich im Moment schwer nur abschätzen. Wer sich anschickt, ein literarisches Porträt Petersburgs zu verfertigen, der tut auf jeden Fall gut daran, Belyjs Formel im Hinterkopf zu behalten. Denn zum einen hält sie die generelle Einsicht wach, daß Städte eigentlich gar keinen Charakter besitzen, – daß vielmehr immer wir es sind, die diesen steinernen Gebilden erst so etwas wie einen Charakter verleihen, ein besonderes Naturell, indem wir gewisse ihrer Züge betonen, andere aber vernachlässigen. Und darüber hinaus verpflichtet Belyj zu einem Porträt, in dem die Logik des Phantastischen selbst zum Gestaltungsprinzip geworden ist.

Denn »kein Gesicht ist in dem Grade surrealistisch wie das wahre Gesicht einer Stadt«. Was Walter Benjamin mit Blick auf Paris und Berlin zu behaupten wagte, gilt im gleichen Maße, wenn nicht mehr noch, für St. Petersburg. Die Stadt ist, wie bereits Dostojewski erkannte, nicht bloß die künstlichste und abstrakteste, sondern auch die phantastischste Stadt auf dem ganzen Erdenrund. – Man erinnere nur den an Surrealität kaum zu überbietenden, wohl nur in Petersburg, an diesem Ort beständigen Projektemachens erfolgreich durchführbaren, bolschewistischen coup d'état. – Verworfen wurde deshalb von vornherein der Gedanke, die Chronologie der Ereignisse zum alleinigen Maßstab für die Auswahl und Anordnung der Texte zu nehmen. Ebensowenig wie eine rein positivistische Sammlung Petersburger Literatur in der Lage gewesen wäre, ihre Physiognomie zu vergegenwärtigen. Auch hätte eine streng historische Dokumentation relevanter Quellen zur Geschichte der Stadt nicht die Gewähr geboten, dem »eigentlichen« Charakter Petersburgs auf die Spur zu kommen. An die Stelle einer objektivistischen, aufgrund der Materialfülle ohnehin nicht zu realisierenden Bestandsaufnahme ist hier deshalb der Versuch getreten, die Geschichte und den Mythos St. Petersburg in Form eines surrealistischen objet trouvé zu collagieren.

Indem der Phantastik des Realen nachgespürt wurde, wie sie in der russischen Literatur aufblitzt, sollte nicht nur die Surrealität Petersburgs entdeckt, als vielmehr auch dessen Geschichte als ein gleichsam legendärer Prozeß vorgestellt werden: Eine Kapitale als historisches Gesamtkunstwerk galt es zu inszenieren, komponiert aus Fragmenten ihres Mythos. Bevorzugt wurden deshalb solche Texte, in denen etwas von der Phantastik Petersburgs durchscheint, nicht hineingenommen wurden jene, in denen wir bloß irgendetwas über die Stadt erfahren, über Dinge, die sich dort ereignet haben oder über bestimmte auffällig pittoreske Seiten des Alltags. Reiseberichte vor allem, aber auch persönliche Aufzeichnungen, Zeitungsartikel, Abhandlungen und Biographien wären hier zu nennen, jede Menge Material für zukünftige Historiker. Dem stehen Texte gegenüber, die zwar historisch nicht weniger bedeutsam sind, in denen aber weniger von konkreten Fakten und Ereignissen die Rede ist, als vielmehr von dem jeweiligen Zustand der Stadt und dem, was in und mit ihr geschieht. Es sind dies Texte, die sich statt unmittelbarer Beobachtung dem Willen verdanken, die Stadt selbst zum Sprechen zu bringen. In unzähligen Gedichten, Erzählungen und Romanen, aber auch in Dramen, Essays, Tagebüchern, Briefen und Erinnerungen ist eine solche mimetische Anverwandlung Petersburgs und ihre imaginative Umsetzung in Poesie mehr als gelungen, lauter Kabinettstücke, zu schade, um in Werkausgaben und Bibliotheken zu verschimmeln.

Deren Auswahl und Anordnung folgt also keinem strikt chronologischem Muster. Weder historische Ereignisse noch auch die Entstehungsdaten einzelner Texte sind es, die durchgängig für die Tektonik dieses Lesebuchs verantwortlich zeichnen. Die Perspektiven, die es eröffnet, sind literarischer Natur, ihr Fokus die Großstadt Petersburg um 1900. Von hier sind Linien in die Frühzeit der Residenz wie in die Gegenwart Leningrads gezogen. Um die phantastische Kontur des zwischen diesen Polen sich ausbreitenden, urbanen Kraftfeldes nachzuzeichnen, haben wir uns vor allem auf solche Stimmen verlassen, die durch ihre Poesie wie ihr Dasein ein besonders inniges Verhältnis zu Petersburg unterhalten. Und es sind dramatische, besser noch musikalische Prinzipien, nach denen die untereinander nicht selten heterogenen Texte montiert sind. Motive tauchen auf und verschwinden, um an anderer Stelle als Reprise oder Variante neu zu erscheinen. Ein schwermütiger Rhythmus grundiert das Ganze, von verhaltener Trauer über tändelnden Müßiggang bis hin zu heftigsten Konvulsionen. Es gibt Ober- und Unterstimmen, retardierende Passagen und forcierende Momente, ja, man könnte soweit gehen, den Aufbau dieses Lesebuches einer Sinfonie zu vergleichen. Das ist anmaßend, ich weiß, zudem abgegriffen. Aber da wir uns nun schon mal musikalischer Metaphern bedient haben, bleiben wir doch dabei, um mit ihrer Unterstützung das Lesebuch am Ende kurz Revue passieren zu lassen.

Im ersten Kapitel – gewissermaßen der Kopfsatz unserer Petersburg-Sinfonie – klingt bereits all das an, was den Leser in den folgenden Sätzen erwartet. Es ist Peter dem Großen gewidmet. »Im Schatten ihres Gründers: Sankt Petersburg« beleuchtet die Urgeschichte der Stadt. In ihrem Zentrum stehen nicht sowohl der Gründungsvater und die Anfänge seiner Traumstadt als vielmehr auch deren mythisch-gespenstisches Fortleben über die Oktoberrevolution hinaus. Im Motiv des Ehernen Reiters hat dies seinen bleibenden Ausdruck gefunden. Von Katharina II. als Denkmal in Auftrag gegeben, ist Falconets Reiterstandbild Peter des Großen bald schon zur Inkarnation eines mit Petersburg verknüpften Ur-Dramas geworden. In ihm manifestiert sich das Trauma von der Machtlosigkeit des Einzelnen angesichts einer Stadt, deren imperiale Größe und von Zufällen durchzogener Lebensrhythmus im wahrsten Sinne des Wortes gnadenlos sind. Ob der eherne Reiter, wie in Puschkins Poem gleichen Namens, als Halluzination über das Pflaster Petersburgs jagt und einen seiner Einwohner in den Wahnsinn treibt, ob er wie bei Blok die Züge eines apokalyptischen Schlachtenlenkers annimmt oder aber wie bei Charms nurmehr als ein Zitat durch die Szene streift, gerade in seiner irrwitzig schillernden Figur ist die eherne Gestalt Peters – wenigstens bis vor kurzem noch – einer der zuverlässigsten Indikatoren für den jeweils letzten Stand der Petersburger Dinge gewesen.

Im zweiten Satz dann, diesmal Andante, nicht Allegro: »Petropolis diaphan«, eine großangelegte Phantasmagorie der Stadt in ihrer »glanzvollsten« Epoche, dem 19. Jahrhundert. Miniaturpanoramen werden entrollt, Reflexionen entfaltet, Träume geträumt. Kritik wird laut, es gibt Herausforderungen und Antworten, lyrische Momentaufnahmen, Schreie und ihr Echo über die Zeiten hinweg. Es ist dies die Phase, in der die Literatur St. Petersburg als Großstadt recht eigentlich entdeckt. Zwar ist die Stadt, wie Trediakowskijs im ersten Satz erklungener Lobgesang zeigt, bereits im 18. und frühen 19. Jahrhundert Gegenstand von Dichtung, aber doch einseitig, weil höfisch gebunden, einzig an einer verklärenden Apologie der Residenz interessiert, nicht aber an den Besonderheiten großstädtischen Lebens. Ähnlich den unzähligen, in dieser Zeit entstandenen Stadtveduten ermüden die nach klassischen Mustern gefügten Oden en masse durch Monotonie. Anders die Texte eines Gogol oder Dostojewski, eines Mandelstam, Blok oder Remisow. In ihnen wird auf je eigene Art Petersburg zum Terrain ungeheuerlicher Entdeckungen. Bei Gogol wird bereits die Unfaßbarkeit der modernen Großstadt spürbar, die Anonymität und Abstraktheit ihrer Verkehrsformen und der daraus resultierende surreale Charakter des Ganzen. Dostojewski verrät uns, wie sehr sein schriftstellerisches Dasein an die visionäre Erfahrung Petersburgs gebunden ist, zugleich demonstriert er seinen Lesern – versteckt hinter der Maske eines Feuilletonisten –, wie sich aus der Phantastik des Realen Erzählansätze destillieren lassen, die bloß noch der Ausführung bedürfen, um zu einem Roman zu werden. Bei Blok und Mandelstam ist das vorrevolutionäre Petersburg lyrisch vergegenwärtigt – halluzinatorisch flackernd bei dem einen, klassisch konturiert bei dem anderen. Remisow schließlich notiert seine Träume und fängt dabei en passant die Ängste und das Begehren einer Generation ein, die ihre große Zeit im ›Streunenden Hund‹ hatte, jenem Künstler- und Intellektuellencafé, an das sich die Achmatowa erinnert, um dann auf der Schlachtbank der Geschichte dem Kommunismus geopfert zu werden.

Damit wären wir beim dritten Kapitel, dem Satz: »Revolution, Terror und Agonie. Petrograd um 1917« (Molto vivace con brio). In ihm wird die Geschichte des immer noch größten politischen Ereignisses der Stadt Petersburg erzählt, die Geschichte der russischen Revolution. Deren Wurzeln reichen bis ins frühe 19. Jahrhundert zurück, wenn man nicht gar, wie die Zwetajewa Peter den Großen selbst für den Untergang des zaristischen Regimes verantwortlich machen will. Tynjanow läßt uns in der Retrospektive Zeuge des Dekabristenaufstands werden, jener legendären Emeute, mit der – glaubt man der Revolutionsmythologie – alles begann. Während des Interregnums nach dem Tode Alexander I. (1825) hatte eine Handvoll Offiziere und Intellektueller versucht, die Garnisonen der Stadt gegen den insgeheim prädestinierten Thronfolger Nikolai zu mobilisieren, aber ohne nachhaltigen Erfolg. Der Aufstand wider zaristische Machenschaften und für republikanische Verhältnisse wurde blutig niederkartätscht, seine treibenden Gestalten zum Tode verurteilt oder nach Sibirien verbannt. Welch radikale Formen der Kampf um Freiheit und Gerechtigkeit in Rußland früh schon annahm, das belegt ein anonymer Wandanschlag von 1862 und mehr noch ein Ausschnitt aus den Erinnerungen Savinkows, einem der Protagonisten des russischen Terrorismus. Das eigentliche Revolutionsgeschehen wird dann in seinen entscheidenden Etappen eingefangen von Belyj (1905 – Die Zusammenstöße in den Straßen häufen sich); bissig kommentiert von Rosanow (Über die Revolution etc.); retrospektiv beleuchtet von Solschenizyn (Februar 1917) und hymnisch gefeiert von Majakowski (W. I. Lenin). In Bloks Poem ›Die Zwölf‹ erfahren die Ereignisse dann ihre ironisch gebrochene Verklärung. Was folgt ist der durch Bürgerkrieg und Kriegskommunismus forcierte Kollaps Petersburgs als Kapitale. Ihre Konturen werden im selben Moment unscharf, da die Bolschewiken den Regierungssitz zurück ins mütterliche Moskau verlegen. Die Fassaden der Stadt verschwinden plötzlich, nichts steht mehr auf seinem angestammten Platz. Nachrufe werden verfaßt, ein getragener Abgesang auf die Metropole erklingt und Mandelstams Versprechen auf ein Wiedersehen.

Und dann das Finale: »Sowjetstadt Leningrad«, alles andere als Andante maestoso, eher schon Adagio funebre mit grotesken Zwischentönen. Vor allem dort, wo der kommunistische Alltag thematisiert ist, wie bei Sostschenko oder Charms, entpuppt sich die von Lenin projizierte Utopie als tragische Farce. Das Lachen über die skurrilen und grotesken Seiten des Sozialismus aber bleibt einem bald schon im Halse stecken. Der stalinistische Terror beginnt und mit ihm Angst, Schrecken und Leid. Selbst als Hitlers Wehrmacht bereits an die Tore Leningrads trommelt, dauern die Säuberungen an. Charms wird auf offener Straße verhaftet, warum weiß keiner. Ob es ihm im Gefängnis besser ging als den übrigen Leningradern, die beinahe 900 Tage lang von deutschen Truppen belagert, beschossen und ausgehungert wurden, ist schwer zu sagen. Wie das Gros seiner Mitbürger starb er am Hunger. Überleben konnte in der vom Oberkommando der Wehrmacht geschaffenen Hölle nur, wer über gesonderte Rationen verfügte oder skrupellos genug war, um auch vor Kannibalismus nicht zurückzuschrecken. Bewundernswert dennoch der Heroismus, mit dem die Leningrader ihre Stadt vor dem Zugriff der blonden Bestie verteidigten. »Der Ruhm kennt keine Toten« (Anna Achmatowa). Unfaßbar die Entschlossenheit, mit der das nationalsozialistische Deutschland Petersburg den Garaus zu machen suchte. Ähnlich wie im Fall der Judenvernichtung hatte das Unternehmen programmatischen Charakter und zielte auf eine Kultur, die der Deutschlands in vielem ähnlich ist. In Rußland wenigstens klingt nicht nur der Name Petersburg deutsch, die Stadt selbst wurde ja immer wieder mit einem »akuraten Deutschen« verglichen. Sollte Hitler vielleicht aus Selbsthaß diesen Todeskessel entfesselt haben? Sollte er zudem Petersburg wie Stalin als einen Hort beständigen Aufruhrs gefürchtet haben? Als die Blockade ein Ende hatte, Sozialismus *as usual*, aber auch Trauerarbeit, Dissidenz und neue Frivolitäten – dem sind die abschließenden Texte gewidmet. Petersburg und kein Ende?

Kenner der Materie werden vieles vermissen, was in einem Lesebuch zu St. Petersburg eigentlich nicht hätte fehlen dürfen. Lomonossow und Derschawin wären hier zu nennen, aber auch Wladimir Odojewski, Belinskij, Garschin, Leskow, Mereschkowski, Grin und viele andere. Dafür hoffen wir, sie mit Texten entschädigt zu haben, die wie Dostojewskis ›Petersburger Träume‹ in Deutschland so gut wie vergessen und doch ungleich spannender sind als vieles von dem, was nicht aufgenommen werden konnte. Es ging nicht darum, ein möglichst breites Spektrum an Autoren zu Wort kommen zu lassen. Statt durch Masse zu imponieren, haben wir uns auf die Qualität eines jeden einzelnen der ausgewählten Autoren verlassen. Zudem eröffnet die Konzentration auf einige wenige, mitunter mehrmals vertretene Stimmen, wie z. B. die Mandelstams oder Bloks, die Möglichkeit, unterschiedliche Facetten von deren Petersburg-Bild über die Zeit hinweg zu verfolgen.

Ideal wäre es, wenn man dieses Lesebuch nicht bloß von vorn nach hinten, sondern auch kreuz und quer lesen würde, wie man ja auch eine Stadt oft besser auf eigene Faust kennenlernt als durch einen Führer – so weit die Füße tragen. Wenn dieses Lesebuch darüber hinaus, Anregungen geben sollte, sich noch tiefer in die Petersburger Literatur zu versenken, dann hätte es seinen Zweck mehr als erreicht. Wie sagte noch Voltaire: Vollkommene Bücher sind langweilig, besser die, die dem Leser noch etwas zu tun übrig lassen.

Danken möchte ich allen, ohne die dieses Buch anders aussähe, allen voran Wassja Rotsel, dann Boris Groys, Waldemar Komorowski, nicht zu vergessen Afannassij Stichijow und meinem Bruder Matthias, der die Reproduktion der Abbildungen besorgte.

Bielefeld im Juni 1991

Wolfgang Lange

Anna Achmatowa, eigtl. Gorenko, wurde 1889 bei Odessa geboren und wuchs in Zarskoje Selo bei Petersburg auf. Zusammen mit Gumiljow, Mandelstam u. a. wird sie zu den Begründern des Akmeismus (von ›akme‹, griechisch: Spitze, Gipfel, Vollendung) gerechnet, einer literarischen Gruppierung, die in der Lyrik eine klare und konzentrierte Formensprache rückzugewinnen suchte. Es galt, den Mystizismus der Symbolisten zu überwinden. Zugleich ging man auf Distanz zum futuristischen Aktionismus. Durch ihre frühe, schwermütig-erotische Lyrik machte sie sich bald einen Namen. Nach der Revolution und dem Tod ihrer einstigen Weggefährten verblieb sie in Leningrad, um hier zur »klagenden Muse« und zum Gewissen des russischen Volkes zu werden. 1946 wurde sie aus dem Schriftstellerverband ausgeschlossen. Erst nach dem Tod Stalins gelang es, sie zu rehabilitieren, was indes nicht hinderte, daß mehrere ihrer Werke (z. B. *Requiem*) in der Sowjetunion erst heute – 24 Jahre nach ihrem Tod – wieder zugänglich sind. Werke u. a.: *Der Abend* (1912), *Rosenkranz* (1914), *Anno Domini* (1921/22), *Requiem* (1935/57), *Poem ohne Held* (1940/62).

»Klagegesang«: Übersetzt von Afanassij Stichijow, aus: *Pamiati Anna Akhmatovoi* (Paris: YMCA Press, 1974, S. 23).

»Der streunende Hund« und »Pro domo mea«: Übersetzt von Fritz Mierau, aus: *Poem ohne Held. Herausgegeben von Fritz Mierau* (Steidl Verlag 1989, S. 277 f. u. S. 18 ff.)

»Die Vögel des Tods im Zenit« sowie »Und ihr, Freunde«: Übersetzt von Rainer Kirsch, aus: *Poem ohne Held* (a. a. O., S. 89 u. S. 91).

Daniil Andrejew, Sohn des Schriftstellers Leonid Andrejew, ist außerhalb Rußlands so gut wie unbekannt. Neben einer Reihe von Gedichten verfaßte er eine monumentale, über 1500 Seiten zählende Sammlung von Visionen (*Die Weltrose*), in der auf kryptische Manier das zukünftige Schicksal Rußlands verhandelt wird. Während der Blockade lebte er in Leningrad, wo auch das hier publizierte Gedicht entstand.

»Nichts ist uns fremd geblieben«, abgedruckt nach: *Harrison E. Salisbury, 900 Tage. Die Belagerung von Leningrad*, übers. v. Hans Jürgen Baron von Koskull, S. Fischer Verlag, Frankfurt/M. 1989, S. 473.

Innokentij Annenski, geboren 1856 in Omsk, studierte klassische Philologie in Petersburg und war in Zarskoje Selo als Gymnasialdirektor beschäftigt. Neben seiner pädagogischen Tätigkeit übersetzte er Euripides vollständig aus dem Griechischen, zugleich zählt er zu den besten russischen Nachdichtern französischer Lyrik (Baudelaire, Verlaine, Mallarmé u. a.). Seine streng gebauten, aber hermetisch verschlossenen Gedichte, in deren Zentrum zumeist kleine, vergessene Dinge des Lebens stehen, fanden zu seinen Lebzeiten kaum Leser. Nach seinem Tod im Jahre 1909 fand er breitere Beachtung. Werke u. a.: *Stille Lieder* (1904), *Zypressenschatulle* (1910).

»Petersburg«: Übersetzt von Bruno Goetz, aus: *Sankt Petersburg im Spiegel der russischen Dichtung* (Atlantis, Nr. 6, Juni 1947, S. 247f.).

Isaak Babel wurde 1894 in Odessa als Sohn eines jüdischen Kaufmannes geboren. Nach dem Studium am Finanz- und Handelsinstitut in Kiew siedelte er nach Petrograd über, wo er 1916 seine erste Erzählung publizierte. Von 1917 bis 1924 ging er »unter die Menschen«, u. a. trat er als Soldat der Roten Armee bei und kämpfte in Budjonnyjs legendärer Reiterarmee. Danach arbeitete er als Journalist in Petrograd, Georgien und Armenien. Ab 1924 suchte er sich mit seinen, durch ihre dichte, expressive Sprache hervorstechenden Geschichten als freier Schriftsteller durchzuschlagen. Neben seinen in ihrer Lakonie unvergleichlichen Erzählungen verfaßte er Drehbücher, Dramen und einen verlorengegangenen Roman. Im Zuge der stalinistischen Säuberungen wurde er 1939 verhaftet und am 20. Januar 1940 wegen ›konterrevolutionärer‹ Aktivitäten erschossen. Werke u. a.: *Die Reiterarmee (1926), Geschichten aus Odessa* (1931).

»Abend«: Übersetzt von Werner Rode, aus: *Erste Hilfe. Sämtliche Erzählungen* (Franz Greno Verlagsgesellschaft m. b. H. 1987, S. 68–70).

Andrej Belyj, eigtl. Boris Bugajew, wurde 1880 in Moskau als Professorensohn geboren. Nach dem Studium der Naturwissenschaften und der Philosophie avancierte er bald zum Kopf und Wortführer des russischen Symbolismus. Dieser war für ihn weniger eine literarische Strömung als vielmehr das Äußerste, was die Poesie zu erreichen vermag: Theurgie und Metaphysik in einem, ein Laboratorium stilistischer Experimente und das Medium neuer Offenbarungen. Als philosophischer Querdenker und Derwisch der Poesie blieb er zeitlebens ein Heimatloser. Seine Versuche, sich für die Anthroposophie Rudolf Steiners zu engagieren, endeten ebenso kläglich, wie seine messianischen Hoffnungen auf die russische Revolution unerfüllt blieben. Seine irrlichternden, von Phantasmen durchsetzten, aber virtuos inszenierten Gedichte, Erzählungen und Romane sind von einer einzigartigen Magie. 1934 ist er vereinsamt in Moskau gestorben. Werke u. a.: *Gold in Azur* (1904), *Die silberne Taube* (1909), *Arabesken* (1911), *Petersburg* (1913), *Im Reich der Schatten* (1924).

»Prolog« und »Petersburg (Die Zusammenstöße in den Straßen häufen sich)«: Übersetzt von Gisela Drohla, aus: *Petersburg* (Suhrkamp Verlag 1976, S. 7–9, S. 105–108, S. 23–25 u. S. 86–88).

Alexander Benois, Maler, Illustrator, Bühnenbildner und Kunstkritiker, wurde 1870 in Petersburg geboren. Nach dem Studium der Rechte ging er nach Paris, um sich hier als Maler auszubilden. 1897 waren erstmals Bilder von ihm auf einer Ausstellung zu sehen. Durch die von ihm mitbegründete Zeitschrift ›Mir iskusstwa‹ (Welt der Kunst) und die Organisation von Gemeinschaftsausstellungen sezessionistischer Maler übte er entscheidenden Einfluß auf die junge, avantgardistisch orientierte Kunstszene in Petersburg aus. Nach der Oktoberrevolution war er eine Zeitlang Direktor der Gemäldegelerie der Ermitage. 1926 ging er nach Paris ins Exil, wo er 1960 starb.

»Pittoreskes Petersburg«: Übersetzt von Wassja Rotsel, aus: *Mir iskusstwa*, Nr. 5 (1902), S. 1–5.

Nina Berberova wurde 1901 in Petersburg geboren und erlebte hier – während der Revolution – ihre Kindheit und Jugend. 1922 emigrierte sie mit Chodassewitsch nach Berlin, dann gingen beide nach Prag, für kurze Zeit nach Italien, am Ende ließen sie sich in Paris nieder. Neben kritischen Artikeln für Emigrantenzeitschriften verfaßte sie Erzählungen, Romane und Theaterstücke. 1950 wanderte sie in die USA aus, wo sie an der Universität von Princeton russische Literatur lehrte. Hier lebt sie heute noch. Werke u. a.: *Die Siegerin* (1932), *Tschaikowskij: Geschichte eines Lebens* (1936), *Mich selbst betonend. Autobiographie* (1969), *Die eiserne Frau* (1980).

»Mich selbst betonend (September 1914)«: Übersetzt von Christine Süß, aus: *Ich komme aus St. Petersburg* (Claassen Verlag 1990, S. 74f.).

ALEXANDER BLOK wurde 1880 als Sohn eines Universitätsprofessors in Petersburg geboren. Durch seine 1905 publizierten, erotisch gestimmten, aber ins Mystisch-Eschatologische spielenden *Gedichte von der Schönen Dame* wurde er zu *dem* Dichter des russischen Symbolismus, ohne sich doch in seinem lyrischen Schaffen je durch dessen Programmatik einengen zu lassen. Bald schon entdeckte er die Stadtlandschaft Petersburgs als das eigentliche Terrain seiner Imagination. Deren Straßen und Plätze, Paläste, Kasernen und Kneipen wurden ihm zum Ort des Schreckens und der Ekstase. Als »tragischer Tenor der Epoche« hat er wie kein anderer die vom Untergang beherrschte Atmosphäre des revolutionären Petersburg besungen und in seinen kulturphilosophischen Essays reflektiert. Tief enttäuscht von der Revolution und gezeichnet von den Folgen des Kriegskommunismus starb er 1921 in Petrograd. Werke u. a. *Gedichte von der Schönen Dame* (1901/02), *Die Stadt* (1904/07), *Heimat* (1907/16), *Die Zwölf* (1918).

»Rache (O Stadt): Übersetzt von Bruno Goetz, aus: *Sankt Petersburg im Spiegel der russischen Dichtung* (Atlantis, Nr. 6, Juni 1947, S. 248f.).

»Straße, Straße«: Übersetzt von Irmgard Wille, aus: *Russische Lyrik. Gedichte aus drei Jahrhunderten. Ausgewählt und eingeleitet von Efim Etkind* (Piper Verlag, 1981, S. 227f.).

»Brief an J. P. Iwanow, 25. Juni 1905«: Übersetzt von Elke Erb, aus: *Lyrik und Prosa. Herausgegeben von Fritz Mierau* (Verlag Volk und Welt 1982, S. 409ff.),

»Nacht, Laterne, Apotheke«: Übersetzt von Sarah Kirsch, aus: A. a. O., S. 105,

»Hymne«: Übersetzt von Elke Erb, aus: A. a. O., S. 64f.

»Die Zwölf«: Übersetzt von Paul Celan, aus: *Übertragungen aus dem*

Russischen. Alexander Blok / Ossip Mandelstam / Sergej Jessenin (S. Fischer Verlag, 1986, S. 7–25).

JOSSIF BRODSKY, 1940 in Leningrad geboren, schreibt seit 1958 Gedichte. Sein Versuch, in der Sowjetunion als freier Schriftsteller zu leben, trug ihm das Etikett »Parasit« und fünf Jahre Zwangsarbeit ein. Auf öffentlichen Druck hin frühzeitig entlassen, wurde er 1972 schließlich aus der UdSSR ausgebürgert. Seitdem lebt er in den USA. Das Spektrum seiner Poesie reicht von virtuos umgesetzten Ich-Lyrismen bis hin zu großangelegten Allegorien von Welt in der Tradition der ›metaphysical poets‹. Gilt als der bedeutendste lebende Dichter Rußlands. Daneben ist er ein glänzender Essayist (*Less Than One*) und Dramatiker (*Marmor*).

»Haltestelle in der Wüste«: Übersetzt von Sylvia List, aus: *Einem alten Architekten in Rom* (Piper Verlag, 1986, S. 77–79).

»Ich bin im baltischen Sumpfland geboren«: Übersetzt von Felix Philipp Ingold, aus: *Römische Elegien und andere Gedichte* (Carl Hanser Verlag, 1985, S. 10).

DANIIL CHARMS, eigtl. Juwatschew, wurde 1905 in Petersburg geboren und ist hier aufgewachsen. 1926 gründete er mit Wwedenski, Waginow u. a. die ›Oberiuten‹, eine ›Vereinigung für die reale Kunst‹, die es sich zur Aufgabe machte, experimentelle, linke Poesie gegen die Doktrin vom sozialistischen Realismus in Aktion zu setzen. Zu deren ideologisch kaum fixierbaren Performances steuerte Charms clowneske Soloauftritte und märchenhaft Dada-ähnliche Dramen bei. Darüber hinaus verfaßte er absurde Kurzprosa und eigenwillig alogische Gedichte. Anfang der 30er Jahre bereits kurzfristig verbannt, wurde Charms 1941 ob seiner »Grillen« erneut, diesmal endgültig, verhaftet. Während der Blockade verhungerte er in einem der Gefängnisse Leningrads. Zu seinen Lebzeiten wurden drei Gedichte, einige Kindergeschichten und eine Übersetzung von Wilhelm Buschs *Plisch und Plum* veröffentlicht. Heute ist Charms in der Sowjetunion einer der Bezugspunkte für eine neue, andere Ästhetik, und das, obgleich seine Werke kaum zu bekommen sind.

»Die Komödie der Stadt Petersburg«: Übersetzt von Peter Urban, aus: *Fälle. Szenen, Gedichte, Prosa* (Haffmans Verlag, 1984, S. 17–61).

»Schauen wir durchs Fenster«, »Morgen« und »An der Quaimauer«: Übersetzt von Peter Urban, aus: *Fallen. Prosa, Szenen, Kindergeschichten, Briefe* (Haffmans Verlag, 1985, S. 57f., S. 99–104 u. S. 140).

Welimir Chlebnikow, der »Kolumbus neuer poetischer Kontinente«, wurde 1885 in Tundutowo (Gouvernement Astrachan) als Sohn eines Ornithologen geboren. 1908 siedelte er nach Petersburg über, um sein in Kasan begonnenes Studium der Mathematik und Naturwissenschaften fortzusetzen. Er begründete hier mit anderen den russischen Futurismus. Durch die von ihm entwickelte transmentale Sprache ›Zaum‹, in der das Wort von seiner Funktion als Bedeutungsträger emanzipiert ist, avancierte er zur Leitfigur nicht nur der russischen Avantgarde. 1922 stirbt er nach kurzem Krankenhausaufenthalt qualvoll an den Folgen des Hungers in Santalowo (Gouvernement Nowgorod). Werke u. a.: *Aufheul! Handschuhe* (1913), *Werke I* (1914).

»Der Kranich«: Übersetzt von Hans Magnus Enzensberger, aus: *Ziehn wir mit Netzen die blinde Menschheit* (Verlag Volk und Welt 1984, S. 22–28).

Fjodor Dostojewski, neben Tolstoi der bedeutendste russische Romancier des 19. Jahrhunderts, wurde 1821 als Sohn eines Armenarztes in Moskau geboren. 1838 kam er nach Petersburg, um die Ingenieurschule der Militärakademie zu besuchen. Sein literarisches Debüt erfolgte 1846 mit *Arme Leute* und machte ihn schlagartig berühmt. Nachdem er 1849 als Mitglied eines Kreises utopischer Sozialisten verhaftet und zum Tode verurteilt worden war, entging er seiner Hinrichtung buchstäblich in letzter Minute durch einen Gnadenerlaß Nikolais I. Von 1850 bis 1859 lebte Dostojewski in Sibirien, zuerst als Strafgefangener, dann als Soldat. Nach seiner Rückkehr in die Hauptstadt setzte er seine literarische Tätigkeit fort. In den folgenden Jahren entstanden neben seinen großen Romanen eine Reihe von Erzählungen, Essays und Feuilletons. Abgesehen von einigen teils längeren, teils kürzeren Aufenthalten in Westeuropa und den Sommern in Staraja Russja lebte und arbeitete Dostojewski bis zu seinem Tod im Jahre 1881 in Petersburg, eine Stadt, die er geliebt und gehaßt hat, und ohne die – so suggeriert es uns wenigstens sein Feuilleton *Petersburger Träume* – er vielleicht gar nicht zu dem geworden wäre, was er ist: einer der großen Pioniere moderner Literatur. Werke u. a.: *Aufzeichnungen aus dem Kellerloch* (1864), *Schuld und Sühne* (1866), *Der Idiot* (1868), *Tagebuch eines Schriftstellers* (1873/81), *Die Brüder Karamasow* (1878/80).

»Petersburger Träume«: Übersetzt von Alexander Eliasberg, aus: *Petersburger Träume* (Piper Verlag 1923, S. 117–147).

Afanassij Fet, einer der feinsinnigsten Lyriker Rußlands, wurde 1820 auf dem Gut Novoselki bei Meensk (Gouvernement Orjol) geboren. Noch während seines Studiums der Literatur in Moskau erschien sein erster Gedichtband *Lyrisches Pantheon* (1840). Ob seiner politikfernen, ästhetizistischen Grundhaltung geriet er bald schon bei den radikaldemokratischen Kräften in Mißkredit. Er zieht sich daraufhin auf sein Gut zurück und hüllt sich poetisch in Schweigen, arbeitet an Übersetzungen. In den 80er Jahren feierte Fet mit hochmusikalischen, beinahe impressionistisch zu nennenden Gedichten ein glänzendes Comeback und wurde so zu einem der großen Vorbilder der Symbolisten. 1892 ist er in Moskau gestorben. Werke u. a.: *Abendlichter* (1883 bis 1891).

»Petersburger Nächte – Eine Antwort an Turgenjew«: Übersetzt von Wassja Rotsel und nachgedichtet von Wolfgang Lange, aus: *Stichotvorenija. Predisl L A. Ozerova* (Moskau 1970, S. 226).

Lydia Ginzburg, Literaturwissenschaftlerin, wurde 1902 in Odessa geboren und zählt zur zweiten Generation der sogenannten formalistischen Schule. Neben Studien zur Poesie Mandelstams und der Achmatowa, hat sie sich vor allem mit autobiographischen Formen der Literatur beschäftigt, mit Briefen, Tagebüchern etc. Im Sommer 1990 ist sie in Leningrad gestorben.

»Aufzeichnungen eines Blockade-Menschen«: Übersetzt von Wassja Rotsel, aus: *Celovek za pis'mennym stolom* (Leningrad: Sovetskij pisatel', 1989, S. 534–537).

Fjodor Glinka, Lyriker, Dramatiker und Militärtheoretiker, wurde 1786 geboren. Anläßlich des Feldzugs gegen Napoleon (1813/14), an dem er als aktiver Offizier teilnahm, verfaßte er Soldatenlieder, später dann die *Briefe eines russischen Offiziers*, die ihn rasch bekannt machten. Nach dem Aufstand der Dekabristen, an dem er, obgleich Mitglied ihrer Geheimorganisation, nicht beteiligt gewesen war, wurde er aus dem Dienst bei der Armee entlassen und nach Karelien exiliert. Hier wurde er zu einem religiösen Dichter mit stark slawophilem Einschlag.

Glinka starb 1880. Werke u.a.: *Velsen oder Das befreite Holland* (1808), *Versuche sakraler Poesie* (1826).
»Lied des Gefangenen«: Übersetzt von Martin Remané, aus: *Die Dekabristen. Dichtungen und Dokumente. Herausgegeben von Gerhard Dudek* (Insel Verlag, Leipzig 1975, S. 8f.).

Nikolai Gogol, aus dessen Petersburger Erzählung *Der Mantel* die gesamte neuere Prosa Rußlands hervorgekrochen sein soll, entstammte einer ukrainischen Gutsbesitzerfamilie und wurde 1809 in Wassiljewka geboren. 1828 siedelte er nach Petersburg über, wo er Erzählungen zu publizieren begann, deren phantastisches Kolorit, gepaart mit skurriler Komik, ihn rasch bekannt machten. Ob in seinen Erzählungen aus der Ukraine oder aus Petersburg, ob in seinen Dramen oder seinem Roman *Tschitschikows Abenteuer oder Tote Seelen*, allemal schildert Gogol eine Wirklichkeit, in der die Realität ironisch unterlaufen wird und gerade dadurch ihren absurd-grotesken, ja surrealen Charakter zu erkennen gibt. Von religiösen und moralischen Skrupeln umgetrieben, starb Gogol 1852 in Moskau, ohne das von ihm anvisierte große, epochemachende Werk geschrieben zu haben. Werke u.a.: *Die Abende auf dem Vorwerk bei Dikanka* (1831/32), *Arabesken* (1835), *Der Revisor* (1836), *Tote Seelen* (1842).

»Der Newski-Prospekt«: Übersetzt von Georg Schwarz, aus: *Gesammelte Werke in fünf Bänden. Bd. 1: Erzählungen* (J.G. Cottasche Buchhandlung 1982, S. 707–747).

»Petersburger Skizzen aus dem Jahre 1836«: Übersetzt von Charlotte König, aus: *Sämtliche Werke in 8 Bänden, Bd 6: Arabesken, Prosaschriften, Rom* (Georg Müller Verlag, München und Leipzig 1912, S. 429–451).

Maxim Gorki wurde 1868 als Sohn eines Tischlers in Nishnij-Nowgorod geboren. Seine Kindheit verbrachte er, ohne regelmäßig die Schule zu besuchen, bei seinem Großvater. Er mußte seinen Unterhalt früh schon selbst bestreiten und arbeitete u.a. in einem Schuhwarenladen, bei einem Ikonenmaler und als Tellerwäscher; nebenbei suchte er sich autodidaktisch weiterzubilden und verkehrte in revolutionären studentischen Kreisen. Schlagartig berühmt wurde er 1898 durch eine zweibändige Ausgabe von Erzählungen, in deren Zentrum der Typus des vitalen, ungebundenen Menschen steht. In der Folge entstanden neben weiteren »realistischen« Erzählungen Dramen und Romane, durch die Gorki zu *dem* repräsentativen Schriftsteller der bolschewistischen Revolution wurde. 1936 starb er unter ungeklärten Umständen in Gorki bei Moskau. Werke u. a.: *Foma Gordejew* (1899), *Nachtasyl* (1902), *Die Mutter* (1906), *Das Leben des Klim Sangin* (1934).

»Aus dem Briefwechsel – Mai 1919«: Übersetzt von Margit Bräuer, aus: *Nadjuscha, mein Leben. Briefe aus einer großen Zeit. 1917–1922* (Aufbau Verlag 1987, S. 47–49).

Apollon Grigorjew, 1822 in Moskau geboren, zählt zu den brillantesten russischen Kritikern der Literatur im 19. Jahrhundert. Zusammen mit den Gebrüdern Dostojewski und Nikolai Strachow bemühte er sich um eine ästhetische Theorie, die gerade in der Autonomie der Kunst einen Garanten für deren metaphysische Funktion erblickte. Neben kritischen Artikeln und Essays verfaßte er Gedichte, in denen Weltschmerz, Mystizismus und Kritik an den bestehenden Verhältnissen auf höchst eigenwillige Weise fusioniert sind. Ungemein talentiert, war Grigorjew ein glänzender Gesellschafter, zugleich aber hatte er eine fatale Neigung zu Extravaganzen, unglücklichen Liebesaffären und zum Alkohol. 1864 starb er in einem Petersburger Schuldgefängnis an den Folgen eines Schlaganfalls. Werke u. a.: *Gedichte* (1846), *Die Paradoxien des organischen Kritizismus* (1864), *Meine literarischen und moralischen Wanderungen* (1862–64).

»Die Stadt« und »Abschied von Petersburg«: Übersetzt von Wassja Rotsel und nachgedichtet von Wolfgang Lange, aus: *Stichotvorenija i poemy* (Moskau–Leningrad 1966, S. 120 u. S. 152).

Boris Groys, 1947 in Leningrad geboren, studierte hier Mathematik und Philosophie. Von 1965 bis 1971 war er am Institut für strukturale Linguistik der Universität Moskau tätig. Daneben engagierte er sich als Herausgeber von Zeitschriften, in denen die inoffizielle literarische und künstlerische Szene Rußlands sich artikulierte. 1981 emigrierte er in die Bundesrepublik, wo er heute als freier Schriftsteller und Publizist lebt und arbeitet. Werke u. a.: *Gesamtkunstwerk Stalin. Die gespaltene Kultur in der Sowjetunion* (1988).

»Petersburg / Petrograd / Leningrad. Eine Stadt und ihre Namen«: Übersetzt von Gabriele Leupold.

Nikolai Gumiljow wurde 1886 als Sohn eines Marinearztes in Kronstadt geboren. Er begann seine literarische Karriere als Symbolist, begründete dann aber zusammen mit Mandelstam und der Achmatowa den Akmeismus. Seine von der westeuropäischen Moderne geprägte Lyrik zeichnet sich durch farbenprächtige Bilder und eine betont rhythmische Struktur aus. Neuromantisch motiviert, sind in ihr gleichermaßen reale wie exotische und religiöse Themen aufgegangen und durch einen strengen Willen zur Form synthetisiert. Im August 1921 wurde Gumiljow wegen angeblich konterrevolutionärer Aktivitäten von der Tscheka standrechtlich erschossen. Werke u. a.: *Perlen* (1910), *Fremder Himmel* (1912), *Der Köcher* (1916).

»Der verirrte Trambahnwagen«: Übersetzt von Bruno Goetz, aus: *Lyrik des Abendlands. Gemeinsam mit Hans Hennecke, Curt Hohoff und Karl Vossler ausgewählt von Georg Britting* (Carl Hanser Verlag, S. 587–589).

Alexander Herzen wurde 1812 in Moskau geboren. Aus einem adligen Elternhaus stammend, begann er schon während des Studiums mit Freunden die radikalen Ideen französischer Utopisten zu diskutieren. Nachdem er mehrmals verhaftet und verbannt worden war, verließ Herzen Rußland 1847 als der führende publizistische Kopf einer jungen, progressiv gesonnenen Intelligenz. Obgleich durch die 48er Revolution in Paris politisch desillusioniert, übte er auch nach seiner Emigration, vor allem durch die von ihm in London begründete ›Freie Russische Presse‹, entscheidenden Einfluß auf die politische und intellektuelle Szene in seiner Heimat aus. In Herzens Essays, Artikeln und Erinnerungen finden sich Beobachtungen und Analysen der gesellschaftlichen Verhältnisse Rußlands und Westeuropas, die durch ihren politischen Scharfsinn und ihre ideologische Unvoreingenommenheit bis heute brisant geblieben sind. 1870 ist er in Paris gestorben. Werke u. a.: *Vom anderen Ufer* (1847/50), *Memoiren und Reflexionen* (1852/68).

»Memoiren (St. Petersburg)«: Übersetzt von Malwilda von Meysenbug, aus: *Aus den Memoiren eines Russen. Neue Folge. Petersburg und Nowgorod* (Hoffmann & Campe Verlag, Hamburg 1856, S. 48 bis 53).

Wjatscheslaw Iwanow, dessen Wohnung, der ›Turm‹, zwischen 1905 und 1910 das Zentrum der Petersburger Intelligenz war, wurde

1866 in Moskau geboren. Als einer der gebildetsten Dichter der europäischen Literatur trat er nicht nur mit mystisch getönter, esoterisch verschlüsselter Lyrik hervor, zugleich verfaßte er eine Reihe von dichtungstheoretischen und kulturphilosophischen Essays, die über den Symbolismus hinaus ungemein anregend auf die russische Avantgarde wirken sollten. 1924 ging er nach Italien, trat hier zum Katholizismus über und starb 1949 in Rom. Werke u. a.: *Leitsterne* (1903), *Cor ardens* (1911 / 12), *Dionysos und Römische Sonette* (1925).

»Sphinxe über der Newa«: Übersetzt von Johannes von Guenther, aus: *Russische Lyrik. Gedichte aus drei Jahrhunderten.* Ausgew. u. eingel. v. Efim Etkind (Piper Verlag, München 1981, S. 222).

WENJAMIN KAWERIN, eigtl. Silberg, wurde 1902 in Pskow geboren. Er begann seine literarische Karriere als Mitglied der ›Petrograder Serapionsbrüder‹, einer Gruppe junger Schriftsteller, die für die unbedingte Freiheit von Kunst und Literatur gerade in Zeiten der Revolution eintraten. Während Kawerins frühe Erzählungen und Romane wesentlich von der romantischen Lust am ästhetischen Experiment getragen waren, sind seine späteren Arbeiten konventioneller, aufregend erst wieder ab den 50er Jahren, da Kawerin sein literarisches Können zur Aufarbeitung der stalinistischen Vergangenheit und ihrer Folgen nutzte. Er starb 1989 in Moskau. Werke u. a.: *Das Ende einer Bande* (1926), *Unbekannter Meister* (1931).

»Das doppelte Porträt (Herbst 1937)«: Übersetzt von Wolfgang Kasack, aus: *Das doppelte Porträt* (Insel Verlag 1973, S. 194 f.).

IWAN KONEWSKOI, eigtl. Oreus, wurde 1877 in Petersburg geboren und trat bereits in jungen Jahren als Lyriker und Kritiker hervor. Mit seiner »magischen«, von Reflexionen und Halluzination getragenen Lyrik markiert er, so Alexander Blok, den Übergang von der russischen Décadence zum Symbolismus. 1901 ertrank er während einer Sommerfrische an der baltischen Ostseeküste. Werke u. a.: *Träume und Gedanken* (1896 / 99).

»Die Magier«: Übersetzt von Wassja Rotsel und nachgedichtet von Wolfgang Lange, aus: *Sobranie sočinenij* (Fink Verlag, München 1971, S. 112 f.).

Wladimir Majakowski, »Pflasterdonnrer« und Sänger der Weltrevolution, wurde 1893 in Bagdadi bei Kutaisi in Georgien geboren. Wegen revolutionärer Umtriebe saß er mehrmals im Gefängnis, bevor er sich den Futuristen anschloß und in deren Sammelband *Eine Ohrfeige dem öffentlichen Geschmack* (1912) seine ersten Gedichte publizierte. Als erklärter Feind der bestehenden Kultur, Religion und Gesellschaft stellte er sich nach der Oktoberrevolution ohne Bedenken in deren Dienst und agierte als Dichter, Agitator, Publizist und Zeichner. 1930 beging er in Moskau Selbstmord und besiegelte damit unfreiwillig das Ende des avantgardistischen Traums von der revolutionären Einheit von Kunst und Politik. Werke u. a.: *Ich* (1913), *Die Wirbelsäulenflöte* (1916), *Wladimir Iljitsch Lenin* (1924), *Gut und Schön* (1927).

»Wladimir Iljitsch Lenin (Ankunft in Petrograd)«: Übersetzt von Hugo Huppert, aus: *Werke in fünf Bänden. Bd. II: Poeme* (Insel Verlag 1969, S. 292–304).

Ossip Mandelstam, 1891 in Warschau geboren, wuchs in Pawlosk, dann in Petersburg auf. Mit seinem Artikel *Der Morgen des Akmeismus* (1913) gab er der neuen Schule ihre theoretische Grundlage. Seine klassisch strengen, Alltägliches wie Außerordentliches umgreifenden, ungemein betörenden Gedichte gehören zu dem Schönsten, was die Literatur des 20. Jahrhunderts hervorgebracht hat. Als »Petersburger Gewächs« vereinigt Mandelstam in sich höchste Bildung mit einem ausgesprochen feinen Gespür für das je Gegenwärtige. Reflexivität, Intuition und Spontanität stehen bei ihm im Dienst einer Poesie, deren Lyrismus eine einzige Ekstase der Zeit zu sein scheint. Der Raum, in dem diese sich ereignet, ist Petersburg – Topos universeller Kultur und Sphäre äußerster Gefährdungen. Nach der Revolution wurde Mandelstam, obgleich kein erklärter Gegner des Sowjetsystems, verfolgt, verhaftet, wieder freigelassen, exiliert, erneut verhaftet, zu fünf Jahren Zwangsarbeit verurteilt – er starb 1938 in einem Durchgangslager unweit von Wladiwostok. Werke u. a.: *Der Stein* (1913), *Tristia* (1922), *Die ägyptische Briefmarke* (1928), *Woronescher Hefte* (1935/37).

»Die Admiralität« und »Petersburger Strophen«: Übersetzt von Ralph Dutli, aus: *Der Stein. Frühe Gedichte 1908–1915* (Amman Verlag 1988, S. 101 u. S. 91).

»Hilf mir, Herr«: Übersetzt von Ralph Dutli, aus: *Moskauer Hefte. Gedichte 1930–1934* (Amman Verlag 1986, S. 51).

»Dort oben, grauenvoll« und »Leningrad«: Übersetzt von Kai Borowsky, aus: *Russische Lyrik. Gedichte aus drei Jahrhunderten. Herausgegeben von Efim Etkind* (Piper Verlag 1981, S. 253 f. u. S. 382 f.).

»In Petersburg«: Übersetzt von Wassja Rotsel und nachgedichtet von Wolfgang Lange, aus: *Sobranie sočinenij v 3-ch tomach* (Inter-Language Literary Associates, New York–München 1967, Bd. 1, S. 85 f.).

»Petropolis diaphan« und »Der Sterne Einerlei.«: Übersetzt von Paul Celan, aus: *Übertragungen aus dem Russischen* (S. Fischer Verlag 1986, S. 57 u. S. 44).

Vladimir Nabokov, 1899 geboren, entstammte einer wohlhabenden Petersburger Familie und mußte 1919 ins westliche Ausland emigrieren. Nach dem Studium slawischer und romanischer Literatur in Cambridge ließ er sich 1922 in Berlin nieder, wo er sich mit seinen noch in Russisch geschriebenen Romanen, Erzählungen und Gedichten als einer der begabtesten Schriftsteller unter den Emigranten profilierte. 1937 ging er nach Frankreich, 1940 schließlich in die USA. Hier entstanden auf Englisch jene Werke, durch die er Weltruhm erlangte, z. B. *Lolita.* Daneben arbeitete er als Übersetzer und Professor für russische Literatur an der Cornell University. 1959 ließ er sich in der Schweiz nieder, übersetzte und überarbeitete hier sein russisches Frühwerk und verfaßte weitere Erzählungen und Romane. 1977 ist Nabokov in Montreux gestorben. Werke u. a.: *Maschenka* (1926), *Die Gabe* (1937/38), *Lolita* (1955), *Ada oder Das Verlangen* (1969).

»Sprich, Erinnerung, sprich«: Übersetzt von Dieter E. Zimmer, aus: *Sprich, Erinnerung, sprich. Wiedersehen mit einer Autobiographie* (Rowohlt Verlag, 1984, S. 238–241).

Nikolai Nekrassow, Herausgeber der *Petersburger Physiologie* und einer der einflußreichsten Schriftsteller, Publizisten und Dichter zwischen 1840 und 1870, wurde 1821 in Nemirowo (Gouvernement Podolsk) geboren. Seine sozialkritisch engagierten Gedichte, Poeme und Aufsätze thematisieren das Schicksal des russischen Volkes, insbesondere die Armut und das Leid seiner Bauern, deren einfache und natürliche Lebensweise den verlogenen und entwürdigenden Mechanismen der Beamtenstadt Petersburg gegenübergestellt wird. 1878 starb er in

Petersburg. Werke u. a.: *Frost Rotnase* (1863), *Wer lebt glücklich in Rußland?* (1866ff.).

»Petersburger Physiologie«: Übersetzt von Wassja Rotsel, aus: *Fiziologija Peterburga, sostavlennaja iz trudov russkich literatorov pod redakciej N. Nekrasova* (St. Petersburg 1845).

Wsewolod Nekrassow wurde 1934 in Moskau geboren und studierte dort zwischen 1955 und 1960 Philologie. Ende der 50er, Anfang der 60er Jahre schrieb er redeorientierte Lyrik, dann wandte er sich dem Grenzbereich visueller Poesie zu und kreierte lyrische Objekte, die der auch bei uns bekannten ›Konkreten Poesie‹ ähneln. Genauer noch wären Nekrassows Texte als literarische Variante von Soz-Art zu klassifizieren, einer Richtung der neueren sowjetischen Malerei, die durch eine Art artistisches Mimikry im Sozialismus dessen ideologische Bildwelt zu desavouieren sucht. Nekrassow lebt in Moskau, publizierte seine Arbeiten aber, sofern sie nicht im Samizdat kursierten, im westlichen Ausland.

»Leningrader Gedichte (Auszug)«: Übersetzt von Günter Hirt und Sascha Wonders, aus: *Akzente. Heft 1* (Februar 1990), S. 41f.

Alexander Odojewski, 1802 geboren, Poet und Dekabrist, gehörte als junger Offizier der Nördlichen Sektion des Wohlfahrtsbundes an und wurde als einer der Teilnehmer des Aufstands vom 14. Dezember 1825 nach Sibirien verbannt. Bekannt wurde er vor allem durch seine politisch motivierte Lyrik, in deren Zentrum die Gefangenschaft und das Exil, aber auch der Glaube an den Sieg der Freiheit stehen. Nachdem er 1837 als Soldat in den Kaukasus versetzt worden war, starb er dort zwei Jahre später an Malaria. Werke u. a.: *Antwort auf Puschkins ›Sendschreiben nach Sibirien‹* (1828).

»Der Ball«: Übersetzt von Martin Remané, aus: *Die Dekabristen. Dichtungen und Dokumente. Herausgegeben von Gerhard Dudek* (Insel Verlag, Leipzig 1975, S. 95f.).

OKW (= Oberkommando der Wehrmacht), Hitlers Generalstab, auf dessen Weisung hin Leningrad fast 900 Tage lang von der Außenwelt abgeschnitten, beschossen und bombardiert wurde. Die Zahl der Opfer dieser Blockade übersteigt die der Toten von Hiroshima um das Zehnfache. Man schätzt, daß mehr als zwei Millionen Menschen, davon die meisten durch Hunger, Kälte und Krankheit, ums Leben kamen.

»Geheime Weisung Nr. Ia 1601/41«: Abgedruckt nach: *Eine Schuld, die nicht erlischt. Dokumente über deutsche Kriegsverbrechen in der Sowjetunion* (Köln 1987, S. 322).

Boris Pilnjak, eigtl. Vogau, stammt von wolgadeutschen Siedlern ab und wurde 1894 in Moshajsk geboren. Im Zentrum der von ihm ab 1915 publizierten Erzählungen und Romane steht das revolutionäre Rußland, dessen Beben er mit Puschkin als »Aufruhr ohne Sinn und Gnade« erfährt und in seinem arabeskenhaften Werk als ein zugleich faszinierendes wie schreckenerregendes Märchen dargestellt hat. Durch seinen eigenwillig bizarren Stil avanciert Pilnjak in den 20er Jahren zum Idol einer literarischen Strömung, dem sogenannten ›Pilnjakismus‹. Mit dem von bolschewistischen Kulturfunktionären ausgerufenen Ende der Experimente gerät er ins Kreuzfeuer literarischer und ideologischer Doktrinäre. 1937 wird er im Zuge der stalinistischen Säuberungen verhaftet. Wo, wie und wann er hingerichtet wurde, ist unbekannt. Werke u. a.: *Das nackte Jahr* (1922), *Maschinen und Wölfe* (1925), *Mahagoni* (1929).

»Seine Majestät Kneeb Piter Kommandor«: Übersetzt von Barbara Conrad, aus: *Die Geschichte vom nichtausgelöschten Mond. Erzählungen 1915–1926* (S. Fischer Verlag 1989, S. 24–56).

Alexander Puschkin, der tragische Genius der russischen Literatur, stammte aus einem alten Adelsgeschlecht und wurde 1799 in Moskau geboren. Auf dem Lyzeum in Zarskoje Selo bei St. Petersburg eignete er sich das Formenrepertoire der älteren Dichtung an, zugleich lernte er die neuere Literatur kennen. Auf virtuose Manier gelang es ihm, sich deren Entdeckungen, insbesondere die der westeuropäischen Romantik, anzueignen und in eine genuin russische Poesie umzuschmelzen. Das Spektrum seiner Dichtung reicht von beißenden Epigrammen und betörenden Liebesgedichten über subtile Verserzählungen und historische Dramen bis hin zu den Prosaarbeiten seiner späten Jahre. Provoziert durch die Koketterien seiner blendend schönen Frau und des Klatsches und der Häme der mondänen Petersburger Gesellschaft überdrüssig, stürzte er sich 1837 in ein Duell mit dem vermeintlichen Nebenbuhler d'Anthès, an dessen Folgen er kurze Zeit später in Petersburg starb. Werke u. a.: *Boris Godunov* (1825), *Die Erzählungen des seligen Iwan Petrowitsch Belkin* (1830), *Eugene Onegin* (1833).

»Der eherne Reiter. Ein Petersburger Poem«: Übersetzt von Manfred von der Ropp, aus: *Eugene Onegin und andere Versdichtungen, Dramen und Gedichte* (Winkler Verlag 1972, S. 359–371).

»Stadt des Prunkes, Stadt der Nöte«: Übersetzt von Felix Zielinski, aus: a. a. O., S. 632.

Alexej Remisow, Kanzler der ›Großen und Freien Affenkammer‹, wurde 1877 in Moskau geboren. Nachdem er 1897 bei einer Demonstration irrtümlicherweise verhaftet worden und bis 1903 gezwungen war, in der Verbannung zu leben, kam er 1905 nach St. Petersburg. Hier begann er, unterstützt von den Symbolisten, seine teils skurilen, teils grotesken Erzählungen, sowie Nachdichtungen von Märchen, Sagen und Legenden zu publizieren. Darüber hinaus verfaßte er Traumaufzeichnungen und autobriographisch gefärbte Prosaminiaturen, in denen das Reale mit dem Imaginären auf eine unerhörte Weise fusioniert ist. Nach der Revolution begab er sich ins Exil, zuerst nach Berlin, 1923 siedelte er dann nach Paris über, wo er 1957 vereinsamt gestorben ist. Werke u. a.: *Sonnenlauf* (1907), *Die Schwestern im Kreuz* (1910), *Auf azurnem Feld* (1922), *Der tanzende Dämon* (1949).

»Affen« und »Vom Tiger zum Haken«: Übersetzt von Alexander Eliasberg, aus: *Prinzessin Mymra, Novellen und Träume* (Dieterich's Verlagsbuchhandlung, Leipzig 1986, S. 183–187).

»Der vierte Kreis«: Übersetzt von Wassja Rotsel, aus: *Šumy goroda* (Talliun 1921, S. 30 f.).

Wassilij Rosanow, geboren 1856 in Wetloga, darf als der wohl eigensinnigste russische Schriftsteller, Kritiker, Philosoph und Journalist der Jahrhundertwende bezeichnet werden. Nach dem Studium an der Historisch-Philosophischen Fakultät der Moskauer Universität war er bis in die 90er Jahre als Gymnasiallehrer in der Provinz tätig. 1893 ging er nach St. Petersburg, wo er sich als Publizist und freier Schriftsteller rasch einen Namen machte. Als notorischer Querdenker attackierte er in seinen Artikeln gleichermaßen die sozialrevolutionären wie die orthodoxen Kräfte der Intelligenzija, zugleich erregte sein Plädoyer für die Wiedergewinnung einer archaischen Phallokratie die moralischen Gemüter. Seine intellektuelle Souveränität hat er vor allen in Aphorismen unter Beweis gestellt, die durch ihren heterodoxen Stil und ihr Themenspektrum, welches die allernächsten Dinge ebenso umgreift wie die ersten und letzten, bestechend provokant geblieben sind. 1919 ist Rosanow in der Nähe des Klosters des Heiligen Sergej von Radonetsch gestorben. Werke u. a.: *Solitaria* (1912), *Verwehte Blätter* (1913/15), *Die Apokalypse unserer Zeit* (1917/18).

»Was ist zu tun?«, »Völker, wollt ihr« und »Über die Revolution etc.«: Übersetzt von Heinrich A. Stammler, aus: *Solitaria. Ausgewählte Schriften* (Diogenes Verlag 1985, S. 28, S. 75, S. 187, S. 98 f., S. 85, S. 190, S. 103, S. 161 ff., S. 210, S. 62 f. u. S. 113.).

Jewgenij Samjatin, 1884 in Lebedjan geboren, studierte am Polytechnikum in St. Petersburg und begann bereits während dieser Zeit sich in der bolschewistischen Fraktion der Sozialdemokratischen Partei zu engagieren. Seine ab 1908 publizierten satirischen Erzählungen erregten bald schon Aufsehen bei den zaristischen Behörden. Nach der Oktoberrevolution stieg er in Petrograd zu einer der führenden Gestalten des literarischen Lebens auf. Nachhaltigen Einfluß übte er auf die ›Serapionsbrüder‹ aus, die er in ihrem Glauben an die Freiheit der Kunst und die Notwendigkeit eines neuen phantastischen Realismus bestärkte. Nicht zuletzt wegen seiner Anti-Utopie *Wir* und seiner kritischen Haltung dem bolschewistischen Regime gegenüber verlor er Ende der 20er Jahre jede Publikationsmöglichkeit. Seiner an Stalin persönlich gerichtete Bitte, aus der Sowjetunion ausreisen zu dürfen, wurde 1932 entsprochen. 1937 ist Samjatin im Pariser Exil gestorben. Werke u. a.: *Wir* (1920), *Die Höhle* (1921), *Der Floh* (1925).

»Mamaj«: Übersetzt von Gabriele Leech-Ansprach, aus: *Rußland ist groß. Erzählungen und Satiren* (Limes Verlag 1976, S. 211–225).

Boris Savinkov wurde 1879 in Charkov geboren und war einer der führenden Köpfe der ›Kampforganisation der Sozialrevolutionäre‹, einer Gruppe von Terroristen, deren Anschläge das zaristische Regime zwischen 1903 und 1908 nachhaltig erschütterten. Nach deren Auflösung versuchte sich Savinkov als Schriftsteller. Unter dem Pseudonym W. Ropschin verfaßte er im Exil zwei Romane, in denen, wie in seinen Memoiren auch, eine Metaphysik des Terrors entfaltet wird. Durch die Februarrevolution war es ihm möglich, nach Rußland zurückzukehren. Unter Kerenski war er kurzzeitig stellvertretender Kriegsminister, nach der Oktoberrevolution kämpfte er auf Seiten der Weißgardisten. 1924 wurde er von der Miliz gefaßt, von einem Militärtribunal zum Tode verurteilt und vom ZK zu zehn Jahren Gefängnis begnadigt. Savinkov starb 1925 in Moskau. Er soll sich im Lubjanka-Gefängnis durch einen Lichtschacht in den Tod gestürzt haben. Werke u. a.: *Das fahle Pferd* (1909), *Als wäre es nie gewesen* (1912).

»Aus den Erinnernungen eines Terroristen (Attentatsplan)«: Übersetzt von Arkadi Maslow. Revidiert und ergänzt von Barbara Conrad, aus: *Erinnerungen eines Terroristen* (Franz Greno Verlagsgesellschaft m.b.H. 1985, S. 24–27).

Marietta Schaginjan, 1888 in Moskau geboren, begann ihre literarische Karriere als Journalistin und Lyrikerin. Anfang der 10er Jahre ging sie nach Petersburg und schloß sich dem Kreis der Symbolisten um Mereschkowski an. Nach der Oktoberrevolution begann sie, neben ihrer journalistischen Arbeit Erzählungen und Romane zu schreiben, in denen, angeregt durch die Poetik der ›Petrograder Serapionsbrüder‹, das literarische Experiment in den Dienst der revolutionären Ideologie gestellt ist. Als eine der fleißigsten Schriftstellerinnen der Sowjetunion hat sie mehr als 70 Bücher hinterlassen, neben literarischen Werken vor allem Reiseberichte und Biographien. 1982 ist sie, hochdekoriert mit dem Lenin-Preis, gestorben. Werke u. a.: *Orientalia* (1912), *Das eigene Schicksal* (1923), *Das Wasserwerk* (1931), *Die Familie Uljanow* (1938/57).

»Mess Mend oder Die Yankees in Leningrad«: Übersetzt von Eduard Schiemann, aus: *Mess Mend oder Die Yankees in Leningrad* (Anabas Verlag 1987, S. 175–178).

Igor Sewerjanin, eigtl. Lotorjow, wurde 1887 in St. Petersburg geboren. Ungemein kultiviert und besessen von Musik, profilierte er sich bereits vor dem Ersten Weltkrieg als Virtuose auf dem Feld des poetischen Vortrags. Über seinen Erfolgen als Salondichter sind nicht selten die ungemein subtilen metrischen Innovationen sowie die ironische, auf Irritation des bürgerlichen Publikums abzielende Anlage der Gedichte Sewerjanins verkannt worden. Marina Zwetajewa, die ihn 1931 in Paris hörte, nannte ihn die einzige Nachtigall unter den lebenden russischen Dichtern. 1918 noch zum ›König der Poeten‹ gekrönt, sah sich der als ›Ego-Futurist‹ Gefeierte von der sowjetischen Literaturkritik bald schon als ein bloß oberflächlicher Artist verschrien. 1941 ist Sewerjanin in Talliun gestorben. Werke u. a.: *Der Donner schäumende Kelch* (1913), *Vervena* (1920), *Adriatika* (1932).

»Abgesang auf Petrograd«: Übersetzt von Bruno Goetz, aus: *Sankt Petersburg im Spiegel der russischen Dichtung* (Atlantis, Nr. 6, Juni 1947, S. 249 f.).

Viktor Sklowskij, 1893 in St. Petersburg geboren, war Anfang der 20er Jahre einer der theoretischen Köpfe des extremen Formalismus. Als solcher stand er in engem Kontakt sowohl zu den ›Serapionsbrüdern‹ wie zu den Futuristen in der LEF. Beide unterstütze er in ihrem Glauben, daß allein die Form, und nicht der Inhalt eines Werks, Garant ästhetischer Wahrheit und Qualität ist. Neben literaturtheoretischen Arbeiten verfaßte er eine Reihe autobiographischer Schriften sowie Drehbücher. Nachdem er kurzfristig in Berlin im Exil war, kehrte er 1923 in die Sowjetunion zurück, wo er es verstand, sich unter Stalin als Theater- und Filmkritiker sowie als Literaturhistoriker durchzulavieren. 1984 ist er in Leningrad gestorben. Werke u. a.: *Sentimentale Reise* (1923), *ZOO oder Briefe nicht über die Liebe* (1923), *Theorie der Prosa* (1925), *Lew Tolstoi* (1963).

»Petersburg während der Blockade«: Übersetzt von Gisela Drohla, aus: *Die Serapionsbrüder von Petrograd* (Suhrkamp Verlag 1982, S. 15–25).

Konstantin Slutschewski wurde 1837 in St. Petersburg geboren und studierte 1861 bis 1864 in Paris, Berlin, Leipzig und Heidelberg. Nach Petersburg zurückgekehrt, absolvierte er eine glänzende Karriere als Beamter. Zuletzt war er Chefredakteur des ›Regierungsblattes‹ und bekleidete eine hohe Position am Hof. Neben weniger bedeutenden Erzählungen und Romanen schrieb er Gedichte, die in ihrer bitteren Tragizität und ihrer Obsession durch das Häßliche und Abnormale der Imagination Dostojewskis entsprungen sein könnten. Mit schwarzem Humor wird der grausame Untergrund der Moderne sichtbar gemacht und dessen Fatalitäten. Von den Symbolisten hoch geschätzt, starb Slutschewski 1904 in Petersburg. Werke u. a.: *Gedichte und Poeme* (1880/90).

»Was, Steine leben nicht?«: Übersetzt von Kai Borowsky, aus: *Russische Lyrik. Gedichte aus drei Jahrhunderten. Herausgegeben von Efim Etkind* (Piper Verlag 1981, S. 193).

Alexander Solschenizyn wurde 1918 in Kislowodsk geboren. Studium der Mathematik und Geschichte in Rostow am Don, dann zwischen 1941 und 1945 Kriegsdienst. Unmittelbar nach seiner Entlassung aus dem Militär wurde er verhaftet, zu acht Jahren Lager verurteilt und anschließend nach Kasachstan verbannt. Durch seine ab 1962 vor allem in der Zeitschrift ›Nowyj mir‹ publizierte Prosa, in deren Zentrum die Qualen des Lagersystems stehen, erregte er beim Regime erneut Anstoß und verlor schon bald jede Publikationsmöglichkeit. Für seine 1968 im Westen veröffentlichten Romane *Der erste Kreis der Hölle* und *Krebsstation* wurde ihm 1970 der Nobelpreis verliehen. 1974 wurde er aus der UdSSR ausgebürgert. Seit 1976 lebt er zurückgezogen in Vermont/USA und schreibt hier an seiner monumental angelegten, literarischen Rekonstruktion der Revolution, die unter dem Titel *Das rote Rad* in einer Folge von Romanen publiziert wird. Werke u. a.: *Das Leben des Iwan Denissowitsch* (1962), *Der Archipel GULAG* (1958/67), *Das rote Rad* (1971 ff.).

»Das rote Rad (Februar 1917)«: Übersetzt von Heddy Pross-Werth, aus: *Das rote Rad. Dritter Knoten: März siebzehn. Erster Teil (23. Februar–18. März)* (Piper Verlag 1989, S. 492–499).

Michail Sostschenko, 1895 in Poltawa als Sohn eines Kunstmalers geboren, trat nach dem Studium 1915 freiwillig in die Armee ein. Während des Bürgerkriegs kämpfte er auf Seiten der ›Roten‹. 1921 schließt er sich den ›Petrograder Serapionsbrüdern‹ an und versucht, sich als freier Schriftsteller zu etablieren. Seine satirischen Kurzgeschichten über den philiströsen Sowjet-Alltag machen ihn in den 20er Jahren zu einem der meistgelesenen Autoren. Unter Stalin sucht er die grellen Züge seiner Prosa abzumildern, indem er sie humoresk übermalt, ohne daß ihn das gegen Angriffe von oben feit. 1946 wird er als »Lakai der Reaktion« und »korrupter literarischer Nichtstuer« aus dem russischen Schriftstellerverband ausgeschlossen. Als Künstler und Mensch gebrochen, stirbt er 1958 in Leningrad. Werke u. a.: *Die Erzählungen von Nasar Iljitsch, dem Herrn Sinebrjuchow* (1922), *Das Himmelblaubuch* (1934), *Schlaf schneller, Genosse* (1937), *Schlüssel des Glücks* (1943).

»Die Geschichte vom unruhigen alten Mann«: Übersetzt und herausgegeben von Ilse Mirus, aus: *Das Himmelblaubuch* (Herbig Verlag 1971, S. 261–269).

SERGEJ STRATANOWSKIJ ist in den 40er Jahren in Leningrad geboren und gilt als einer der intimsten Kenner der Geschichte und Mythologie seiner Heimatstadt. Nach dem Studium der Philologie hat er in diversen Bibliotheken und Museen in Leningrad gearbeitet, wo er auch heute noch lebt.

»Ein soziologisches Traktat in Versen über das Phänomen des Alkoholismus« und »Umgehungskanal«: Übersetzt von Wassja Rotsel und nachgedichtet von Wolfgang Lange aus unveröffentlichten Manuskripten Stratanowskijs.

FJODOR TJUTSCHEW, einer der größten Lyriker der russischen Sprache, wurde 1803 auf dem Gut Owstug im Gouvernement Orjol geboren. Nach dem Studium der Literatur in Moskau war er im diplomatischen Dienst tätig. Während seines Aufenthalts in München (1822–1837) befreundete er sich mit Heine, dessen Werke er in Rußland durch kongeniale Übersetzungen bekannt machte, und lernte Schelling kennen. 1844 kehrte er nach Rußland zurück und arbeitete hier, von zahlreichen Reisen in den Westen unterbrochen, als Chef der Auslandszensur. Seine spätromantische Lyrik fand spät erst die Anerkennung, die sie verdient. Im hohen Maße rhetorisch, weil durchsetzt von sublimen Metaphern, die fragmentarisch gebrochen sind, entfaltet der Tjutschewsche Vers einen Kosmos an melancholischer Bedeutsamkeit, in dem die Liebe, wenngleich bloß Wahn, doch der höchste Gott bleibt. Tjutschew starb 1873 in Zarskoje Selo, geschätzt von Dostojewski, Tolstoi, Nekrassow und Turgenjew.

»An der Newa«: Übersetzt von Bruno Goetz, aus: *Sankt Petersburg im Spiegel der russischen Dichtung* (Atlantis, Nr. 6, Juni 1947, S. 247).

WASSILIJ TREDIAKOWSKIJ wurde 1703 in Astrachan geboren, studierte von 1723 bis 1730 an der ›Slawisch-griechisch-lateinischen Akademie‹ in Moskau, dann in Holland und schließlich in Paris Theologie, Philosophie, Geschichte und Literatur. Von 1732 an war er als Übersetzer und wissenschaftlicher Mitarbeiter, später dann als Professor für ›lateinische und russische Eloquenz‹ an der Petersburger Akademie tätig. Während dieser Zeit verfaßte er nicht nur etliche poetische Auftragsarbeiten für den Hof, sondern auch eine Reihe von Traktaten zur Poetik und Rhetorik. Auf Grund seiner Feindschaft mit Lomonossow, der ihn sowohl als Dichter wie als Literaturtheoretiker übertraf, wurde er 1759 aus der Akademie entlassen. Vollkommen verarmt, ist er 1769 in Petersburg gestorben.

»Ein Lob auf Ingermanland und die Residenz Sankt Petersburg«: Übersetzt von Wassja Rotsel und nachgedichtet von Wolfgang Lange, aus: *Izbrannye proizvedenija* (Moskau–Leningrad 1963, S. 180ff.).

Iwan Turgenjew wurde 1818 als Sohn wohlhabender adliger Gutsbesitzer bei Orjol geboren. Bereits während seines in den 30er Jahren absolvierten Studiums in Moskau, St. Petersburg und Berlin unternahm er erste literarische Versuche. Seinen Durchbruch als Erzähler schaffte Turgenjew mit den *Aufzeichnungen eines Jägers*, einem 1852 publizierten Zyklus von Skizzen und Erzählungen, in deren Zentrum das von Leibeigenschaft und gutsherrlichem Dünkel geprägte russische Provinzleben steht. Mit *Väter und Söhne*, 1861 entstanden, lieferte er ein eindringliches Porträt des russischen Nihilismus. 1863 entschloß sich Turgenjew, der politischen Querelen überdrüssig, endgültig ins westliche Ausland überzusiedeln. Abgesehen von regelmäßigen Besuchen seiner Heimat, lebte er vor allem in Frankreich und Deutschland. Während in seinen großen Romanen mit Blick auf Rußland das dargestellt ist, was Shakespeare «the body and the pressure of time« nannte, entfalten seine kleinen Erzählungen sowie die späten Gedichte in Prosa subtile, beinahe lyrische Momentaufnahmen modernen Lebens. 1883 starb Turgenjew in Bougival bei Paris. Werke u. a.: *Rudin* (1856), *Ein Adelsnest* (1859), *Rauch* (1867), *Frühlingsfluten* (1872), *Neuland* (1877).

»Visionen (Achtung)«: Aus der Mitauer Ausgabe, nach: *Erzählungen 1857–1883. Gedichte in Prosa* (Winkler Verlag, 1967, S. 167ff.).

Jurij Tynjanow, Literaturtheoretiker und Romancier, wurde 1894 in Reschiza (Gouvernement Witebsk) geboren. 1912 ging er nach Petersburg, um hier Philologie zu studieren. Nachdem er sein Studium beendet hatte, arbeitete er eine Zeitlang als Übersetzer. Von 1921 bis 1930 hatte er einen Lehrstuhl am Institut für Kunstgeschichte in Petrograd/Leningrad inne. Während dieser Zeit entstanden nicht nur seine bis heute bedeutenden, formalistisch ausgerichteten Arbeiten zur Poetik und zum Phänomen der literarischen Evolution, daneben verfaßte er, als einer der besten Kenner der Puschkin-Zeit, historische Romane und Erzählungen. Tynjanow ist 1943 in Moskau gestorben. Werke u. a.: *Probleme der poetischen Sprache* (1924), *Secondelieutenant Sjedoch* (1927), *Archaisten und Innovatoren* (1929).

»Der 14. Dezember 1825« und »Peterplatz«: Übersetzt von Maria Einstein, aus: *Wilhelm Kückelbecker. Dichter und Rebell* (Gustav Kiepenheuer Verlag 1929, S. 405–411 u. S. 352–357).

Das zentrale Revolutionskomitee war eine Vereinigung von Verschwörern und Nihilisten, über deren Zusammensetzung nichts weiter bekannt ist. Möglicherweise handelte es sich bei dieser Gruppe bloß um ein Phantom. Interessant ist das hier abgedruckte, 1862 an Petersburger Hauswänden prangende Flugblatt allemal, wirft es doch ein Schlaglicht auf die radikalrevolutionäre, ja terroristische Mentalität der russischen Intelligenz in der zweiten Hälfte des 19. Jahrhunderts.

»An das junge Rußland!«: Abgedruckt nach: *Hans Magnus Enzensberger, Politische Kolportagen* (Fischer Bücherei, 1966, S. 169).

Marina Zwetajewa, dieses »enfant terrible« der russischen Literatur, wurde 1892 in Moskau als Professorentochter geboren. Bereits in jungen Jahren veröffentlichte sie 1910 und 1912 Gedichtbände. Aber erst mit den *Werstpfählen* (1922ff.) offenbarte sich ihre ganze, ungemein expressiv-theatralische Natur, durch die sie zur überragenden Lyrikerin Rußlands – neben der Achmatowa – aufstieg. Nach der Oktoberrevolution, die sie verabscheute, folgte sie ihrem Mann, der bei den Weißen gekämpft hatte, ins Exil, zuerst drei Jahre Prag, dann Paris. Mit ihren zusehends exzentrischer gefügten Schriften Mißverständnisse provozierend, und durch die konspirativen Aktionen ihres Mannes in Isolation und Armut getrieben, kehrt sie 1939 voller Hoffnung in die Sowjetunion zurück. Ihren Mann findet sie liquidiert, ihre Tochter im Lager, die Türen des Schriftstellerverbands bleiben ihr verschlossen. Als der Zweite Weltkrieg ausbricht, wird sie nach Jelabuga (Tatarische Autonome Sowjetrepublik) evakuiert. Hier erhängte sie sich am 31. August 1941. Werke u. a.: *Werstpfähle* (1921/22), *Nach Rußland* (1928), *Ein gefangener Geist* (1934).

»An Peter«: Übersetzt von Waldemar Komorowski und nachgedichtet von Wolfgang Lange, aus: *Stichotvorenija i poemy v pjati tomach*. (New York 1982, Bd. 2, S. 85f.).

»Über Petersburg...«: Übersetzt von Ilse Tschörtner, aus: *Ein Abend nicht von dieser Welt*, in: *Ausgewählte Werke. Bd. 2: Prosa* (Carl Hanser Verlag, 1989, S. 199).

Abbildungen

Wassilij Surikow: Blick auf das Denkmal Peter I. auf dem Senatsplatz (1871). Öl auf Leinwand. 52 × 71 cm.

Alexander Benois: Vignette zu A. Puschkins ›Eherner Reiter‹ (1921).

Alexander Benois: Illustration zu A. Puschkins ›Eherner Reiter‹ (1921).

Valentin Serow: Peter I. (1907) Tempera auf Karton. 68,5 × 88 cm.

Anna Ostroumowa-Lebedewa: Petrograd. Bau der Palastbrücke und Rauchschwaden der Wyborger Seite (1919). Holzschnitt. 13,3 × 20,7 cm.

Theodore Aleksyur: Blick auf Admiralität und Isaaks-Kathedrale in St. Petersburg, im Vordergrund Generalstabsgebäude und Winterpalais (1825).

Luigi Premazzi: Newskij Prospekt in der Nähe des Gostinij Dwor (1850). Bleistift auf Papier. 20,8 × 38,5 cm. Saltykow-Schtschedrin-Bibliothek, Leningrad.

Jewgenij Lanceray: Kolonnade der Muttergottes-von-Kasan-Kathedrale. Aquarell. 60 × 43,5 cm.

E. Bernardskij: Gravüre zu Nekrassows Sammelband ›Petersburger Physiologie‹ (1845).

Jewgenij Lanceray: Nikolskij Markt (1901). Gouache. 44 × 59 cm. Tretjakow-Galerie, Moskau.

Maxim Worobyjow: Das Newa Kai in der Nähe der Akademie der Künste. Blick auf das Pier mit den ägyptischen Sphinxen bei Tag (1835). Öl auf Leinwand. 75 × 111 cm. Russisches Museum, Leningrad.

Michail Wrubel: Sitzender Dämon (1890). Öl auf Leinwand. 114 × 211 cm. Tretjakow-Galerie, Moskau.

Ilja Repin: Newskij Prospekt (1887). Bleistift auf Papier, aquarelliert. 29,6 × 41 cm. Russisches Museum, Leningrad.

Pawel Filonow: Formel des Petrograder Proletariats (1920/21). Öl auf Leinwand. 154 × 118 cm. Russisches Museum, Leningrad.

Karl Kollmann: Der 14. Dezember 1825 auf dem Senatsplatz (1825). Aquarell. 16,2 × 25 cm. Puschkin Gedenkmuseum, Puschkin.

Mstislaw Dobushinski: Oktoberidylle. Zeichnung für die satirische Zeitschrift ›Shupel‹, Nr. 1 (1905).

Sergej Eisenstein: Ansprache Lenins vom Panzerwagen. Szenenfoto aus ›Oktober‹ (1927).

Juri Annenkow: Illustration zum zweiten Gesang von A. Bloks ›Die Zwölf‹ (1918).

Juri Annenkow: Illustration zum neunten Gesang von A. Bloks ›Die Zwölf‹ (1918).

Anna Ostroumowa-Lebedewa: Die Moika an der Sängerbrücke (1919). Holzschnitt. 13,1 × 20,6 cm.

Mstislaw Dobushinski: Isaaks-Kathedrale im Schneesturm. Aus dem Album ›St. Petersburg im Jahre 1921‹ (1922). Lithographie 33,8 × 23 cm.

Lasar Lissitzki: Lenintribüne (1920). Gouache, Tusche und Zeichenstift auf Papier. 63,8 × 47,9 cm. Tretjakow-Galerie, Moskau.

Maria Lebedewa: Schale mit Text der ›Internationale‹.

Nikolai Lebschin: Die Moika im Herbst (1939). Aquarell. 32,6 × 42,5 cm.

Solomon Judowin: Leningrader Straßen während des Winters 1941–42. Aus der Serie ›Leningrad während des Großen Vaterländischen Krieges‹ (1947). Linolschnitt. 41,2 × 28,8 cm.

Wladimir Schistko: Kosmonauten Avenue (1970). Aquarell. 43,5 × 63 cm. Privatsammlung, Leningrad.

E. Pljuchin: Leningrad. Newa. Peter-Pauls-Festung (1981). Photographie. © Izokombinat ›Chudoznik RSFSR‹, 1981 u. 1987.

Serie Piper

»Bunin schreibt eine derartige Prosa, daß es nicht übertrieben ist, von ihm zu sagen, er ist der beste Stilist unserer Zeit.« Maxim Gorki

Das Dorf
Roman. Aus dem Russischen von Arthur Luther.
159 Seiten. Serie Piper 797

Dunkle Alleen
Erzählungen. Auswahl und Nachwort von Horst Bienek. Aus dem Russischen von Ilona Koenig.
141 Seiten. Serie Piper 677

Grammatik der Liebe
Erzählungen. Auswahl und Nachwort von Horst Bienek. Aus dem Russischen von Georg Schwarz und Ilona Koenig.
259 Seiten mit Zeittafel.
Serie Piper 432

Ein letztes Wiedersehen
Erzählungen.
Aus dem Russischen von Georg Schwarz.
156 Seiten. Serie Piper 960

Nächtliches Gespräch
Erzählungen.
Aus dem Russischen von Larissa Robiné, Georg Schwarz und Erich Ahrndt.
132 Seiten. Serie Piper 1176